淮安经济社会发展研究论稿

周海生 著

东南大学出版社
SOUTHEAST UNIVERSITY PRESS
·南京·

内容简介

在"四个全面"战略布局要求下,像淮安这样地处腹地的发达省份中的欠发达区域,如何更好地发展?著者以局中人的视角,从社会管理、产业发展、文化建设、科技创新等方面予以诸多思考,其中建言不乏可资借鉴之处。

此书尤适宜专注区域发展的研究者,着力区域跨越发展的决策者参考。

图书在版编目(CIP)数据

淮安经济社会发展研究论稿 / 周海生著. —南京:东南大学出版社,2018.5
 ISBN 978-7-5641-7724-9

Ⅰ.①淮… Ⅱ.①周… Ⅲ.①区域经济发展-研究-淮安②社会发展-研究-淮安 Ⅳ.①F127.533

中国版本图书馆 CIP 数据核字(2018)第 078113 号

淮安经济社会发展研究论稿

出版发行	东南大学出版社
出 版 人	江建中
社　　址	南京市四牌楼 2 号(210096)
网　　址	http://www.seupress.com
经　　销	全国各地新华书店
印　　刷	虎彩印艺股份有限公司
开　　本	700 mm×1000 mm　1/16
印　　张	17.25
字　　数	303 千字
版　　次	2018 年 5 月第 1 版
印　　次	2018 年 5 月第 1 次印刷
书　　号	ISBN 978-7-5641-7724-9
定　　价	69.00 元

＊ 本社图书若有印装质量问题,请直接与营销部联系,电话:025-83791830

前 言

常规做法,书稿杀青付梓之际,总要对发凡起例之类说点什么。

首先说缘由。作为党校一名教学科研工作者,不坐班,读书、写作是他们的专职。读书姑且不论,写什么呢?往大了说,2015年12月习近平总书记在全国党校工作会议上曾强调:"党校姓党,决定了党校科研要紧紧围绕党的中心工作展开,在党的思想理论研究方面有所作为,为坚持和巩固党对意识形态工作的领导、巩固马克思主义在意识形态领域的指导地位作出积极贡献。""党校开展哲学社会科学研究,不能坐而论道,而要有党校的特点。党校如果同一般的社会科学研究机构、大学研究机构一样,那就没有特点了,也没有自身优势了。要加强对国家中长期发展战略问题的前瞻性研究,加强对重大现实问题和突出矛盾的对策性研究,加强党情政情社情信息反映和研究,努力成为出思想、出成果、出人才的重要阵地。"这就决定了,作为市一级党校,要围绕地方党委政府中心工作,聚焦地方性社情民意、发展中的矛盾和问题,开展调查研究,体现其地方性智库职能。从而,这也决定了党校科研人员开展课题研究要致力的重点和方向。这就是写什么的问题。看看自己即将出版的集子,大致上是体现这一点的。从2010年起,研究精力很大部分集中于淮安经济社会发展。有时是市委领导交给党校的研究任务,有时是着眼于从地方党校层次去争取申报高高在上的课题,有时是党校领导推动开展的服务地方党委政府决策的前瞻性研究或可行性论证,有时是兄弟部门的委托项目,这些研究工作很多时候由我承担主撰任务。仔细梳理下可分三个方面:一是淮安地方政府治理和政治发展,二是经济和文化发展,三是科技创新和社会发展。现在的书稿框架、内容安排、逻辑体系基本由此而来。并非著者研究内容五花八门、面面俱到,而是还原出当初的研究轨迹。往小了说,学问中人和金庸先生笔下武林中人一样,也要混学术之"江湖圈子",拼学术之武林地位。更何况还有年度性和周期性考核评价体制在有条不紊地运转。没啥子看得过去的代表研究高度的成果,像武林大会、功夫排行榜之类的什么表彰、获奖是免谈的;交不出来最终将被折算成分数的一定数量和质量的成果,职能部门的八零后、九零后们,是会给你QQ发挖鼻屎表情的。跟高校相比,深而又深的焦点化研究、玄而又玄的程式化风格又不是党校理论工作者的强项,必须沉下去,接地气。这既是理论联系实际的要求和体现,也是扬长避短的现实考量。因此,必须扎根地方实际,以问题为导向开展研究,形成研究成果和政策结论。这大概算是个人面临的牵引机制和激励机制。

再说心情。就一个词,"敝帚自珍"。虽说聚焦于淮安地方研究,但跨度六七年的时间,才形成三十万字书稿,大概不能算很多。"敝帚自珍"在于,用的是如晚清政治家曾国藩一直所坚持和提倡的"拙诚"工夫。先说文字和观点,既然是研究淮安地方性实际,可参照、参考的东西显然不会多,"CTRL+C""CTRL+V"的概率也就不存在了,就得从一个乡镇到另一个乡镇、一个机关到另一个机关、一个座谈会到另一个座谈会,去了解、去获得感观认识,再到形成理性认识。再谈数据。党校的优势在于和党委政府的职能部门一样同属机制化体制化之内,可以通过来党校学习培训过的学员——他们往往是各职能部门领导干部,也往往因在党校生活学习过而对党校颇有感情并很愿意在条件允许范围之内支持党校——来了解和获得数据。这些数据,因为是体制化渠道层层上报而来的,自然相对权威和新鲜。这对于问题导向的研究,大有裨益,也就形成了相对于地方高校和其他研究机构的优势和不同。其三说田野调查。毛泽东同志开展革命工作初期,了解湖南农民运动,就是到基层去,到田间地头去。这一方法和原则最终为党的思想路线的形成奠定了基础。就学术角度而言,费孝通先生当年写作《江村经济》所倡导的原则至今给我们以价值观上的指引和方法论上的启迪。这个集子里的研究报告,很多也得益于当初和同事们在田间地头向从事农业生产的同志、向从事具体工作的同志学习请教。历经奔波,有时还遭冷遇和揶揄;坐书桌前,脚上和腿上都裹上毯子爬梳。这个过程之后,对还能称得上是书稿的这堆文字,确实有"敝帚自珍"的心情。

最后说感想。一个是有很多的人在做很多的事情。和高校有相当点之处在于,党校教学科研人员也算象牙塔中人,往往会流于坐而论道或主观愿望美好之理想主义。很多次的调研下来,真切感受到有很多的人在为国家、人民做着很多的事情。就比如推进家庭农场发展,农委系统、工商局系统、各县区党委政府、乡镇等出了很多人力物力来关注这个事情,就是要使宏观层面的政策与农民的需求粘在一起,并运转起来。市场配置资源、农民发展需求、国家引导政策确实要靠很多人一家一家地跑、一块田一块田地划。再一个感想是理论工作和实际工作致思方向不同。理论工作特点不必多谈,主要是抽象和概念化。我在调研时常有这样的体会,从事实际工作的同志,当然也需要思考,但与理论化思考不同。调研政治生态建设,一线同志就提出,市里推进净化政治生态,要出台细化的指标,方便他们操作;还要有考核制度,好让他们有具体抓手来推动。从这个角度来说,理论工作中常出现的自以为是的毛病,和实际工作中常出现的本位主义的趋势,源头上是一样的。

之所以定名为论稿,既是因为感觉到高度还不足以为淮安发展提供一臂之助,也是因为淮安这五年来和全国其他地方一样也有了历史性变化;当初的一些建言献策,和变化了的现实相比,所反映的自然是当时的发展水平和愿望。是为序。

周海生
2018年2月6日

扫一扫,可获得更多本书相关资料

目 录

政府治理与政治发展篇

土地流转中的以地换社保征地模式及其政策评析 …… 003
效能淮安建设的模式解读 …… 011
江苏淮安引导宗教认同促进服务社会的调查和思考 …… 015
淮安"官员"群体眼中的政治发展与政治稳定 …… 022
淮安新一轮发展中应充分重视和防范源自宗教的风险 …… 040
淮安地方政府社会管理机制创新：举措、经验及提升空间 …… 044
净化地方政治生态的淮安探索和实践 …… 055

经济与文化发展篇

江苏淮安发展会展经济的对策建议 …… 065
做大做强江苏淮安凹土特色产业——关于打造淮安"凹土谷"的政策建议 …… 073
推进"南北共建"工作，为淮安全面达小康培育新的增长极 …… 081
抗日军政大学对地市级党校办学的启示 …… 091
淮安市凹土产业集群培育研究 …… 094
淮安领导干部应学习周恩来的"严"与"实" …… 108
淮安文化建设要突出"特色"和"实效" …… 112

在坚持开放引领中拓宽淮安进一步发展空间 …………………………………… 115

科技与社会发展篇

建设生态城市　打造美丽家园
——淮安市生态创建工作调研报告 ……………………………………… 119
淮安提升农业科技创新能力对策研究 ……………………………………… 128
江苏盱眙建设全面小康社会研究 …………………………………………… 157
淮安市家庭农场创新机制研究 ……………………………………………… 186
科技创新促进淮安全面小康社会建设对策研究 …………………………… 209
苏北地区发展"众创空间"的路径研究 …………………………………… 246

政府治理与政治发展篇

土地流转中的以地换社保征地模式及其政策评析

广义的土地流转既包括土地用途不变情况下的使用权变更,也包括土地用途变更而实现的土地流转,即将农用地流转为建设用地和公益用地。以前江浙等地推行的土地换社保政策是土地流转中的一项尝试。它体现了土地流转方式的多样性,提供了补偿和保障失地农民的新思路,并涉及土地流转中的身份补偿、增值收益及谈判定价等深层次问题。从学理上对已推行数年的以土地换社会保障政策模式加以评析,对土地流转有着理论意义和实践启迪。

一、失地农民补偿的政策安排——土地换社保模式

从江苏情况考察,有相当多地方根据 2005 年 9 月 1 日起在江苏全省实行的《江苏省征地补偿和被征地农民基本生活保障办法》(以下简称《保障办法》)和当地实际,以一种新的征用土地补偿模式——土地换社保模式,实现了对失地农民的征地补偿,构筑了对失地农民的社会保障体制。具体的政策框架和主要特点体现在以下三个方面。

1. 保障模式

总体来说,土地换社会保障政策的目标是实现对被征地农民的基本生活保障。这种模式主要是针对被征地农民特点,建立独立于其他社会保险之外的保障制度,重点是通过将被征地农民纳入社会保障体系以解决其基本生活保障问题。根据江苏区域发展不平衡的地区差异现状,《保障办法》规定了"有条件的地区,可以按照自愿原则,将被征地农民的基本生活保障纳入城镇社会保障体系"。这也就是"以土地换社保"模式。

2. 明确资金来源和操作办法

《保障办法》明确了政府主导与责任分担的原则,建立了政府、集体、个人三方筹资机制。该办法规定,征地补偿安置费用包括土地补偿费、安置补助费、地上附着物和青苗补偿费。其中所占份额最大的是土地补偿费和安置补助费。该办法第八条以产值倍数法,确定征收耕地的土地补偿费为该耕地被征用前 3 年平均年产

值的 10 倍。该办法依据江苏各地经济社会发展水平划定了土地年产值不同的四类地区。以此计算,若征地区域为第四类地区,则每亩年均产值设定为 1 200 元,以 10 倍计即每亩土地补偿费最低补偿标准 12 000 元。第九条规定,安置补助费按照被征地农民人数计算。在第四类地区每一个需要安置的被征地农民的安置补助费最低标准为 11 000 元。

在具体实施中,《保障办法》从尊重农民享有财产处置权和选择权角度考虑,允许农民选择是否参加基本生活保障,同时要求各级政府应当采取积极措施,鼓励和支持被征地农民参加基本生活保障。被征地农民社会保障体制主要由个人账户与社会统筹账户组成。《保障办法》坚持"个人账户为主、社会统筹为辅"的原则,为被征地农民建立个人账户。《保障办法》中规定被征地农民基本生活保障资金由两部分组成:一部分主要由不低于 70% 的土地补偿费和全部的安置补助费构成,进入个人账户;另一部分由地方政府从土地出让金等有偿使用收益中列支。该办法规定各市、县人民政府应当从土地出让金等土地有偿使用收益中,提取一定数额的资金进入被征地农民基本生活保障资金专户,即将政府出资足额转入社会统筹账户。对第四类地区而言,每亩相应的土地出让金拨付应不低于 8 000 元。

依此计算,假设该地区某农户为三口之家,有一亩土地,并愿意在土地征用中以土地换取社会保障,则其土地补偿费为 12 000 元,安置补助费为 33 000 元,个人账户总额为 41 400 元(33 000 加上 12 000 的 70%,土地补偿费的另 30% 支付给集体经济组织),社会统筹账户为 8 000 元。另外可一次性领取地上附着物和青苗补偿费。

3. 失地农民的培训、就业配套政策同步进行

为促进被征地农民实现就业,《保障办法》要求"各地应对被征地农民进行就业前的技能培训,为被征地农民的就业创造条件"。

在征地的整个政策性安排中,再就业扶持政策事关被征地农民的长久生计。江苏省将失地农民再就业纳入"两个率先"发展战略和苏北苏南同步发展战略中,支持各市、县政府及部门做好再就业工作。2006 年年初,江苏省政府出台了《关于贯彻国务院进一步加强就业再就业工作通知的实施意见》(苏政发〔2006〕24 号),文件要求将扶持被征地农民就业列为统筹城乡就业的突出任务。文件规定:"对被征地农民在法定劳动年龄内有劳动能力和就业要求但未就业的,视同城镇登记失业人员,发给《就业登记证》,享受城镇失业人员的就业扶持政策;对城市规划区范围内就业困难的被征地农民,视同城镇下岗失业人员,发给《再就业优惠证》,享受城镇下岗失业人员再就业扶持政策。"这些政策包括就业再就业的税费减免、小额担保贷款、社会保险补贴、公益岗位补贴、职业介绍补贴和职业培训补贴等。被征地农民享受有关就业扶持政策和免费就业服务所需资金,由市、县政府在当地的土

地有偿收益中,按每个被征地农民1 000~2 000元一次性安排划出,与促进就业专项资金统一使用。

二、土地换社保政策的价值意蕴

土地换社保政策推出后,在相当多地区都被用来替代原先的征地模式。土地换社保体制和思路的确立,与中央领导集体提出的科学发展观及以人为本的执政理念密不可分,同时也有其自身的必要性。

1. 土地换社会保障政策能接续土地的原有保障功能

失去土地意味着削弱了以土地为来源、以家庭为平台承载的农村社会保障功能。土地对农民来说,首先是一种生活保障资料,然后才是生产资料。农村集体经济的性质也决定了每个农村人口都天然地拥有获得一份土地使用权的权利,要求实现"农地农有",即实行"公平优先,效率从属"的原则。[①] 土地对农民而言不仅是一种使用权和消费物品,更是一种资源禀赋,是农民参与市场经济活动的一种基本能力的保障,是其维持生计、获取收入、解决就业、借以养老的唯一载体。在中国农村几乎还不存在一个有效的社会保障制度下,目前以均分土地为特征的农地制度在为农村人口提供社会保障方面,不失为对现金型社会保障的一种有效替代。[②] 也就是说,在农村,土地是家庭养老得以维系的重要载体。老人把土地承包权交给子女,从而获得被赡养的权利;与此同时,子女通过在土地上的劳动才能获得可以赡养老人的物质财富,家庭养老因为土地而得以顺利实现。土地被征用后,年轻农民只能通过非农生产获取劳动收入,他们在面临养老风险的同时,还要面对失业导致的生存风险,赡养父母的能力因土地被征用而大为削弱。

任何一种新的征地替代模式,必须要具备土地原有的保障农民的功能,否则将不会受到任何支持,也难以为继。土地换社保模式在一定程度上可视为接续了土地的原有功能。

2. 以往的征地补偿方法不能从长远角度解决农民保障问题,新模式是一种有效替代

以往的征地补偿存在多种方式,也能从一定程度上缓解被征地农民基本生活面临的困境,但存在一定风险性和不确定性,缺乏长期保障,无法长期有效地解决失地农民的养老问题。这些方式包括:第一,商业保险与一次性货币安置相结合。如有的地区对16周岁以下被抚养人、剩余劳动力和保养人员,分别采取一次性货币安置和采取商业保险办法实行保养安置。但是一次性发放的补偿款对于农民而

---

① 周诚:《土地经济学》,商务印书馆,2002年版,第254页。
② 姚洋:《土地、制度和农业发展》,北京大学出版社,2004年版,第107页。

言,既不能抵御通胀,也不能增值,资金能用于养老保障用途的比例和可能性都很小,所以以一次性发放货币补偿款的方式来解决农民面临的养老风险和保障问题并不可行。第二,纳入农村社会养老保险。通常一些大型国家基础设施项目征地会采取此方式。第三,采取留用地安置方式。在苏南等地,地方政府明确要求采取留用地的做法。被征地的农村集体经济组织可在留用地上建造工场、物业用房,自己经营或出租,从经营收益中按一定标准发给被征地农民。但安置用地方式中,无论是生产性或商业性租赁,还是居住性出租,都依赖于租金收入,仅适用于求租需求旺盛的经济开发区或城郊结合部。第四,集中投资,定期分红。有的地方将征地安置费分成若干股份,再量化到人,由乡镇资产经营公司运作,年终按经营收益及个人股权比例进行分配。土地入股方式实现的前提是农村非农产业发达,该方式受制于企业利润分配政策,因此,既难以推广又存在较多不确定因素。第五,就业帮扶方式。一些开发区、园区及工程建设用地单位,为被征地农民就业提供岗位。但由于诸多原因,招工就业方式提供的保护作用在市场竞争中很快被瓦解,失地农民往往就业无门,就业后又失业的现象十分普遍。"农转非"后失地农民很容易面对先失地后失业的窘境。

3."土地换社保"符合《土地管理法》等法律精神

我国《土地管理法》规定的对征用土地给予安置补偿是其立法原则之一。《土地管理法》第四十七条规定:征用耕地的补偿费用包括土地补偿费、安置补偿费以及地上附着物和青苗补偿费。其隐含的法律前提就是征地必须给予补偿。虽然《土地管理法》没有对安置补偿费的用途加以具体规定,但从各地执行情况看,基本上是用于被征用土地的农民的生活安置和就业安置。这就为在征地补偿中实行以土地换保障预留了法律空间,因为被征用土地的农民获取养老、失业保险也属于生活安置和就业安置的范畴。不仅如此,《土地管理法》第四十七条还对土地补偿费和安置补偿费的标准作了具体规定,并要求有一定的增长幅度,这也为在征地补偿中实行"土地换社保"提供了制度条件。

三、"土地换社保"模式的政策绩效及进一步完善的思路

"土地换社保"模式可以说是地方政府的一种制度创新尝试,从中长期政策效果分析,它既起到重要的积极作用,也还存在需改善的空间。

1."土地换社保"政策的积极作用

从部分地区实施"土地换社保"政策实际成效来看,"土地换社保"既满足了工业化进程的用地需求,又保持了社会稳定,这特别体现在涉农涉土的信访数量持续下降上。首先,以土地换社会保障政策模式在一定程度上有利于为参保农民提供安全感,稳定失地农民的生活,缓解后顾之忧。"土地换社保"模式尽管起点标准在

四类地区中存在差异(从苏南到苏北逐次降低),但初衷都源于解决失地农民在失地后成为"种田无地、就业无岗、社保无份"的"三无"人员问题。"土地换社保"政策基本取得了预期目的,失地农民因补偿事宜及养老问题而上访的事件大大减少。在调研中,多数受访失地农民认为,尽管标准不高,也不能大面积、大幅度提高其生活水平,但比起以前,确实已有相当进步,最起码养老问题不太发愁了。其次,有利于工业化、城市化进程的平稳发展。尽管工业化和城市化的推进仍以其外延性扩展为特征,主要依靠的是将农村集体土地不断转变为国家建设用地;但妥善解决失地农民的保障问题,为他们老年时提供一份长远、稳定的收入来源保障,无疑能一定程度上平滑城市化进程中可能遇到的抵触与阻力,促进失地农民政策输入与政府政策输出之间的关系的不断顺畅,保证以城市化和工业化为基本路径的现代化进程。

2. "土地换社保"政策的局限性

"土地换社保"政策的推出是一种社会进步,但还存在不尽如人意之处。从政策角度分析,现行"土地换社保"模式存在一定的局限性。

(1) 土地补偿款制定标准有待提高

"土地换社保"模式的根本问题是:失地农民的保费都来源于他们失去土地获得的补偿款。相比于以前的4~6倍计算,新的补偿标准确实提高了较大的幅度。但是,由于将失地农民划分为不同年龄段,因而对各年龄段人群来说,政策效应是不同的。以第四类地区为例,第一年龄段农民("土地换社保"政策将被征地农民划分为下列四个年龄段:第一年龄段为16周岁以下;第二年龄段为女性16周岁以上至45周岁,男性16周岁以上至50周岁;第三年龄段为女性45周岁以上至55周岁,男性为50周岁以上至60周岁;第四年龄段即养老年龄段为女性55周岁以上,男性60周岁以上)一次性领取4 000元的生活补助费后,不再纳入基本生活保障体系。第二、三年龄段农民在未进养老年龄段之前,大体上只能领取数年的生活补助。只有第四年龄段农民,在参保后,即可当期领取百元左右的养老金。显然,如此标准对各年龄段农民来说,仅能满足基本生活,从而制约了失地农民参保的积极性。更为关键的是,这个补偿标准未能体现对农民比较重要的一项隐性成本:土地利用的外部性和农民被迫提供正外部性所损失的机会成本。[①]

土地利用的外部性是指土地利用的边际私人成本及收益与边际社会成本及收益相偏离,个人土地利用行为的收益或成本被其他社会成员分享或承担。土地利用的正外部性表现在:农业土地资源的合理保护可以带来良好的社会效益和生态效益,但在土地原使用者的收益中却得不到体现,从而在其获取的征地补偿中也没

[①] 林高、闫青甦:《城市化过程中的失地农民补偿问题》,载于《中国金融》2007年第7期。

有得到体现。对于土地而言,土地价值包括使用价值(由直接使用价值、间接使用价值、选择价值组成)以及非使用价值(由遗赠价值、存在价值组成)。使用价值来自实际使用该资源而产生的价值。其中直接使用价值包括农地作为农业生产投入所获得的产出所得,另一部分则是农民使用土地进行农业生产时可获得的效用提升部分,包括享受舒适的自然环境、农业文化等等所带来的效用,这部分也必须通过直接使用农地而获得。间接使用价值包括土地作为农用而产生的一些环保效益,如农地的防灾功能、水体功能、生物性功能、生态调和功能等。选择价值则来自于土地作为农用而引起的利益损失。耕地提供的粮食安全保障就是由于农民选择了种植粮食而损失了其他利用可能带来的好处,即机会成本。非使用价值中的遗赠价值包括维持农业生产环境以供后代子孙享用的价值,而存在价值则是指因了解农地农用之环境保育效益可以从中获得的满足。现行的土地征用的补偿标准中,仅仅包含了农地的直接使用价值,而将农地的选择价值排除在外,无疑否定了农民的机会成本的存在。同时,容易使人认为,尽管生态资源会给人带来效用,但它是大自然对人类的免费恩赐。现有的征地补偿标准不考虑体现农地生态价值和社会价值的间接使用价值与非使用价值,忽略了农地利用的正外部性。农地利用会带来生态效益和社会效益,却不会因此而得到任何的经济补偿;而将农地转为建设用地的使用者,也不必为农地减少带来的生态价值、社会价值的损失而支付补偿价格。[1]

(2)政府定位存在偏差

"土地换社保"模式中,养老保险资金筹集的渠道主要包括由失地农民个人的征地补偿费和生活安置费组成的个人账户以及主要由政府从土地出让金收益拨付的社会账户。四类地区的土地出让金每亩拨付款仅为 8 000 元。此拨付标准与征地补偿费标准同样偏低。在实地调查中,农民对出让金的分配意见较为集中,普遍认为出让金的主要部分被政府和企业所得,而农民得到的相比较而言则少得不成比例,因此农民有相对失落感。这实质上是政府职能定位的偏差。而且,在农用地征收中,以土地的原用途为标准进行补偿,然后再将土地流转为国有土地,将其主要以商业用地的用途招标、拍卖、挂牌,这一过程存在相当大的差价和更多的增值收益。[2]地方政府推动社会经济发展的努力固然可嘉,但这一部分的收益通常只用作改善地方基础设施和充实地方财政,鲜见能以某种具体方式回馈给农民特别是失地农民的。

我国《土地管理法》规定:只有政府才能征收农民集体土地,因此应由政府负责补偿。不论是从社会安定还是从以人为本的角度出发,政府都有责任减少失地农民面临的市场风险,何况城市化进程中被动失地的农民面临的这种风险是外部施加的结果。政府保留的土地增值收益来源于购买者收购土地所支付的土地出让

---

[1] 林高、闰青甦:《城市化过程中的失地农民补偿问题》,载于《中国金融》2007 年第 7 期。
[2] 《征地补偿大头被地方政府和企业占去 农民占小头》,参见新华网 2007 年 9 月 11 日。

金,显然失地农民应当是土地出让金的直接获益对象。政府应当在保证失地农民维持原来福利水平的条件下,再对土地增值收益进行再分配,否则征地行为就不是一种人人得益的社会改进行为。

(3)"土地换社保"模式仍未能使部分失地农民消除近期风险

"土地换社保"模式的推行确实解决了失地农民的长远关切和长期风险。失地农民不再为年老后的生活问题忧心。但对于未入养老年龄段的农民来说,却可能存在近期风险。"土地换社保"政策隐含的逻辑是:对于16岁以上的农民来说,因为其具有劳动能力,可以进城务工,获取工资收入,以解决生活和子女教育成长问题,俟其年老,就可以领取养老金。但是城市谋生的艰辛、尚未完全破除的城乡壁垒和二元分割、代际流动的不确定性、经济及就业市场自身的波动、农民可能存在的就业能力不足等使得这些失地农民的近期风险触手可及。从这一角度看,"土地换社保"政策尚不能提供更有想象力的政策空间。

3. 进一步完善"土地换社保"政策体系

基于以上的分析,进一步完善"土地换社保"政策的技术性措施在于仍需提高补偿标准,而这又取决于以下思路的引入。

(1)让农民参与土地的定价,完善和保护农民的土地财产权利

在目前的征地制度下,土地用途的变更,不由农民决定,农民也没有与买方平等地坐下来谈判价格的实质性权利和成熟的谈判机制。造成这一现象的主要原因仍然在于我国农村土地产权权属不明。法律规定农地属集体所有,农民个人只拥有承包经营使用权。但是,这种集体产权性质的农村土地却存在所有权主体不明的问题,致使农村土地被当作公共品来对待,农民的土地财产权利经常被损害,土地征用失控就是其表现之一。由于农民土地财产权利未尽明晰,农民难以在农地的征用过程中争取合理的利益。要解决征地过程中出现的问题,就必须完善农民的土地财产权利制度,扩大农民个体的土地处置权利,使农民在征地过程中获得土地的部分增值收益,分享工业化、城市化的益处。但是显然,在既存的约束条件下,产权的清晰界定,特别是涉及土地的产权界定,将不可能有实质性的突破。因此,在公共政策体制中,尽可能确立让被征地农民参与土地流转的定价过程的制度,是一项颇具操作性的次优选择。

(2)尝试农地直接入市交易制度,国家以土地转让交易税的形式调控土地供应并获得部分土地增值收益

一般认为,地方政府在征用农地过程中,所起的低买高卖功能屏蔽了拥有土地承包经营权的农民与市场需求者间的博弈,扭曲了价格信号。2004年8月31日后推出的土地"招标、拍卖、挂牌"政策较之以往确实有了更多市场经济的理念,但这一政策仍不过是在地方政府以国家的身份取得农地后,让市场参与者价高者得地

的机制。这一做法与目前农民失地的种种问题直接相关。因此可尝试全过程的市场经济机制如农地直接入市交易制度,来解决被征地农民问题。农村土地按照政府的土地供应计划直接进入建设用地市场,农民以转让土地承包经营权的方式实现农地的流转,即以三十年(或更长的)承包期内的预期物权收益获取市场补偿。这样,就可以运用市场机制对农民的土地承包经营权转让进行合理的直接补偿,保证农民在进入城市时能够支付转岗培训成本和社会保障成本,并为身份转换提供物质保障。另一方面,在农地转用过程中,由于土地用途的变化使土地价格从农用土地价格变为建设用地价格,即发生土地增值。这种土地增值并非是由土地使用者对土地的投资和劳动形成的自力增值,而是由政府的投资建设以及土地资源的稀缺性所导致的外力增值。因此,这种土地增值既不能由出价高的农地使用者独享,也不能仅由其与地方政府分享,而应由社会所共享,即在政府、失地农民、新的使用者之间合理分配增值收益。解决这个问题的办法是,国家采用间接调控方法,开征土地交易税。这样,国家既可以保障农民的合理利益,也可以获得相当部分的土地增值收益,并且政府还能利用税收调节土地供应,可避免出现现行征地制度下政府的过度介入和市场之手失灵的问题。当然,这一尝试必须以不引起政治争议和风险为前提。

(3) 重新检视并框定政府职能

在市场化的土地交易过程中,政府还需做的事情是:第一,严格区分公益性用地和商业经营性用地。第二,严格限制土地补偿金和土地转让交易收入的用途。土地补偿金和土地转让收入应该首先用于失地农民的社会保险体系建设以及转岗就业培训,剩余的方可归集体和农民个人支配[①];而不仅仅如现有"土地换社保"政策所规定的失地农民社会统筹账户由"政府从土地出让金等土地有偿使用收益中提取的部分"等组成。

总之,较之以往其他补偿方式和补偿标准,"土地换社保"政策模式较好地解决了土地社会保障功能的延续,并更正了征地经济补偿和土地流转租金被严重低估的事实,初步建立起公平竞争和高效率、低交易成本的市场环境,为失地农民的身份变迁提供了启动资金和培训费用,并进而打开了消融二元结构的想象空间。"土地换社保"政策通过土地制度和社会保障制度的创新,填补了农村土地流转制度和社会保障制度的空缺,成为一种切实可行的制度安排,是科学均衡发展背景下中国城市化、工业化快速发展中制度创新的突出体现,也是实现全面建设小康社会奋斗目标的客观要求。但它也存在进一步完善的空间:让失地农民参与决策和定价,在国家、市场与农民个人之间,在经济与社会发展之间,在工业与农业发展之间,在城市与农村之间,在经济权利与政治权利之间寻求更多的和谐。

---

① 潘久艳:《土地换保障:解决城市化过程中失地农民问题的关键》,载于《西南民族大学学报》2005年第5期。

效能淮安建设的模式解读

近年来淮安根据自身的要素禀赋和区位特点,在推动经济社会全面协调发展上做了许多创造性的工作,但加速集聚以台资为核心的各类发展要素,显然是其发展的亮点。依托原有台资集聚良好基础,通过建设台商工业园、出台鼓励扶持台企发展政策,积极承接南北挂钩和产业转移,台企台资台商正加速向淮安集聚。目前,包括富士康、台玻在内的知名台企纷纷落户,在淮台资企业近400家,实现了引进台企数量江北第一、实际利用台资苏北第一。台资集聚新高地已初步形成。与此同时,淮安的GDP增幅近年来在全省也稳居前列。

这一系列成就的取得,原因是多方面的。其中,以"效能淮安"为核心的政府自身建设也是重要因素。在"十二五"开局之年,在举国强调发展方式转变之际,在江苏"两个率先"新起点上,从理论上梳理"效能淮安"的基本模式,对于继续进行淮安政府自身建设,从而服务发展大局有着一定的现实意义。

效能淮安建设的模式一:载体化

从1999年起,淮安就开始探索经济发展软环境建设,并成立了专门的机构着力建设环境。在多年的摸索实践过程中,逐步明确了"效能淮安"建设理念和发展路径。

2001年,针对少数机关部门存在的政策执行不到位、项目审批难、服务质量差等突出问题,淮安开展经济发展软环境建设集中整治活动,此后每年突出一个主题,持续深入推进软环境建设,从最初的"建章立制""市县联动"到"行政提速""行政创新""规范服务",再到推进效能淮安建设、打响"101"服务品牌,一年一个新主题,年年拿出新举措,不断推动各级机关和干部转变观念、改进作风、提升效能。

淮安还是国内较早在政府职能部门大规模导入ISO 9000质量管理体系的城市,科学规划管理体系,系统梳理工作流程,合理设置部门间工作接口,建立起系统、规范的管理体系。在对外宣介、推广淮安中,在招商引资中,淮安向投资者承诺"全国项目最少、速度最快、流程最优、服务最佳",这是源于有过硬的政府管理水平和公务员队伍。

在效能淮安建设中,淮安还非常重视对基础建设和现代技术的利用。要实现行政提速、效率提高,集约化、平台化的窗口服务系统是基础。如市行政审批中心等服务窗口,能够集成、简化大量审批工作,除依靠25个部门分管领导进驻市审批中心办公,还根据合理的程序,利用电子网络基础上的资料共享进行充分的窗口授权。目前,淮安不少政府服务窗口的设备达到全国一流水平,重要的是,有了完备的数据库、畅通的服务渠道,简单设备也能办大事。依托市、县、乡、村四级联动便民服务网络,许多老百姓利用电话这样最普通的终端设备,也能得到政府和社会的帮助。

近年来,为了固化成功的有形载体,保障服务的长效机制,淮安市成立了企业发展服务中心、便民服务网管理中心、效能服务监测中心、效能投诉中心等"四大中心",构筑了审批服务平台、融资服务平台、政策服务平台、信息服务平台、科技服务平台、用工服务平台、政企互动平台、创业孵化平台等"八大平台",完善了首问负责、文明办公、一次违规申告查实待岗、社会服务承诺、招商引资重大项目帮办、涉企检查报备、企业(个体)付费登记、公务活动守纪回执、24小时预约服务、AB岗无缺位服务等十项制度,在服务内容、服务载体、制度建设诸方面做出了卓有成效的创新和探索。

效能淮安建设的模式二:品牌化

近年来,在效能政府建设中,淮安市着力打造和提升淮安"101"服务品牌。政府要求各地各部门要建立"101服务项目库",将规划、建设、生产、融资、招工、销售等事关企业发展的所有事项和帮办人、服务单位等信息都纳入项目库,建立帮办工作机制,定期督促检查,及时解决困难和问题,让企业在淮安享受"全天候、无缝隙、保姆式"帮办服务。时任淮安市委书记刘永忠曾论述过"101"服务品牌的内涵:"101%的服务体现的是一种永不满足的服务意识、一种追求卓越的敬业精神,是一项永不竣工的创新工程。"

这种创新不仅体现在对客商做到有求必应、有难必帮,对其提出合情合理的要求做到100%满足,还要体现在实施量体裁衣式的服务上,以精、细、实、高为基本要求,创新服务理念,把各项工作制度化、具体化、规范化、程序化,形成处处想着企业、事事服务企业,主动为客商提供意想不到的"1%"的服务上。事实也佐证,101%中的1%,可以是1,也可以是100、1000乃至更多。101%服务品牌并不仅仅指涉惊喜的内涵,其关键在于:通过为百姓和企业提供101%服务,淮安的政府运行得以保持不断创新、不断更新的状态,进而使整个政务环境充满活力。

效能淮安建设的模式三：服务化

一方面,服务化体现在对企业服务精细化上。第一,细化对企服务内容。利用各类企业服务平台,要求各部门要落实24小时预约服务等制度,深入研究在部门职能职责范围内能够主动为企业提供的服务内容,如争取优惠政策、申报资金补助、帮助合理节税、规避各类风险等。构建政企互动平台,通过短信、网络等加强与企业沟通交流,听取意见建议,疏导化解矛盾,促进和谐共赢。第二,细化对企服务办法。增设软环境监测点,及时了解掌握部门服务企业情况,认真梳理分析企业反映的问题和建议,迅速交办督办,督促整改落实。清晰提出"成本洼地"口号,涉企收费执行最低标准。严格执行国务院、省政府和市政府关于规范涉企收费控减企业负担的各项规定。按照"收费项目最少、收费标准最低"的原则,进一步清理、精简、公示收费项目,收费标准有幅度的,一律按最低限收取。第三,细化对企服务监督。营造亲商重商氛围。在各新闻媒体开辟"效能淮安——服务企业"专栏,大力宣传服务企业的先进典型,曝光服务不力的人和事,将服务企业实绩和典型案例在媒体公示,开展"我最满意(不满意)的事"评选活动,形成浓厚的舆论环境。

另一方面,服务化体现在为民服务民生化上。从宏观上说,淮安在效能政府建设中,把保障和改善民生作为加快转变经济发展方式的根本出发点和落脚点来突出社会事业的发展,加大社会保障的推进力度,建立健全基本公共服务体系,逐步实现基本公共服务均等化,让改革发展的成果惠及更多群众。淮安在此基础上初步构建了六个方面的体系,即新型社会救助体系、公共文化服务体系、医疗保障体系、现代教育体系、医疗卫生服务体系及大人口大服务大发展的人口治理体系。从微观上说,效能政府建设总是体现为对个别人、个别群体的定向性服务上。民生问题,特别是困难群众的基本生活需求,在政府工作中占有十分重要的地位。在着力建设市、县、乡、村四级联动便民服务网的同时,淮安在民生问题上频出实招,如就业再就业、社会保障、助残、育才助困、敬老爱老、新型农村合作医疗和平安淮安建设等工作,被群众誉为"实事工程、好事工程"。能够充分反映淮安民生建设的特色、具有创新意义、显示淮安的民生建设向制度层面不断深化的工作,是目前正在扎实推进的特困群体助保工程。

近年来,结合效能政府建设中的各类平台和载体,结合"101"服务理念,淮安建立了覆盖城乡居民的养老、医疗、失业、工伤、生育等社会保险体系,社会保险覆盖范围不断扩大,社会保险待遇水平持续提高。如果说,这是实现了群众"100%"满意的话,政府部门还充分创新,在此基础上,提供了"1%"的服务。比如,针对困难群体无力缴纳养老保险费而出现的"断保"现象,淮安创新实施了特困群体助保工程。特困群体助保工程由助保基金会通过银行贷款、社会募集和政府贴息等方式筹集助保基金,帮助无力缴纳养老保险费的特殊困难群体(主要包括无力参加基本养老保险的下岗失业人员、被征地农民特别是城镇规划区范围内的失地农民、无力参加各地各种新型社会保障制度的城乡贫困人口)解决养老保险续接问题,实现养老保险"前延后补"续保缴费、贷款缴费的方式保证特困群体养老保险的延续性,使他们退休后能够按时足额领取养老金。特困群体助保工程的实施,填补了困难群体无法参加养老保险的制度空白,实现了养老保险覆盖全民目标的无缝衔接,缓解了社保基金的支付压力,拓宽了社保基金的征收渠道,在省内外产生了广泛的社会影响。2013年和2014年两年时间里,全市共为5 225名助保人员办理贷款,发放贷款2 748万元,已有57名助保人员顺利退休。"十二五"期末,全市为7.6万名中断缴费人员接续养老保险关系并全额缴费。

经过淮安人数十年不懈努力,淮安以"效能建设"为核心的政府自身建设取得了长足进展,从而为推动淮安经济社会发展做出了相应的贡献,也为淮安新一轮发展奠定了良好的制度基础和服务环境。淮安市委主要领导指出:"只要是有利于发展的事、企业欢迎的事、群众期盼的事,就要放开手脚、大胆突破、敢于负责、敢闯敢干。"新的目标、新的起点、新的环境将对淮安政府效能建设提出新的要求,从而要持续创新。就此而言,"效能淮安"建设有以下几个着力点:一是上升为一种文化。这样就不仅是一种理念、一种制度,更是一种行为模式和内在约束力。二是将"效能淮安"建设与转变经济发展方式和产业升级相衔接。转变经济发展方式和产业升级是全国上下重要而又紧迫的任务,江苏省更是鲜明地提出江苏发展要以创新驱动为核心。经济发展的转型和升级必然是一种趋势和方向。因此,"效能淮安"建设应更多地适时转向推动经济发展方式转变和转型升级上来。三是将"效能淮安"建设与保障和发展民生相结合。淮安业已在信访、社会综治、城市管理等诸多方面走在全省乃至全国的前列,民生工作也不遑多让,取得了成绩,获得了声誉。在如此起点上,效能建设有条件在民生方面定下更高的目标。

江苏淮安引导宗教认同促进服务社会的调查和思考[①]

积极引导宗教与社会主义社会相适应这一命题,是中央所强调指出的提高社会管理科学化水平这一重要任务的题中之意。这在宗教工作中就体现为,引导宗教认同服务于社会主义和谐社会建设。淮安市社会管理创新工作存在许多亮点,宗教工作是其中之一。淮安市是如何在社会管理创新的背景下,引导宗教认同服务和谐社会建设的?有哪些成就,有哪些提升的空间?本着此目的,我们先后走访了宗教事务管理部门、有代表性的宗教活动场所,在宗教人士、信教人群中开展了座谈和咨询,进行了系统的文献研究,并形成如下调研报告。

一、淮安在引导宗教认同促进服务社会中的有益尝试及做法

所谓宗教认同,就是社会个体以宗教群体中的一分子来界定自己,是把自己归属于信仰同一种宗教的宗教群体。在现代社会里,宗教认同既有积极性功能,即社会整合、社会控制、调节心理、社会文化交往等,也有消极性功能,即破坏社会稳定、阻挠社会变迁等。

要使宗教认同适应新时期和谐社会的内在要求,促进社会主义和谐社会的构建,就要重视宗教认同的积极性功能及消极性功能,主动发挥政府职能,引导宗教认同服务于和谐社会建设。

近年来,淮安市在积极发挥政府职能引导宗教认同促进服务社会方面,探索出了一些行之有效的办法,其有益尝试及基本做法如下:

1. 制度建设

(1) 宣传贯彻两个《条例》

自2002年《江苏省宗教事务条例》和2005年国家《宗教事务条例》颁布实施以来,淮安市始终把学习贯彻两个《条例》作为做好宗教工作的大事来抓。市宗教管理部门专门下发文件,要求基层民族宗教干部通过组织培训、自学等多种途径学习

[①] 此文曾获时任市委书记刘永忠批示(批示文号:2011,373),并刊发于中共淮安市委内参《淮安通讯》2011年第18期。

《条例》,进一步提高法律素质,增强依法行政能力。同时,市宗教管理部门组织爱国宗教团体负责人、工作人员、宗教活动场所管理组织成员、宗教教职人员认真学习《条例》,以充分认识制定《条例》的重要意义,了解《条例》的主要内容和各项规定,进一步树立法制观念,提高依法办事的自觉性。

(2) 对照两个《条例》,完善各项规章制度

由于淮安市宗教活动场所制度化建设起步早,有许多制度与《条例》的要求有差距,为此淮安市要求各宗教团体和场所认真对照《条例》,检查自身建设方面存在的问题,宗教场所财务、消防和卫生防疫等制度得到了进一步完善。为切实贯彻《条例》,市属宗教团体每年还定期检查全市的宗教活动场所制度建设和贯彻落实情况,针对各级团体和场所存在问题发检查通报并限期整改。

2. 队伍建设

(1) 加强宗教团体组织建设

宗教团体是政府联系广大信教群众的桥梁和纽带,其作用发挥直接影响到宗教事务的管理。为此,淮安市在加强宗教团体建设工作中,注重人才选拔培养,推进宗教团体规范化建设;指导宗教团体按照《宗教事务条例》的相关规定,健全完善各项制度;开展爱国主义和政策法规教育,促进宗教团体转变工作作风,提高自身素质;切实加强市、县(区)宗教团体的领导班子建设、工作班子建设和信教群众骨干队伍建设,专门下发关于推荐佛、道、伊、基宗教团体骨干人员的通知,采取由下而上的推荐办法,努力发掘人才,积极筹备市佛协、伊协换届,市道协成立工作。县(区)如金湖县、涟水县相继成立了佛教协会,清浦区对长达十多年之久没有换届的基督教组织进行了换届选举。

(2) 提高宗教界人士素质

重视提高宗教教职人员的素质是淮安宗教工作的重要特点。其具体做法如下:

首先,在尊重宗教界人士信仰的前提下,强化政治学习,保证宗教界人士"政治上靠得住"。近几年来淮安市宗教工作部门先后组织市属宗教团体、重点宗教活动场所认真学习党的相关文件精神,以进一步提高宗教界人士的政治思想觉悟,促进广大宗教界人士爱国爱教、拥护社会主义。其次,坚持加强宗教教职人员业务培训,保证宗教界人士"宗教上有造诣"。为切实加强淮安市宗教教职人员队伍建设,市宗教工作部门拟订了宗教教职人员培训计划,分批、分宗教进行培训。第三,坚持加强思想教育,保证宗教界人士"品德上能服众"。针对宗教团体和宗教活动场所因思想道德问题而引发的矛盾纠纷问题,市宗教工作部门以思想品德教育为导向,以社会主义荣辱观等为主要内容,加强对教职人员教育,使他们充分认识到教职人员思想道德关系到宗教事业的发展进步,关系到宗教领域的社会稳定,并要求

宗教界人士从我做起,在信教群众中起到标杆和示范作用。

3. 场所建设

淮安市在探索引导宗教为和谐社会建设服务过程中,充分认识到场所建设对引导宗教认同有重要作用,因此,大力开展了"模范创建""平安创建"活动。

(1) 深入开展"模范宗教活动场所"的创建工作

"模范宗教活动场所"创建的主体和主要受益者是宗教团体自身。因此,各级宗教团体和宗教活动场所对创建工作高度重视,认真对照创建标准,落实各项创建措施,取得了可喜成绩。2009年江苏省宗教局表彰了淮安市8处省级"模范宗教活动场所",市民族宗教管理部门表彰了20处市级"模范宗教活动场所"。通过表彰,进一步推动了全市"模范宗教活动场所"和"平安宗教活动场所"的创建工作顺利开展。同时,根据国家宗教局的部署,淮安市对全市开展"和谐寺观教堂"创建工作进行了部署,在全市开展了争创国家"和谐寺观教堂"活动。目前全国最大的基督教堂是淮安市的"神恩堂",可容纳8 000~10 000人。在开展模范宗教活动场所活动中,神恩堂深受全国政协组织的宗教界人士考察团好评。在上海举行的国家宗教局"宗教场所建设规范化"工作会议中,淮安的场所规范化建设经验作为了大会主要发言。"基督教神学思想建设"活动还得到了江苏宗教局的高度赞扬,时任江苏宗教局局长王军为此专门作过批示,要求在全省推广,向国家宗教局推荐淮安的经验。有关经验后被国家宗教局采用。

(2) 积极开展"平安宗教活动场所"创建工作

为配合全市工作大局,切实做好全市宗教活动场所的安全稳定工作,淮安市从2008年起开展平安宗教活动场所创建活动,要求市、县(区)各级宗教工作部门和市、县(区)宗教团体都行动起来,积极投身"平安宗教活动场所"创建工作,并通过责任到人、目标到人、计划到人、规范到人等多种举措,扎实开展平安宗教活动场所创建工作。

2008年8月起,全市宗教工作系统对平安活动场所创建工作进行了广泛宣传发动,宗教活动场所知晓率达95%以上;各项创建措施认真落实,平安创建工作有序开展,不稳定因素逐渐得到化解,没有发生因宗教问题而引发的集访、群访事件;先后多次对全市民族宗教领域不稳定、不安全因素以及危房情况进行排查,使得活动场所的安全状况步入良性轨道。

综上,通过主动发挥政府职能,淮安市在积极引导宗教认同服务于和谐社会建设中,探索出了行之有效的办法,充分调动了宗教积极因素参与到和谐社会建设中来。在发挥政府主导职能的同时,宗教人士、宗教团体及宗教信众也能主动适应社会和时代变迁,在现代公民身份的前提下,将宗教认同始终置于民族国家的框架之内,始终依法从事宗教活动,始终使自身成为社会主义建设乃至和谐社会建设中的一支积极力量。

二、淮安在引导宗教认同促进服务社会中面临的新情况及新问题

宗教认同的功能表明,宗教认同在服务社会建设、促进社会和谐中具有重要作用。从调研对象江苏淮安市的情况看,在引导宗教认同促进服务社会取得成绩的同时,由于外部因素和内部原因,出现了一些新的情况和问题。

1. 淮安宗教工作面临的新情况

从淮安市的情况看,宗教工作出现了一些新情况和新特点,主要体现在以下方面:

(1) 涉外活动增多

近年来,淮安市宗教方面与境外非政府组织开展对外交流呈逐年增多趋势,仅2009年一年中就接待来自域外宗教访问团6批30余人次。该问题的重要性不仅在于来访的批次和人数增多,更在于来访人员多为境外宗教组织,其中有的有人权活动组织资助的背景,访问的对象多为教堂,有的对我国宗教信仰保护情况异乎寻常地关心,有少数以旅游名义,参观宗教活动场所。

(2) 宗教"渗透"呈新趋势

近年来,境外利用宗教对中国进行渗透的手段与过去相比发生了变化,呈现出了一些新的特点。一是境外势力的传教范围扩大,渗透加深。淮安市许多过去不信教的地区,现在也出现了宗教热。其中基督教信徒增长比较明显。二是境外势力宗教渗透主体增多。淮安市有的外籍教师,在讲授文化知识的同时,开始向学生灌输宗教思想,从而对学生的世界观产生影响。一些外资企业在进驻淮安后,其中有宗教信仰的外籍员工私自设立宗教聚会场所,讲经布道,并吸收中方员工参加。三是境外宗教势力渗透手段增多。一些境外宗教势力借旅游、探亲为名,在淮安旅游过程中寻机讲经布道、散发宗教印刷品,还利用广播、电话、邮寄印刷品、网络等手段进行宗教渗透。

(3) 宗教呈上升发展态势

首先,个别宗教发展速度加快。以基督教为例,淮安市基督教的发展总体上在正常的范围内,信教群众占全市总人口的比例不大,但个别县(区)信教人数增长迅猛,其绝对数较大,是一个不可忽视的群体。其次,信教群体扩大。在传统的农村群众及文化低的群体之外,城市知识分子、年轻群体及新经济阶层信教群众比例在增加。一个不容忽视的现象就是,新经济阶层对教会的经济支持比较大,使得一些地方基督教场所财力增强,也导致有的地方教堂越盖越大。第三,极少数党员干部中出现信教苗头。据了解,目前有极少数党员干部是佛教、基督教信徒,他们多以居士、信徒的名义参加宗教活动,如节庆日到寺庙烧香、拜佛、撞钟,参加基督教聚

会等等。他们人数不多,但社会影响较大,对群众的示范性和导向性都较强。

(4) 宗教影响逐步扩大

总体而言,各级宗教组织能够在国家政策和法律法规允许的范围内开展正常的宗教活动,也能够积极引导信教群众参加社会主义经济建设。

但宗教主要是基督教对淮安市社会的影响趋势不容乐观。这一问题集中体现于农村。由于农村文化生活单调,乡村各级组织集中进行文化宣传工作少,农民空闲时间多,特别是农村家庭空心化的普遍出现(青壮年外出打工,家中通常只有文化程度较低的老人、妇女及儿童),因此,教会则吸引了这部分群众,也逐渐使教会活动演变成了农村文化生活的一部分。还有相当一部分是因病信教。农村这块意识形态阵地在相当程度上已被基督教占领。在少数地方,教会组织对农村信教群众的凝聚力和号召力甚至超过了基层行政村党政组织。有一些基层干部甚至通过教会动员群众完成行政任务。有的基层老党员担忧地将这些现象概括为"教堂比支部多,教徒比党员热心,神父比支书管用"。

2. 淮安在引导宗教认同服务和谐社会中面临的新问题

(1) 公民身份观念弱

部分宗教教职人员和信教群众法律观念淡薄,有的摆不正法律与教规教义的关系;有的不能正确处理权利与义务的关系,强调自身权利多,谈履行义务少;有的将信仰置于国家、民族之上,更多地认同国际性宗教团体或组织,将宗教利益置于国家民族利益之上。

(2) 工作开展不平衡

有的地方对出现的新情况研究不够,缺少具体措施,执法力度不大,导致问题长期存在。有的地方执法水平弱化,如政策不能运用,法规不能执行等。

(3) 宗教管理力量弱

首先,宗教管理人员少。淮安有25万信教群众,近千处宗教活动场所,而县(区)宗教工作部门配备人员最多的淮阴区为4人,清河区、清浦区、金湖县仅有1人。属全省宗教工作重点县的涟水县也仅有3人,不能适应当前的工作需要。在基层组织的日常运作中,民族宗教助理基本由乡镇宣传统战委员兼任,但由于基层事务繁多复杂,经济发展任务重,因而对宗教事务管理工作投入的精力较少。其次,保障管理的基础条件弱。从全市情况看,各级宗教工作部门的办公条件都比较简陋,经费(包括宗教事务办公经费,对宗教工作干部、宗教团体和教职人员培训的经费,宗教团体生活和办公经费)面临捉襟见肘的困境。

(4) 基督教私设聚会点问题一直难以化解

这一问题,虽然经过多次专项治理,但效果一直不佳。原因在于:有部分县(区)在进行登记时一些堂点没有协调好,或自身不符合要求而没有登记;有的场所信教群众年龄较大，行动不便，而附近的场所又比较远，则采取在家中私自聚会；有的是已登记的场所内部派别争斗，或场所负责人之间意见分歧产生矛盾，导致一些人鼓动部分信教群众从已有的场所分离出去私设聚会；有的基层基督教组织的负责人，不能很好地学习政策和法律法规，个人素质差，对私设点采取默认态度，甚至有极少数支持私设聚会点活动，盲目壮大自身力量；还有的是部分基层组织管理不力，不了解宗教法律法规，对私设点视而不见，甚至当作正常宗教活动场所来管理。

三、进一步引导宗教认同服务淮安和谐社会建设和社会管理创新的对策建议

通过对宗教工作存在问题的分析，根据淮安市的实际情况，为做好宗教工作，进一步加强社会管理，服务于淮安和谐社会建设，建议采取以下对策：

1. 进一步加强党对宗教工作的领导

要从全局和战略高度提高各级党政领导对做好宗教工作重要意义的认识。中央提出宗教关系是涉及党和国家工作全局的重大关系，正确认识和处理宗教关系，保持和促进宗教关系的和谐，事关中国特色社会主义事业的全局，事关构建社会主义和谐社会的进程，事关党和国家的兴旺发达和长治久安。各级党委、政府及有关部门要有争夺阵地、争夺信教群众的意识；要高度重视和关心宗教工作，这也是提高我们各级党政领导干部执政能力的必然要求；要认真抓好党政领导干部特别是基层干部马克思主义宗教观和党的宗教政策的学习培训工作。各级党校、行政院校应将宗教理论、政策纳入党政干部培训内容，切实做好宗教政策和法规的宣传教育工作，切实提高各级领导干部做好宗教工作的自觉性。

2. 进一步加强宗教管理队伍建设

淮安市信教群众多，宗教活动场所多，宗教工作面广量大。但在2010年新一轮机构改革中，各县（区）民族宗教管理局都与统战部合署办公，无行政执法权，给宗教事务管理工作带来许多困难。从工作力量上看，县（区）从事宗教工作的人员严重缺乏，远远不能适应当前的工作需要。特别是《宗教事务条例》颁布实施后，政府宗教事务部门作为行政执法主体，无执法权和执法人员，基层宗教工作基本上处于无人问、无人管状态。

另外，从全国情况看，宗教是"热事"，但宗教工作则是"冷事"，没有得到与其重要性相应的重视，其具体体现就是宗教干部交流与成长缓慢。加强宗教工作干部正常交流，有利于进一步调动宗教工作干部的积极性，增强干部的活力，增强党对宗教工作的领导。因此，各级领导应该给予宗教工作充分重视。同时，政府对因机构改革而削弱的宗教工作部门进行恢复，将其列入政府序列，以行使其相应的政府职能。

3. 进一步加强宗教管理工作创新

要加大教育培训力度,培养高素质的行政执法队伍,解决基层宗教工作存在的"不去管、不愿管、不敢管、不会管"的问题。进一步完善宗教工作责任制,明确各级宗教工作部门、基层党政组织宗教工作职责。要建立监督制约机制和切实有效的宗教工作责任追究制度。将宗教工作任务纳入各级党委政府年度目标考核内容,把宗教事务管理工作与其他重要工作同布置、同检查、同考核、同奖惩。

4. 进一步加强对宗教人群和群众的引导

如前所述,宗教认同既有积极性功能,也有消极性功能。因此,宗教工作服务大局的关键就在于,主动发挥政府职能,引导宗教认同服务于和谐社会建设。

首先,积极引导宗教界人士。采取形式多样的爱国主义教育活动,对宗教活动场所负责人、宗教教职人员、信教群众骨干开展持之以恒的宗教法规教育,使宗教界学法、用法、守法的意识逐步得到提高,提高他们的爱国主义觉悟;强化对宗教界上层人士的培训,提高宗教界骨干的业务素质,增强管理意识和水平,通过他们在信教群众中发挥桥梁和纽带作用。其次,积极引导基层群众。各级党政组织,应切实加强对农村文化阵地建设,改善和丰富农村文化生活。乡镇和村两级要紧紧结合"建设新农村"活动这一载体,强化村民的思想政治教育,吸引广大群众把主要精力投身到经济建设上来,开展争做文明人活动,引导群众学会健康文明的生活方式。同时,基层党政组织要千方百计创造条件鼓励群众发展经济,劳动致富,从根本上抑制信教人数激增的势头。

淮安"官员"群体眼中的政治发展与政治稳定①

十八大报告提出,部分有条件的地区可以率先开启现代化进程。当前,江苏淮安和苏北其他省辖市一样,正处于从全面建设更高水平小康社会向开启现代化进程中迈进。政治发展与政治稳定对于淮安现代化建设的重要性不言而喻。反之,区域现代化建设也将对政治发展与政治稳定有重要推动作用。研究淮安现代化进程中的政治发展与政治稳定,对于了解整个苏北的政治发展与政治稳定,有着典型的借鉴意义。对于在"顶层设计"的框架内,推动微观层面的政治发展和保持充满活力的政治稳定局面,这项研究也将具有理论上的指导意义。

为了深入了解江苏淮安政治发展与政治稳定的基本状况,阐明成绩,厘清问题,本项研究中分别邀请了来自江苏淮安辖内一县一区的共 100 名受访者(县、区各 50 名)。这 100 位受访者中,包括县处级官员 20 名,乡科级官员 40 名,社区及村组工作人员 40 名。我们将"江苏现代化进程中民主政治发展与政治稳定关系"课题组设计的调研问卷下发给受访者,并请受访者以无记名方式填写问卷。问卷采取集中独立无记名回答形式,共收回有效问卷 100 份。结合问卷和调研情况分析,我们认为,淮安市在政治发展和政治稳定方面,取得了显著的成绩,但存在的问题亦不容忽视。同时,就区域现代化的要求而言,政治发展的任务也很繁重。

一、淮安现代化进程中民主政治发展与政治稳定的成绩

淮安地处苏北腹地,在历史上是重要的漕运中心和盐业中心。新中国成立后至改革开放前这一时期,淮安与全国其他所有地区一样,人民当家做了主人,社会主义公有制经济制度和社会主义政治制度得以全面确立。但在对社会主义道路的探索中,运动不断,因而,这一时期政治发展的成果不够巩固,政治稳定局面时有反复。

---

① 本文系作者承担的原江苏省委党校常务副校长、江苏省政府参事室主任王庆五教授所主持的江苏省高校哲学社会科学重大课题"江苏现代化转型中民主政治发展与政治稳定关系研究"(2011ZDAXM015)的阶段性成果。

改革开放后,经过多年坚持不懈的努力,淮安经济社会发展步入了快车道。当前,淮安正处于加速建设全面小康和向基本现代化迈进阶段。与之相应的,政治发展与政治稳定也取得了一定的成绩。

1. 对民主政治的认同感较强

这一认同感包括两方面:一是对政治发展价值的认同,二是对政治运行机制的认同。以问卷中问题 2 为例,问题为"您认为,民主政治建设对江苏'两个率先'有作用吗?"选项依次为"必不可少、可有可无、没有、说不清"。100 份问卷都选择了必不可少。这显示出受访者对民主政治作用的认同。问题 16 为"您认为,发展民主政治与社会稳定之间是什么关系?"选项依次为"发展民主政治是促进社会稳定的前提、发展民主政治肯定带来社会不稳、发展民主政治不稳妥会带来社会不稳定、说不清。"75%受访者选择了选项一,23%选择选项三,2%选择选项四(见图1)。也就是说,相当多数人认为,要靠发展民主政治来解决社会稳定,民主政治的发展对社会政治稳定具有推动作用。部分人认为,要积极发展民主政治,否则会导致不稳定。持此观点可能是认识到民主政治发展是柄双刃剑,具有双重性。值得关注的是,没有人赞同"发展民主政治肯定带来社会不稳"这一命题。这从反面印证了受访者对民主政治发展的认同。考虑到问卷设计中选择选项的唯一性,受访者可能对选项一和选项三都会赞同,但只能割舍一个。因而,受访者对民主政治价值的认同度可能比问卷所体现的比例要更高。

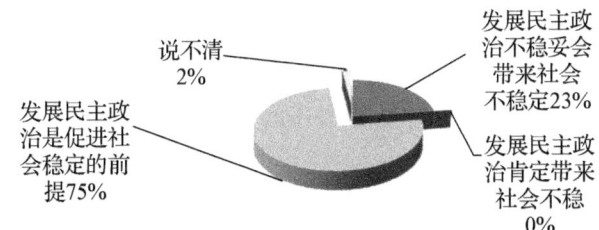

图 1　发展民主政治与社会稳定之间是什么关系
(取自问卷中 W16)

问题 17 题干为"您认为,应该如何处理社会稳定和民主政治发展的关系?"。选项依次为"社会稳定是头等大事,应该优先维护社会稳定,民主政治退后;民主政治是头等大事,应该优先发展民主政治;在保持稳定的基础上,加快民主政治发展;在保证民主政治发展的基础上,保持社会稳定;二者并重,既要促进民主政治发展,又要维护社会稳定;不清楚。"72%赞成第五选项,20%选择第四选项,选择三和六选项的均为 4%(见图 2)。在选项增多的条件下,显然选择的难度加大了。但可以看出,赞成民主政治发展与社会稳定二者并重的人数仍然占比超过 70%。显示出受访者对发展民主政治较为明显的偏好。没有人认同社会稳定应居于民主政治发展之先，当然也没有人认同盲目发展民主政治这一观点。

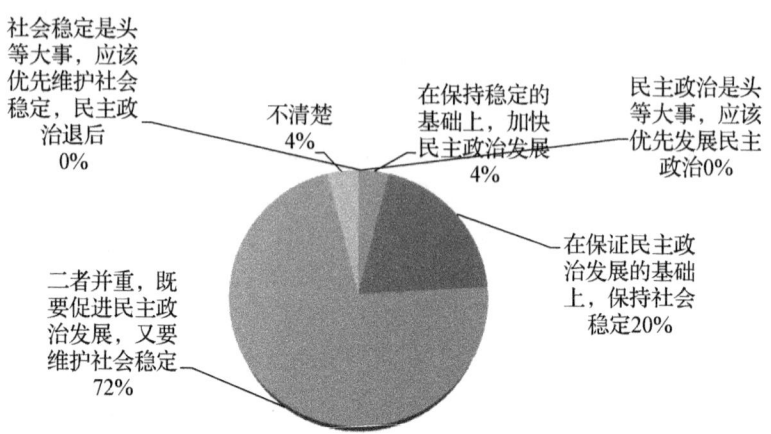

图 2　应该如何处理社会稳定和民主政治发展的关系（取自问卷中 W17）

同时，还需指出，问题 16 中，"发展民主政治是促进社会稳定的前提"选项占比较高，与问题 17"二者并重，既要促进民主政治发展，又要维护社会稳定"这一选项占比较高，并不矛盾。因为，前者强调的是发展民主政治与社会稳定之间的相互关系，考察的是深层次的功能问题和因果关系问题。后者强调的是发展民主政治与保持社会稳定之间的次序问题，考察的是实施步骤和实施策略。受访者对问题 17 此选项的偏好，在问题 23 中了同样得到了体现。该题为"您赞同'发展民主政治与保持社会稳定两手都要硬'的观点吗"，下设三个选项"赞同、不赞同、说不清"。其实质也是要考察两者的次序问题。所有人都选择了"赞同"。体现了较为一致的集中度。

问题 25 为"您认为，维护稳定最根本的要做什么"。选项依次为"改革信访制度、拓展公民参与渠道；加强军队的力量；发展经济；进行政治体制改革，尤其是转变政府职能；健全收入分配制度；加强公民社会建设；不清楚。"在选项为七个的条件下，仍有高达 90% 的人选择了第四选项（见图 3），这显示出受访者对政治体制的信心和愿望。体现出对政治运行体制的认同。因为，在希望进行政治体制改革的愿望之下，隐含着这样的逻辑：政治体制存在着改革的必要性和发展空间；包括转变政府职能在内的政治体制改革将有益于政治稳定。

2. 对政治稳定的信心较强

对问卷反馈出的信息归纳表明，受访者对政治稳定的信心包括三个方面：一是对当前政治稳定的信心，二是对未来政治稳定的信心，三是对保持政治稳定的方法和手段的信心。

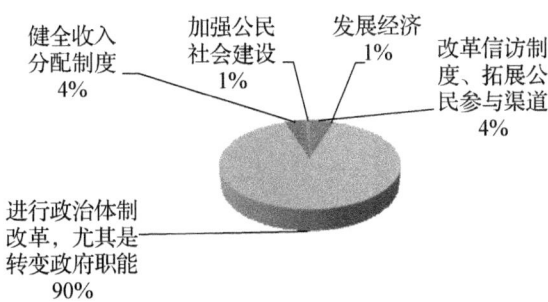

图 3　维护稳定最根本的要做什么(取自问卷中 W25)

问题 10 为"您认为,当前的社会稳定形势如何?"。选项依次为"很好、比较好、一般、不太好、很不好、说不清"。选择"比较好"的占 75%,认为"一般的"的占 23%,认为"说不清"的占 2%。没有人对社会稳定形势持绝对肯定或绝对否定态度(见图 4)。换言之,对社会稳定状况持积极和相对积极的比例达到了 98%,从而体现受访者对当地目前政治稳定的局面相当乐观。

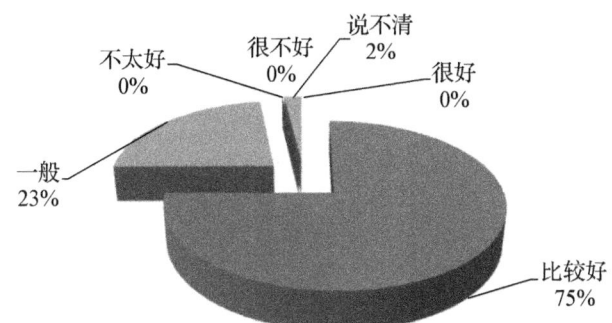

图 4　当前的社会稳定形势如何(取自问卷中 W10)

问题 5 为"您认为,在未来十年内,中国是否会陷入不稳定局面?(限选一项)"。回答依次为"社会维持较高的和谐稳定;保持基本稳定;出现局部的动荡和不安,但不会影响全国局势;受内外部不安因素的持续干扰,出现全国性的严重动荡和不安;说不清"。高达 90% 的人选择第一选项,8% 的人选择第二选项(见图 5)。考虑到首选项和次选项都是对社会政治稳定持肯定和认同的态度,只是程度不同而已,因而,结合上一题干所考察出的情况,可以说,受访者所代表的阶层对当前和长远的社会稳定的信心较强。

固然,此题积极选项占比较高,也有可能受到选项三和选项四的影响。此两选项中使用了"局部动荡""严重动荡"这一类对社会政治稳定有严格排斥作用的语汇。而实际上,社会政治稳定可能表现形态有多种,稳定程度也有不同,动荡并不是政治稳定的相反状态。因此,此问题选项的设置有可能使得对社会政治稳定持既中间态度的受访者倾向于更积极的选项。

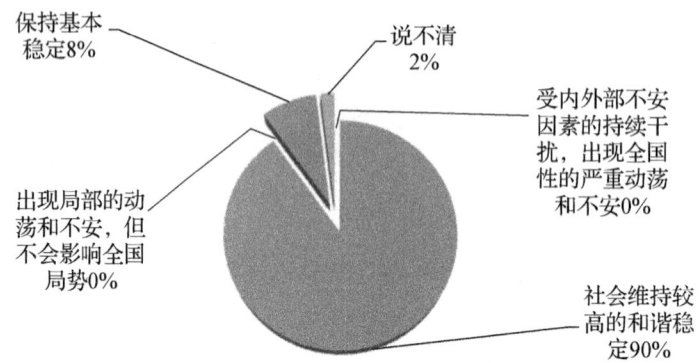

图 5　在未来十年内,中国是否会陷入不稳定局面
(取自问卷中 W15)

在问题 24 对当前维护稳定的手段评估问题上,95%的人选择了比较有效(图 6)。这表明受访者群体总体上对稳定的方法运用上持比较明确的肯定态度。这点可能与人们通常的感受略有区别。按照网络媒体通常所揭示的,有相当多地区维护社会稳定的手段方法缺乏长期效用,一些常规的保持稳定的手段方法难以长期奏效。我们认为,淮安受访者对维护稳定的手段是否有效这点上评价较高,可能与淮安在保持社会稳定方面所付出的努力有因果关系。如前所述,在改革开放刚启动直至本世纪初几年,淮安都是省里的信访大市,但近几年,淮安经济社会发展取得了长足进步,在促进民生、推动公平上迈了几个大步,一些创新社会管理的举措扎实有效。在下面将要具体阐述的一些促进社会稳定、保障人民权益的手段方法已初步上升为政府的行为模式。因而,社会稳定呈良好局面。

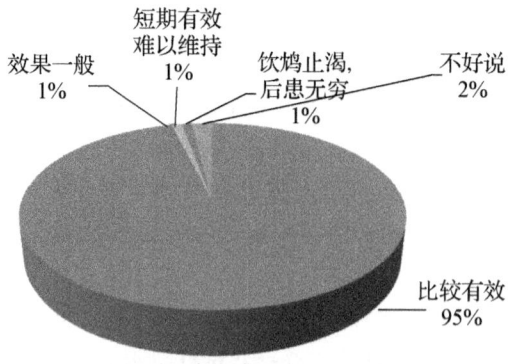

图 6　当前维护社会稳定的手段是否有效
(取自问卷中 W24)

3. 政治稳定举措卓有成效

前述已表明,淮安受访者对政治稳定的认同度较高,其部分归因于淮安为维护社会稳定所采取的举措。同时,这些举措也是政治稳定的重要成就,是淮安政治稳定不同于他处的重要特点。

(1) 运用现代科技手段建立了"126"信访模式,信访工作全省领先

曾几何时,苏北的淮安等地与"信访大市""息访难市"挂上了等号。但近年来,淮安通过构建"126"信访模式,提升了信访管理水平,为全省创新信访管理提供了淮安"样本"。

淮安"126"信访管理模式包括一个系统、两个中心、六项功能(见表1)。

一个系统。2007年年初,淮安市认真贯彻落实胡锦涛同志关于信访信息化建设的重要指示,在全国率先自主研发了集"投诉、查询、服务、监督、分析、管理"等功能于一体的"阳光信访"综合服务管理系统。淮安市把"阳光信访"系统作为"126"工作模式建设的中枢,通过党委、政府强力推动,在全市各级各部门广泛布设工作终端、建设系统网络,实现了"阳光信访"系统网络全覆盖,横向联通各级政府400多个职能部门,纵向覆盖9个县(区)、147个乡镇(街道)。

表1 淮安市"126"信访管理模式

一个系统	两个中心	六项功能
"阳光信访"综合服务管理系统(实现对全市9个县/区、147个乡镇/街道、400多个职能部门的全覆盖)	实体中心:市、县、乡三级信访联合接待中心 虚拟中心:电子网络信访服务中心	全方位受理投诉
		全方位便民查询
		全方位主动反馈
		全方位征集建议
		全方位了解民情
		全方位监督管理

两个中心。在建好信访联合接访中心的基础上,淮安市打造了电子网络信访服务中心。一方面,巩固提高传统的联合接访中心,不断发挥接访中心在信访工作中的重要作用。市、县、乡三级信访联合接待中心依托"阳光信访"系统和网络,全面整合基层信访工作资源,为信访群众提供"一条龙""一站式"服务。各级信访联合接待中心成了群众信访的"首选地"、问题处理的"终结地"。另一方面,全面打造现代的电子网络信访服务中心。2010年底,淮安市创立了全国首个电子网络信访服务中心,利用现代电子技术搭建市民与政府沟通渠道,以弥补传统联合接访中心的不足,实现信访的无缝隙覆盖。

六项功能。淮安市信访管理部门经过认真研究和梳理,将信访管理和信访服

务分解为六个部分,并对应地在电子化系统上设立了投诉、查询、反馈、人民建议、分析、监督等六个功能服务平台,从而构建了淮安市从信访管理到信访服务、从实体平台到虚拟平台、从单一治理到综合治理的立体信访工作模式。

淮安市通过推动"126"模式建设,信访工作取得了明显成效,主要体现在最大限度地畅通了信访渠道,最大限度地方便了群众信访,最大限度地促进了事情解决,最大限度地提高了工作效率。①"126"模式还得到了中央新闻媒体的广泛关注,《人民日报》、新华社《国内动态清样》、《新华每日电讯》、《半月谈》、《新闻联播》等先后报道了淮安改革创新信访工作的做法。2012 年 3 月在淮安召开的江苏省信访工作会议上,淮安市"126"信访模式被会议授予 2011 年全省信访工作特等奖。

(2) 为降低社会风险探索出"稳评模式",社会稳定评估工作全省率先

创新社会管理并不是淮安市的应景之作。早在 2006 年,出于当时的现实原因,淮安市就在全省率先探索了"重大事项社会稳定风险评估"工作法。到 2013 年,淮安市坚持不断完善工作机制,已建立起了具有可操作性、实效性和长效性的重大事项社会稳定风险评估制度,形成了确定评估事项、收集社情民意、汇总分析论证、落实维稳措施、全程跟踪评估"五步工作法",实现了"稳评"工作的模式化和流程化(图 7),从源头上预防和化解了部分社会矛盾。迄今该工作法共评估重大事项 549 件,覆盖率占全市重大事项的 80% 以上。2007 年至今,全市未发生一起重大群体性事件。2009 年 10 月,在淮安市召开的全省重大事项社会稳定风险评估工作座谈会上,江苏省委政法委将淮安市的成功经验称为"淮安模式",要求在全省推广。② 这一做法荣获了 2010 年江苏省政法工作"创新一等奖"。这些成效和获得的赞誉实质上也是对淮安社会政治稳定工作的肯定。

推进对重大决策、项目等重大事项社会稳定风险评估制度的全覆盖,是新形势下加强和创新社会管理工作的重要内容。对淮安社会稳定乃至政治稳定起到了重要作用。"淮安模式"改变了传统的事后被动处理的维稳工作方式,实现了事前主动预防,完成了对社会稳定问题由粗放式治理到集约式治理的转变,充分体现了基层基础、源头治理的现代公共治理理念,同时将决策科学化、民主化提升到一个新的水平。③

---

① 邱金义:《淮安:构建"信、访、网、电"四位一体信访模式》,载于《中国纪检监察报》2011 年 8 月 11 日。
② 张玉磊、徐贵权:《重大事项社会稳定风险评估制度研究——"淮安模式"的经验与启示》,载于《中国人民公安大学学报》(社会科学版),2010 年第三期。
③ 《社会稳定风险评估的"淮安模式"》,载于《领导决策信息》2011 年第 32 期。

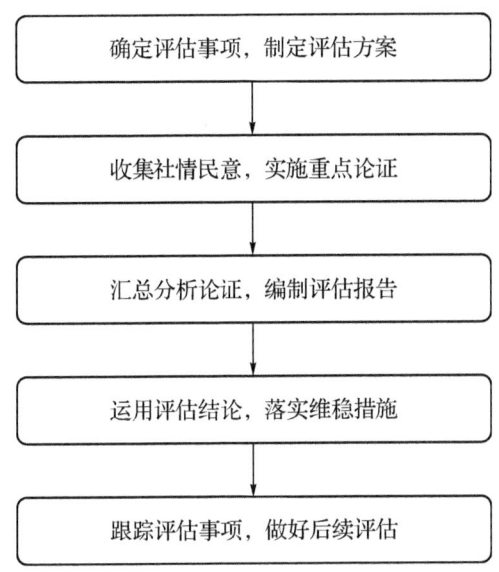

图7 重大事项社会稳定风险评估流程

（3）优化整合资源，在苏北率先开展网格化管理试点

目前，在国内一些条件较好的大型城市，网格化管理因其社会管理的有效性而日益受到重视和应用。所谓网格化管理，是以街道、社区为基础，在管理辖区内，以1万平方米左右区域为基准划分单元网格，建立城市网格化管理信息平台，对城市部件、事件实施管理，实现市、区、专业处置部门和网格监督员四级联动的管理模式和信息资源共享系统。清河区是淮安市的中心区域，既属老城区，又是市政府所在区，对创新社会管理方式手段的需求较高，创新社会管理的条件较好。淮安市以该区为试点，通过建设综合性社会管理中心和网格化管理系统，在全省同类区域率先开展了网格化社会管理（见表2）。

表2 淮安市清河区社会管理体制机制图

社会管理平台功能设置	社会管理平台	信息系统社会管理系统	网格层次	网格名称
矛盾调处	社会管理中心	网格化服务	第一级网格	区社会服务管理中心（社会管理平台）
法律援助			第二级网格	街道
信访接待			第三级网格	社区网格服务管理办公室
阳光清河			第四级网格	居民小区的网格服务组
维权中心			第五级网格	楼幢
其他功能平台				

整合管理载体。社会管理面广量大,事无巨细,需要各级党政部门动员社会力量共同进行,从而也导致资源和力量的分散。为克服此矛盾,就要整合管理力量和管理资源。淮安市采取的主要举措之一就是在清河区试点建设统一的管理载体。淮安市清河区投资建设了清河区社会管理中心。该中心是集矛盾调处、法律援助、社区矫正、信访接待等功能为一体的现代化的综合性社会管理中心,是淮安市转变政府职能、整合社会管理资源、提升社会管理科学化水平,深入推进社会矛盾纠纷化解,促进社会和谐稳定的重要举措。这是全省首个进行资源整合、优化配置的社会管理中心。

引入现代科技。淮安市清河区利用高科技建设社区网格化管理系统,努力实现社会管理无缝化、即时化。其具体体现为,利用现代通信技术建设社会管理网格化系统,将全区分为5个网格管理层次,再将15个试点社区划分为75个网格,每个网格管理组配备2名专职队员,2名以上兼职队员,并配备经公开招聘的社管协管员及治安重点地区流动人口协管员。通过这一管理系统,全区相关部门、所有街道(社区)的任一网络端口,都可以实时查看到自己需要的信息。民政、计生、劳动保障等部门也都可以综合利用该信息系统开展工作,极大地便利了社会管理各项工作的开展,为社会稳定提供了可靠的技术保障、可行的载体保障。

此外,淮安市在创新社会管理、促进社会政治稳定过程中还探索出了"警民协作会""阳光淮安、和谐城管""帮扶信访老户创业"等工作机制,赢得了群众的赞誉和上级的认可。凡此种种,展现了淮安政治稳定的成绩。

二、淮安现代化进程中民主政治发展与政治稳定存在的不足及其原因

从问卷和调研情况分析,淮安民主政治发展与政治稳定在取得较大成就的同时,也存在不足之处。

1. 基层民主权利的实施不够具体化,政治参与程度不够

问卷中问题4至问题9侧重考察基层民主的具体运行落实情况。众所周知,社会主义的实质是人民当家做主,人民代表大会制度作为我国根本政治制度保证了人民在最终意义上是国家的主人。但形式上的权利并不必然意味着具体的权利落实。在实践中民主权利的行使往往有可能流于形式,或在程序上受到限制。

对受访者对问题4的回答进行的数据分析表明,对此类问题的回答相对来说是偏负面的(见图8),而且对民主权利的行使走向了形式主义这类选项的集中度较高。

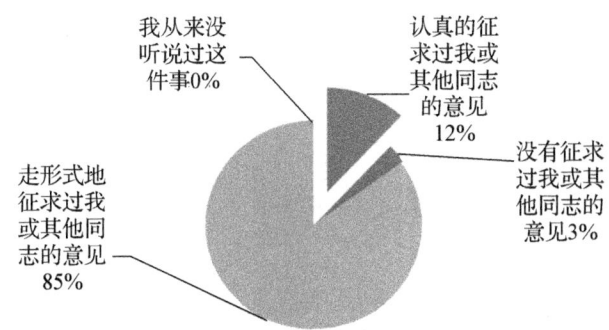

图 8 您所在的单位在作出一些决策的时候,征求过您或其他同志的意见吗(取自问卷中 W04)

再如,问题 5"您所在单位实行过政务或村务、居务公开吗?"。85%的人选择"形式上做过",15%选择"认真做过"。没有人选择"从来没做过"或"我没关心这件事"。我们认为,受访者均参与过各类事务公开的活动,而且都对此类活动关心。由此表明,人们对行使民主权利是关注和重视的,但这类基层民主政治运动大多流于形式。

问题 7 中,"您认为人民群众的'选择权、参与权、知情权、表达权、监督权'在实践中落实情况怎样?",尽管有 5 个选项,即"很好;部分权利行使比较好;几乎都是口号,缺乏具体制度;无法落实;不好说。"但 52%的受访者选择了"几乎都是口号,缺乏具体制度",另 48%选择"不好说",无一人选择相对积极的选项一和选项二,也无一人选择完全消极的选项四。由此说明受访者均观察到这些权利确实在现实中曾开展过,但对其实际效果评价仍偏低。

与此相对应的是,问题 8 中,当被问及"当前公民的政治参与渠道是否健全、畅通?"时,78%的人选择了"健全但不畅通",20%则说"不清楚",认为"不健全、不畅通"的占 2%,无一人认为"健全、畅通"。由此说明,形式上的民主权利与实践运行中的民主活动存在脱节现象,民主的设施虽然完备,但还没完全在实际的民主活动中充分展开。

2. 法治政府建设成果不容乐观

问题 26"您认为,当前的法治国家、法治社会、法治政府实现程度怎样?"中,6 个选项依次为"比较好;部分实现;很努力但效果有限;几乎全部落空;不可能实现;不好说"。尽管回答分布在 6 个选项中,但可以看出,6 个选项可分为两类:一类是持正面积极评价的第一选项,仅占 5%,另一类是持负面消极评价的选项,可以说涵盖了 95%。其中持绝对负面的占 4%,极度负面的占 12%(见图 9)。

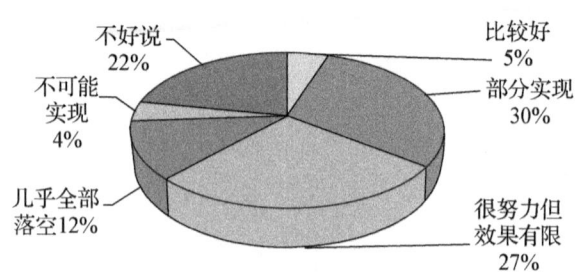

图 9 当前的法治国家、法治社会、法治政府
实现程度怎样(取自问卷中 W26)

受访者对法治建设的主观感受与最高决策层所指出的法治建设存在的问题是基本一致的。习近平在首都各界纪念现行宪法公布施行 30 周年大会上的讲话就指出,在包括宪法在内的法治取得成绩的同时,也存在着不足,"主要表现在:保证宪法实施的监督机制和具体制度还不健全,有法不依、执法不严、违法不究现象在一些地方和部门依然存在;关系人民群众切身利益的执法司法问题还比较突出;一些公职人员滥用职权、失职渎职、执法犯法甚至徇私枉法严重损害国家法制权威;公民包括一些领导干部的宪法意识还有待进一步提高。"①

问题 27 为"您认为,目前法治政府存在的主要问题是什么?"选项分别为"政府的权力没有法定,权力无限;依法行政程度低,滥用权力;政府行为透明程度低;政府行为缺乏问责;相关政府行政法规欠缺;政府公职人员法律意识差"。问卷要求需同时选 3 项,并按重要程度排序。从问卷情况分析,此 6 个选项的重要性排序分布较为平均,没有明显的集中度,既没有特别高的,也没有特别低的比例,受访者对这 6 个选项认知程度较为接近。这也就意味着,法治政府的建设面临的挑战与问题还比较多,法治政府建设的成果还不十分突出。进一步说,此 6 个选项还仅仅是将政府及政府公职人员列为构成问题的因素,假使将范围放得再宽泛一点,比如,司法体制因素、立法与执法质量因素、法律背后的利益集团博弈因素等,可能对问题的回答离散性更强,更难以区别法治政府建设中存在的主要矛盾和矛盾的主要方面。

3. 影响社会政治稳定的因素依然存在

政治稳定局面并不是变动不居的。对问卷部分选项的研究表明,影响社会政治稳定的因素还在一定范围内存在。而这些因素又基本上是来自宏观体制下的结构性因素,是政治经济社会环境对政治系统施加影响而产生的,并不因地域的不同而作用不同。这也就意味着,在体制上下同构、区域同构的背景下,这些因素既对其他地区产生影响,也必然对包括淮安在内的苏北区域产生影响。

---

① 习近平在纪念现行宪法公布施行 30 周年大会上的讲话。中国政府网 2012 年 12 月 4 日。

以问题 22 为例。"您认为,当前维护社会稳定,最大的障碍是什么?"在限选一项的约束条件下,回答相对均匀地分布在 8 个选项上,显示影响社会稳定的因素还普遍存在(见图 10)。

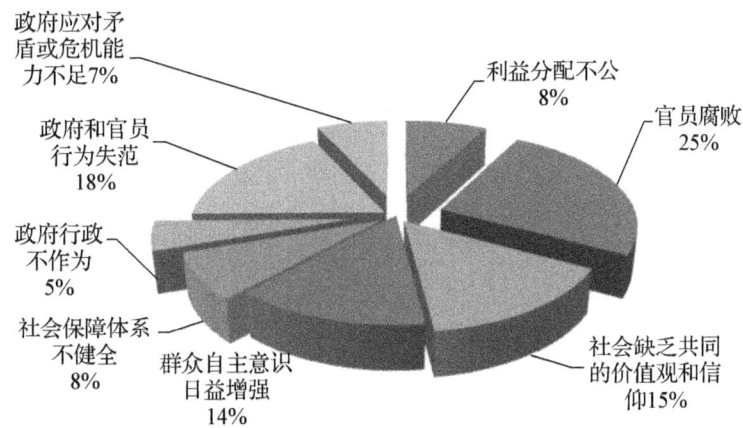

图 10　当前维护社会稳定,最大的障碍是什么
(取自问卷中 W22)

问题 29"您认为,当前影响社会稳定的主要源头在哪里?"设计的目的是考察受访者对影响社会稳定的地理区域来源的判断。受访者的看法并不集中。既不集中于城市,也不特别集中于农村,而是认为城市、农村、小城镇和其他地方都可能是影响社会稳定的源头(见图 11)。从而进一步证实了上一结论,即影响社会稳定的因素还普遍存在。

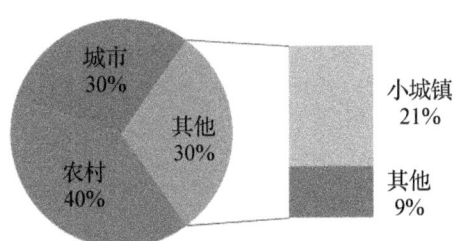

图 11　当前影响社会稳定的主要源头在哪里
(取自问卷中 W29)

导致这些问题产生的深层次原因,还是在于经济社会变革、技术变迁、人民民主素质提高和权利意识增强等都对宏观层面的政治体制提出了更高的要求,而政治体制的发展进程滞后于这种要求。对于淮安等苏北地区而言,还有直接原因。首先,淮安等在内的苏北整个区域还处于全面建设小康社会阶段,向现代化迈进的任务还很艰巨。基层政府将比较多的精力和资源投放于科学跨越发展上,目标在

于在较短时间内实现发达国家用上百年才实现的现代化目标,在于在较短时间内抹平与发达地区的差距。因此,苏北的基层政府可能发展经济的措施多,改善民生的措施多,而在政治发展方面则投入较少,关注较少,从而导致举措不多,创新不多,实效不强。其次,传统的政治行为模式和政治文化观念时不时还在起作用,使得人们在民主政治的实际运行中,更趋向于墨守成规、因循守旧、故步自封。第三,具体到一个组织来说,基层民主要靠党内民主来促动和规范,但党内民主所要求的民主集中制相对来说原则性的要求居多,缺少细化深入可操作性的规范,因而,我们看到,基层民主的各类实践常流于形式,背离了政治发展的初衷。

  另外,致力于现代化的过程本身,就隐含着不稳定的因素。这一过程既是财富创造过程,也是财富重新分配过程,也就是利益的重新调整与分配的过程。这一过程要求,财富创造群体和利益分配群体要不断融合,而不是不断分离。也就是说,改革与发展的成果要全民共享,而不能固化于特定阶层,形成既得利益集团。如其不然,必将导致冲突不断,社会阶层之间歧异加深,并必然在适当条件下以群体事件的形式表现出来。对于这一点,政府、学界及舆论已形成了共识。这也正如美国著名经济学家西蒙·库兹涅茨所指出的,现代化过程中的市场化和城市化所带来的深刻的社会与经济结构变化,往往会孕育群体与阶层之间的冲突。①

---

① 西蒙·库兹涅茨:《现代的经济增长——发现和思考》,参见西里尔·E.布莱克编的《比较现代化》,上海译文出版社1996年版,第270—290页。

附：调查问卷

"江苏现代化转型中民主政治发展与政治稳定关系研究"调查问卷

您好！

　　为更好地完成"江苏现代化转型中民主政治发展与政治稳定关系研究"的重大项目研究工作，为率先基本实现现代化作出应有贡献，我们特开展此次问卷调查。本问卷是匿名问卷，您填答的相关信息，我们将严格保密！请在合适的选项上的打"√"，或在相应的"_____"上填写答案。谢谢您的配合！

一、基本情况

A. 性　　别：　（01）□男　　　　（02）□女
B. 年　　龄：(请写明)____岁
C. 所在地区：(01)□苏南　　　（02)□苏中　　　　（03）□苏北
D. 文化程度：(限选一项)
(01)□小学　　　　（02）□初中　　　（03）□高中或中专
(04)□大专　　　　（05）□本科　　　（06）□硕士研究生或以上
E. 您的身份是：　（01）□干部　　　　（02）□群众

二、具体问题

W01. 您知道民主政治建设吗？
(01)□知道，清楚其内容
(02)□模糊，了解一点点
(03)□不知道，也没听说过
W02. 您认为，民主政治建设对江苏"两个率先"有作用吗？（限选一项）
(01)□必不可少　　　（02）□可有可无
(03)□没有　　　　　（04）□说不清
W03. 您认为，宣传民主政治建设最有用的是哪种途径？（限选一项）
(01)□电视、广播、报纸、网络
(02)□去国外直接学习、考察

（03）□鼓励群众直接参与

（04）□其他（请写明）_____

W04. 您所在的单位在作出一些决策的时候，征求过您或其他同志的意见吗？（限选一项）

（01）□认真的征求过我或其他同志的意见

（02）□没有征求过我或其他同志的意见

（03）□走形式的征求过我或其他同志的意见

（04）□我从来没听说过这件事

W05. 您所在的单位实行过政务（村务、居务）公开吗？（限选一项）

（01）□认真做过　　　　　　　　　　（02）□形式上做过

（03）□从来没做过　　　　　　　　　（04）□我没关心这件事

W06. 您所在的单位开展过民主选举吗？（限选一项）

（01）□认真做过　　　　　　　　　　（02）□形式上做过

（03）□从来没做过　　　　　　　　　（04）□我没关心这件事

W07. 十七大报告指出人民群众有"选择权、参与权、知情权、表达权、监督权"，您认为这五权在实践中落实情况怎样？（限选一项）

（01）□很好

（02）□部分权利行使比较好

（03）□几乎都是口号，缺乏具体制度

（04）□无法落实

（05）□不好说

W08. 您认为，当前公民的政治参与渠道是否健全、畅通？（限选一项）

（01）□不健全、不畅通　　　　　　　（02）□健全但不畅通

（03）□健全、畅通　　　　　　　　　（04）□不清楚

W09. 您认为，当前公民政治参与的渠道主要有哪些？（请选三项，并请按重要程度排序）　①（　）　②（　）　③（　）

（01）选举人大代表、政协委员

（02）信访

（03）参与网络意见表达

（04）举报信

（05）直接找领导

（06）参加各自单位的民主事项

（07）不清楚

W10. 您认为，当前的社会稳定形势如何？（限选一项）

（01）□很好　　　　（02）□比较好　　　　（03）□一般

（04）□不太好　　　（05）□很不好　　　　（06）□说不清

W11. 您认为,当前影响社会稳定的主要问题有哪些?
(请选三项,并请按重要程度排序) ①( ) ②( ) ③( )
(01)社会治安差　　(02)干群关系紧张　　(03)经济政策不稳、经济纠纷增加
(04)贫富差距过大　　(05)环境危机凸显　　(06)社会诚信缺失　　(07)腐败问题严重
(08)就业问题　　(09)国有企业改革　　(10)征地拆迁　　(11)农民负担过重
(12)老百姓权益没有保障　　(13)社会保障不健全　　(14)自然灾害多
(15)重大事故频发　　(16)法律缺乏尊严　　(17)其他(请注明)

W12. 您认为,当前引发群体性事件的主要因素是什么?
(01)□群众民主意识增强
(02)□干部作风不端正引起
(03)□国家治理体制导致
(04)□基层政府损害了群众切身利益
(05)□其他

W13. 您认为,正确对待群体性事件的态度应该如何?
(01)□这是正常的,不必惊慌
(02)□这是影响社会稳定的大事,必须严厉打击
(03)□应该积极健全群众利益诉求表达渠道,引导群众合理表达诉求
(04)□当前的群体性事件多是利益矛盾,而不是争夺权力,因而是可以治理的
(05)□当前的群体性事件已经指向了国家政权,难以治理
(06)□不清楚

W14. 您认为,当前影响干群关系的最主要因素是什么?(限选一项)
(01)□干部作风不正
(02)□利益矛盾突出
(03)□政策脱离群众
(04)□公平正义缺失
(05)□群众目光短浅
(06)□干部不对人民负责

W15. 您认为,在未来十年内,中国是否会陷入不稳定局面?(限选一项)
(01)□社会维持较高的和谐稳定
(02)□保持基本稳定
(03)□出现局部的动荡和不安,但不会影响全国局势
(04)□受内外部不安因素的持续干扰,出现全国性的严重动荡和不安
(05)□说不清

W16. 您认为,发展民主政治与社会稳定之间是什么关系?(限选一项)
(01)□发展民主政治是促进社会稳定的前提
(02)□发展民主政治肯定带来社会不稳

(03)□发展民主政治不稳妥会带来社会不稳定
(04)□说不清

W17. 您认为,应该如何处理社会稳定和民主政治发展的关系?(限选一项)
(01)□社会稳定是头等大事,应该优先维护社会稳定,民主政治退后
(02)□民主政治是头等大事,应该优先发展民主政治
(03)□在保持稳定的基础上,加快民主政治发展
(04)□在保证民主政治发展的基础上,保持社会稳定
(05)□二者并重,既要促进民主政治发展,又要维护社会稳定
(06)□不清楚

W18. 您认为,地方政府有能力处理好发展民主政治与保持社会稳定之间的关系吗?(限选一项)
(01)□完全有能力　　(02)□没有能力　　(03)□说不清

W19. 您所在的区域发生过因发展民主而导致社会不稳定的情况吗?(限选一项)
(01)□有,经常发生　　(02)□没有发生过
(03)□偶尔发生过　　(04)□说不清

W20. 您认为,当前民主政治建设的重点是什么?
(01)□党内民主　　(02)□人民民主
(03)□基层民主　　(04)□社会民主

W21. 您认为,当前发展民主政治,最大的障碍是什么?(限选一项)
(01)□社会稳定形势不容乐观,没有精力去推动民主政治发展
(02)□发展经济是第一要务,没有精力去推动民主政治发展
(03)□群众的民主素质不适合
(04)□推动民主政治发展的政策不合适
(05)□不清楚
(06)□其他

W22. 您认为,当前维护社会稳定,最大的障碍是什么?(限选一项)
(01)□利益分配不公　　(02)□官员腐败
(03)□社会缺乏共同的价值观和信仰　　(04)□群众自主意识日益增强
(05)□社会保障体系不健全　　(06)□政府行政不作为
(07)□政府和官员行为失范　　(08)□政府应对矛盾或危机能力不足

W23. 您赞同"发展民主政治与保持社会稳定两手都要硬"的观点吗?
(01)□赞同　　(02)□不赞同　　(03)□说不清

W24. 您认为,当前维护社会稳定的手段是否有效?(限选一项)
(01)□比较有效　　(02)□效果一般
(03)□短期有效,难以维持　　(04)□饮鸩止渴,后患无穷
(05)□无效　　(06)□不好说

W25. 您认为,维护稳定最根本的要做什么?(限选一项)

(01)□改革信访制度、拓展公民参与渠道

(02)□加强军队的力量

(03)□发展经济

(04)□进行政治体制改革,尤其是转变政府职能

(05)□健全收入分配制度

(06)□加强公民社会建设

(07)□不清楚

W26. 您认为,当前的法治国家、法治社会、法治政府实现程度怎样?(限选一项)

(01)□比较好　　　　　　　　(02)□部分实现

(03)□很努力但效果有限　　　(04)□几乎全部落空

(05)□不可能实现　　　　　　(06)□不好说

W27. 您认为,目前法治政府存在的主要问题是什么?(请选三项,并请按重要程度排序)　①( )　②( )　③( )

(01)政府的权力没有法定,权力无限

(02)依法行政程度低,滥用权力

(03)政府行为透明程度低

(04)政府行为缺乏问责

(05)相关政府行政法规欠缺

(06)政府公职人员法律意识差

W28. 您认为,当期政治文化建设存在的主要问题是什么?(请选三项,并请按重要程度排序)　①( )　②( )　③( )

(01)主流政治文化失序

(02)不重视政治文化建设和引导

(03)精英政治文化与大众政治文化之间的关系出现不协调

(04)迷信、怀旧、仇富、功利、宗族、反权威等消极的政治心理较流行

(05)政治不信任

(06)其他(请注明)

W29. 您认为,当前影响社会稳定的主要源头在哪里?(限选一项)

(01)□农村　　　　　　　　(02)□城市

(03)□小城镇　　　　　　　(04)□其他

W30. 您认为,当前城市基层民主与农村基层民主相比较,哪一个发展得更好?(限选一项)

(01)□城市社区民主　　　　(02)□农村社区民主

(03)□都不好　　　　　　　(04)□都很好

谢谢!

淮安新一轮发展中应充分重视和防范源自宗教的风险

前段时期,我国边疆民族地区相继发生有重大影响的极端事件,再次引发国人对民族宗教和社会稳定的关注。当前,淮安正处于新一轮发展的关键节点,政通人和的社会政治稳定局面是其前提条件和根本保障。因此,应充分重视有可能影响社会政治稳定局面的风险因素,其中包括源自宗教的风险。而且,淮安是江苏宗教工作重点市之一,更应对那些极端宗教事件引发的冲击波保持警惕。当然,源自宗教的风险这一表述并非指宗教本身有风险性,而是指宗教在与社会互动中易被利用和渗透的可能性,以及对宗教认识误区带来工作上的失误。这也即客观风险和主观风险。

客观风险主要产生于宗教与社会互动过程。就淮安而言,有以下几种表现形式。

其一,因基督教而产生的国外势力渗透的风险仍然存在。近年来,与全国其他大多数地区一样,淮安市基督教信教人数增长明显,基督教取得了对其他宗教的优势,使淮安市宗教分布呈不均衡状态。据 2013 年统计,在淮安所存在的基督教、伊斯兰教、道教、佛教四大宗教中,基督教的优势表现为:信教人数最多(全市信教群众共有 30 多万人,基督教信众占八成);教职人员最多(全市宗教教职人员共 1 149 人,基督教为 811 人);宗教活动场所最多(全市宗教合法活动场所共 1 009 处,基督教为 945 处)。基督教的活动有两方面特点:一方面,其信教群众的主流是爱国的,其宗教活动是规范的;但另一方面,基督教颇具渗透性和进攻性,其核心要义是通过传教使受苦难者得到救赎,因此,会不断传教,从而侵蚀党的群众基础。更紧要的是,基督教溯源于西方,在信仰的属性之外,更被赋予了瓦解和演变其他国家的工具属性。最近几年,西方就以人权和宗教外衣对我国宗教领域实施了"松土工程""金字塔工程"等计划,通过各类基金会资助、传教、讲学、交流、网络信息引导等手段,以基督教为通道,对我国进行渗透。源自西方的宗教导人向善的另一个侧面背负着改造改变、演化演变、侵略侵蚀的文化"使命",使留守儿童耳濡目染,因此,我们对此风险不能须臾忽视。

其二,极端宗教势力向淮安渗透的风险仍然存在。淮安市有近万名穆斯林,他们与淮安各阶层群众共同为建设淮安做出了值得尊敬的贡献。但是,国内若干事件付出的重大代价表明,宗教极端势力和分裂主义势力以伊斯兰教为其极端宗教做张本,以穆斯林身份为其极端活动做幌子,以宗教信仰自由为其贯通国内外联系做掩护,行其极端分裂之实的图谋依然存在。一段时期内,极端宗教思想与世俗宗教思想的交锋依然激烈,与极端宗教势力斗争的形势依然严峻。淮安是江苏宗教工作重点市之一,对此风险不能须臾忽视。

其三,邪教死灰复燃的风险仍然存在。历史上与淮安有关的邪教有两宗:一是"灵灵教",其"教主"是淮安籍,教义中包含"淮阴是东方耶路撒冷"等内容,信徒曾组织起来到淮阴"朝圣";另一个是"全能神",2012年在淮安曾有较为活跃的活动。两者的共同之处在于:宣扬"末世说"和无条件信奉"教主"。邪教的传播往往会利用人们对现实的失望做文章,传播途径往往从农村开始,传播人群往往从低文化、老年人开始。值得重视的是,从外地情况看,邪教活动有了新特征,邪教与传销相互渗透:邪教趋向于取利化、人头控制等;传销则制造"人格神",披上宗教外衣行传销之实。邪教与传销之危害众人皆知,对此风险不能须臾忽视。

主观风险主要指淮安极少数领导干部对宗教存在认识误区。此类思想认识带入到工作中,则可能产生宗教工作失误风险。

其一,"放任论"。这一认识体现为,认为党的宗教信仰自由政策就是让群众自己选择信仰,自由参加活动,却丢弃了依法管理、宗教独立自主自办和积极引导宗教与社会主义社会相适应的原则要求,放任宗教发展。持这种观点的领导干部既不去区分不同宗教,也不去区分不同信众,更不去区分国内宗教活动与国外宗教交流活动,甚至对邪教和封建迷信活动也不加区分,笼统将其归入宗教。

其二,"实用论"。这一认识体现为,片面放大宗教的文化特征,提倡"宗教搭台,文化唱戏"。持这种观点的领导干部既会利用庙会、开光仪式等各种宗教庆典仪式来促进当地旅游文化发展,也会迎合个别企业家或部分信众需要为宗教场所建设大开方便之门,还会将宗教作为对国外大力交流宣传的通道,甚至利用宗教资源引资招商。

其三,"管制论"。这一认识体现为,漠视宗教是一种客观存在及其合理性,强调对宗教实施管控。持这种观点的领导干部既不加区别地管控各类规范性的宗教活动,也不正视宗教对经济文化的促进和发展作用,还不承认宗教慰人心灵、导人向善的功能,甚至将宗教等同于封建迷信活动。

著名学者、中国社科院宗教研究所研究员黄奎曾提出,在宗教研究理论界,"左视者希图以主流意识形态征服人心、抵御宗教侵蚀和渗透的想法不切实际;中视者视宗教为双刃剑,试图趋利避害为我所用,其策略可以奏效于一时而不可能持久;右视者从人权、法治和全球化角度看待宗教问题,已由一般性崇洋媚外升格为对西方信仰形态和价值观的狂热崇拜,其爱屋及乌情结将长期存在"。他的话表明在理论界,对马克思主义宗教观也存在认识上的误区和偏差。

上述认识误区和思想偏差,最终应归因于对宗教的长期性、群众性、民族性、国际性和复杂性,对党的宗教、民族政策缺乏系统了解和全面把握。

淮安新一轮发展的客观形势要求政府应充分重视和防范源自宗教的风险。对此,本文提出以下具体建议:

其一,将宗教管理纳入创新社会管理框架中。提升宗教管理水平的一个重要方面,是要将其社会生活的部分纳入到社会管理之中。对宗教的管理包括以下三个"实体"管理和一个"虚拟"管理:一是对宗教界人士的管理。淮安在这点上业已走在全省前列,如已将众多宗教界人士的医疗、保险、养老予以覆盖,使"政治上靠得住、品德上能服众、宗教上有造诣、关键时起作用"的宗教界人士无后顾之忧。建议:在淮安业已奠定的良好基础上,发挥党的政治优势,将宗教界人士充分纳入统一战线之中,创造条件使部分杰出宗教人士进入各级政治协商会议。二是对宗教场所的管理。建议:将宗教场所管理纳入淮安正在推行的社区网格化管理中,将宗教场所当作一个节点。三是对信教群众的管理。淮安面临的一个难题是基督教信众私设聚会点问题。来自宗教管理部门的报告曾指出:"这一问题,虽然经过多次专项治理,但效果一直不佳。"另一问题是基督教在传教活动中与佛教信众时有冲突,处理起来也颇为棘手。建议:以社区为单位对上述两项问题进行梳理,从社会治安综合治理角度入手化解问题。四是将宗教虚拟管理提上日程。随着信息化的普及,淮安现在已产生宗教虚拟社区,包括宗教网站、涉宗教论坛、宗教话题博客、涉宗教QQ群、涉宗教微信朋友圈等。其中部分已纳入宣传部门网络管理范畴,但还没有纳入宗教专项监控和管理范围,而这类社区往往是境外宗教势力实施渗透的重要途径。建议:宗教管理部门和内保部门联合,适时将宗教虚拟社区纳入管理,并与宗教界一起建设淮安自身的宗教信息发布网站。从目前形势看,第四项举措应是重中之重,也可能将是淮安创新社会管理和宗教管理的省内率先之作。

其二,将宗教政策法规、宗教知识教育纳入干部教育培训体系中。前述表明,极少数领导干部宗教认识存在若干误区和偏差。同时,不了解党的民族宗教政策和历史的党员领导干部也为数不少。建议:一是在机关党委系统党员培训、入党积极分子培训中,增加党的民族宗教政策课程;二是在组织系统干部调训中,充实有针对性的宗教研究课程;三是在党委中心组学习中,要开展宗教工作专项研讨;四是在干部菜单选学和手机党校选学中,要有宗教课程学习积分。

其三,将宗教工作干部队伍的培养和使用纳入主要领导干部视线中。中央曾指出,在国家政治领域和社会领域中,必须处理好涉及党和国家工作全局的五大关系,要促进政党关系、民族关系、宗教关系、阶层关系、海内外同胞关系的和谐,同时还强调,促进这五大关系和谐,对于增进团结、凝聚力量具有不可替代的作用。中央社会主义学院原党组书记叶小文曾形象地比喻说:"'五口之家',宗教正式算'一口'了"。但如同全国层面情况一样,淮安宗教工作队伍建设与此形势要求还不能完全适应。其现状部分体现为:机构缺、人数少(大部分县区宗教工作部门都被合署了,有的县区宗教管理人员只有一人,与总人口的比例接近百万分之一),队伍老、流动慢(现有干部队伍结构老化,缺乏新鲜活力),抓手少、管理难(宗教管理机制中缺乏执法权等)。意识形态和干部建设是各级党政主官的应份职责,因此,各级主要领导干部要重视宗教工作队伍建设。其操作性建议包括:一是充实、加强宗教工作机构;二是扩大宗教干部交流任职机会;三是遴选干部到宗教部门挂职锻炼。

俗语说:基础不牢,地动山摇。宗教工作的重点在农村、在社区,因此,必须要继续加强基层党组织建设。这对于巩固党的执政基础、扩大党的群众基础尤为关键,对于防范源自宗教的风险尤为迫切。

淮安地方政府社会管理机制创新：举措、经验及提升空间[①]

近年来江苏淮安在创新地方政府社会管理机制方面做了大量有益工作，取得了阶段性成绩：通过城乡统筹、畅通言路、细化服务、按级划片、侧重预防等途径建立了一体化、广泛化、分类化、网格化、可防控的社会管理机制。在此过程，淮安获得了地方政府社会管理机制创新的四条经验，即坚持问题导向，鼓励多方参与，依托现代科技，注重项目牵引。

当前，地方政府层面的社会管理创新，受制于社会管理机制痼疾，加之传统管控思维、社会与市场发育程度等因素的影响，因而存在相当的提升空间。淮安作为整体结构中的有机组成部分，不可避免地也不同程度存在诸如社会管理机制形式单一，社会管理机制固化，社会管理机制运作后续乏力等问题。

从学理上对淮安地方政府社会管理机制创新加以梳理、总结抽象，对于完善社会管理机制，促进地方政府治理体系和治理能力一体化，有着一定的指导意义。

一、江苏省淮安市社会管理机制创新实践

淮安市位于江苏省北部，人口540万，是苏北重要中心城市。近年来，淮安市委市政府紧紧围绕"党委领导、政府负责、社会协同、公众参与、法治保障"的指导方针，积极开展社会管理机制创新。其典型的做法有以下几个方面：

1. 城乡统筹：建立一体化的社会管理机制

众所周知，以经济社会发展水平为据，江苏可分为苏南、苏中和苏北三个板块。淮安市处于苏北次发达区域，正处于工业化中期阶段、城市化水平中期加速阶段。城乡一体化的道路还很漫长，城乡差距仍然存在，这是造成淮安现存社会问题的重要因素，也是淮安市创新社会机制管理首先面临的约束条件。因此，打破城乡二元结构、搭建城乡统筹联建平台就成为淮安市创新社会管机制理的首要考虑。典型做法如下：首先，在全市层面，淮安市按照"以城带乡、城乡共建"的工作思路，由市

[①] 本文系作者承担的《江苏地方政府治理创新蓝皮书（2015）》淮安篇。

委市政府牵头统筹,组织市、县、乡、村的结对共建活动,鼓励干部进薄弱村。在全市选派和组织一批优秀干部、学者、大学生村干部,采取"村企挂钩、干部挂职、大学生挂培、部门挂扶、领导挂点、教授挂联"的方式,努力解决市内100个"重点推进村"村级经济薄弱、负债较重、无村部等问题,并向全市所有1 445个村辐射,以求改变农村贫困落后面貌。其次,在职能部门层面,市直职能部门开展结对服务。如市财政局创建"1+1"定点服务模式,所有局党组成员与市属重点企业实现"一对一"服务,局机关职能处室与9个县区财政局实行"一对一"挂钩联络,每月开展上门服务、专题咨询、协办帮办等活动,并专门成立服务效能督查小组进行督促。第三,在各县区政府层面,地方政府创新城乡联系载体。如淮安区(原淮安市楚州区)搭建县、乡、村三级"三挂三联"载体,组织区直106个部门"挂乡镇、联系一个村,挂社区、联系一道巷,挂企业、联系一条线",使城乡有更多的联系渠道。

2. 畅通言路:建立广泛参与的社会管理机制

中央关于加强和创新社会管理的论断表明,社会管理的重要着眼点和落脚点是促进社会和谐。淮安市在创新社会管理机制中,通过畅通言路,完善信访工作机制促进社会和谐。从县、区情况看,淮安区建立了信访大调解机制,建立了上千个"息访责任区",充分利用乡镇干部的积极性和退休老干部的威信,化解农村基层的信访问题;涟水县全面推行重大决策社会稳定风险评估制度,坚持县委书记"大接访"、县级领导公开接访、领导联合接访、县直部门定期接访等制度,努力化解全县各个层面的矛盾纠纷和历史难题,构筑起了人民调解、行政调解、司法调解相互衔接的"大调解"格局;洪泽县推行预备承诺公示制度,畅通民声渠道,对承诺内容开展征询评议,在公开承诺前通过专题调研、个别走访、座谈交流、热线电话、意见箱、调查问卷等方式,收集群众意见建议;盱眙县重视网络舆论,开设县委县政府"官方"微博,同步传递国家政策、公开信息、政务动态,通过信息直播引导"草根"参政议政,扩大网民知情权、话语权,收集民情民意;金湖县依托县、镇、村、组四级民情廉情预警网络开展"专题巡访"活动,每季度对群众来信来访进行一次梳理分析,从中筛选出群众反映比较集中的信访问题,作为"巡访专题"加以解决。

3. 细化服务:建立因地制宜的社会分类管理机制

淮安市在创新社会管理机制中,注意将社会管理落实到一项项具体的服务中,通过梳理政府公共服务职能,在社区、窗口单位、服务行业等搭建丰富多样的活动载体,围绕百姓日常生活的所需所求,开展更加细致、更加人性化的优质社会服务活动。在全市开展"争创'101%服务'窗口单位"主题实践活动,指导各级窗口服务单位公开服务承诺,加强窗口工作人员素质培训,以"效能淮安"建设为途径开展服务竞赛;清河区(后和清浦区合并为清江浦区)在投巨资打造的区市民服务中心导入ISO 9000管理系统,推行规范化、标准化、精细化管理模式,对审批事项进行全面调研和梳理,优化设计了逾千个流程,涉及行政许可、行政审批和公共服务的事项全部进入服务中心大厅;清浦区在社区推行"民情日记"和"居民博客"工作法,积极创新干群沟通方式,着力构建社区居民诉求应答机制,全方位征求群众意见建议,倾听群众呼声;洪泽县发挥党员作用,积极开展"三服务一推进"主题活动,在全县设立123个"红色服务岗""假日服务岗""应急服务岗""流动服务岗",成立"创业服务超市""政法为民服务中心"等为民服务平台,为群众提供创业、就业、法律援助、调解息讼服务;金湖县在社区搭建居委会、物业公司、辖内单位、志愿者四级服务平台,在社区中心设立了警务室、再就业服务站、退休人员管理服务站、卫生计生服务站、老年活动健身室、市民学校、图书阅览室,成立了党员志愿者、老年志愿者、巾帼志愿者、老年维权志愿者、青年志愿者等社区志愿服务队伍,构筑了社区大服务体系。

4. 分级划片:建立网格化的社会管理机制

淮安市清河区从网格划分、资源整合、运行机制方面入手,精心设计了四级网格系统——街道为第一级,社区为第二级,社区划分5—7个网格区为第三级(每个网格300—500户,1 000—1 500人,配有1名政府招聘的社会管理员和2名社区志愿者),每栋楼(大院)为第四级——建立起集中采集、分工协作、条块联动工作机制和党员干部挂钩联系网格小区制度。四级网格有效发挥了物业管理机构、社区自治组织、楼栋长、"五老"等社区工作人员及社区志愿者的作用,形成了一支5 000多人的社区管理队伍,基本达到了"人在格中走、事在网中办"的服务目标。到2015年6月底,清河区已建立起265个网络管理责任区,取得明显效果:群众信访总量同比下降22.5%,重点区域可防性治安案件发案率同比下降12.6%,群众安全感和社会管理服务满意度上升。目前,始创于淮安清河区的网格化社会管理不仅在淮安全市得以推广,并为江苏多地所学习借鉴。

5. 预防为先:建立可防可控的社会风险管理机制

从2008年下半年开始,淮安市为应对社会管理、公共服务的工作量和难度不断增加的复杂形势,由市软建办牵头将风险管理理念引入到社会领域中。到2015年6月,全市已经对社会治安、产品质量、工程质量、安全生产、环境保护、劳资纠纷、市场管理、信访稳定等36个社会管理和公共服务事项实施风险管理,纳入风险管理的对象15万多个。淮安市有16个重点执法部门按照风险管理理论,通过识别服务对象的风险发生规律,归纳出风险主要特征要素,并建立风险评估模型,动态评定风险级别,实施差别化、精细化管理,构建起一种全新的社会管理和公共服务运行机制。各部门共建立健全管理制度353个,统一执法检查表证单书444个。风险管理的实施,提高了政府各部门对可能发生的社会问题的预警预测能力,使其能及早将问题解决在萌芽状态,掌握住了工作的主动权。风险等级成为政府日常监管执法的"导航仪",使政府实现了分级分类管理和服务,促进了行政效能大幅提升。例如,市公安局的社会治安案件风险管理,通过四色预报警情,分别采取不同强度的防控措施,使可防案件的发案率逐年下降;市工商局实施打击传销风险管理,使打击传销工作有的放矢,连续破获数起规模较大的传销案件,目前淮安境内非法传销活动已基本绝迹。

二、江苏省淮安市创新社会管理的基本经验

淮安市在社会管理方面的实践的主要特征和动力就是创新。在结合具体市情的基础上,一方面,淮安有社会管理主体多元化、社会工具多样化的创新,如在"以城带乡、城乡共建"的工作思路中,就充分调动和利用了政府、大学生村官、学者等各类社会管理主体和利用ISO9000管理系统、民情日记、居民博客等现代管理工具等。另一方面,淮安也有市场化和社会化方面的创新,如网格化社会管理中的政府公共服务购买、志愿者服务等。2013年10月29日,原省委书记罗志军在淮安调研,对淮安市社会管理创新工作予以高度评价。他指出:"这些年淮安在社会管理创新工作中有很多很好的实践和探索,取得了明显的成效和成果,某种意义上讲,在全省乃至全国起到了很好的带头作用。"①从这些经验做法的背后,我们可以看到淮安市社会管理很好地运用了"公权"治理机制、市场化机制、社会化机制和"自治"治理机制,且不断地创新和丰富四大类机制的内容,实现了四大类机制的有机组合,取得了良好的社会管理效果。

淮安推进社会管理创新的先行探索,是对党的十八届三中全会做出全面深化改革战略部署的有力印证,是地方政府治理体系创新的重要组成部分。在坚持不懈探索创新社会管理过程中,淮安初步取得的经验,为推进全省社会管理走向社会治理创新提供了有益启示。

1. 坚持问题导向

推动管理走向治理必须坚持以问题为导向。问题是原动力,问题是人民群众对党和政府的呼声和要求。曾几何时,淮安的信访问题是全省挂得上号的老大难问题,牵扯了各级党委政府的大量精力和资源,损害了干群关系和群众感情。从某种程度上说,淮安推动社会管理创新的初衷,就是按照中央和省委的要求,通过创新来解决信访问题,并以此为突破口,促进淮安各项社会管理事务的良性发展。淮安各级党政领导注重把强化问题意识贯穿于社会治理创新全过程,积极构建源头治理、动态协调、应急处置三者相互衔接支撑的新机制,及时发现矛盾和问题,注重从源头加以解决,不断增强了社会治理的前瞻性、主动性、有效性。实践证明,推动

---

① 江苏省委政法委、江苏省委研究室联合调研组:富有淮安特色的社会治理创新之路,2014年1月17日,http://js.xhby.net/system—01/17/020003415.shtml,2015年11月5日。

管理走向治理既要坚持问题导向,又要针对矛盾和问题发展变化的特点,创新关口前移的动态化解机制,掌握社会治理工作的主动权。

2. 鼓励多方参与

现代公共管理理论及政治学理论均指出,多方参与是治理的核心要义。因此,鼓励激发多方参与到社会管理中来,是推动管理走向治理的题中之意和内在要求。社会治理创新的本质在于重构政府与社会的关系。淮安重视发挥政府在推动公共治理中的职能作用,不断深化基层民主政治建设,支持基层群众依法行使民主权利、参与公共事务,不断提高社会治理的法治化水平。实践证明,积极引导基层群众、各类社会组织依法有序参与社会治理和公共服务,可以满足基层群众民主意识、参与意识不断增强的新要求,最大限度释放社会活力。

其核心抓手就是构建多元化社会矛盾化解体系。这其中包括:① 畅通群众诉求表达渠道,扎实开展"一书五长"巡回接访、"三进三帮"等活动。② 建立"四项排查"工作机制和"零报告"制度,重要节日、重要敏感时期开展拉网式集中排查、流动排查。③ 完善疏导对接机制,实现矛盾纠纷调处中心与信访、公安、检察、法院、纪检监察等部门联动对接。④ 创立劳动人事争议一体化调处机制,推动人社、法院、总工会、经信等部门资源整合,打通调、裁、审程序衔接"梗阻"的通道,营造了和谐的劳动关系。由此动员起以前相对分散的各个相关党委政府部门,形成相对集中服务于群众的工作体系和格局,从而形成了工作合力,也让群众产生了凝聚力。

3. 依托现代科技

众所周知,淮安的"阳光信访"是全省乃至全国颇有影响的政府治理特色品牌。这一品牌的创建打造,正是充分尊重科技在社会管理中的作用的结晶。实践表明,推动管理走向治理必须运用信息技术手段。信息化是破解社会治理难题的重要途径和有效载体。淮安以现代信息技术为依托,构建全面覆盖、动态跟踪、信息共享、功能齐全的社会治理综合信息系统,丰富"便民"办事渠道,夯实"安民"技防根基,拓展"为民"服务领域,提升了社会治理整体效能。实践证明,在信息化迅猛发展的今天,必须切实提高信息化应用水平,充分运用日新月异的现代科技手段,为推进社会治理创新提供不竭的动力。

具体到社会管理上来,这一经验包括三方面:

(1) 信息整合一体化。在多年的社会管理中,信息管理原本是相对分散的。淮安依托现代科技创新社会管理的工作基点就是建立社会管理信息系统。淮安开发运用了涵盖社会管理各个方面的信息系统,把分散在多家职能部门的信息资源整合起来,实行采集、分析、交办、监督的一体化运行,消除了管理的真空和"盲点"。如淮安市清河区将人、地、物、组织、场所等管理要素全部纳入信息平台,建立7大模块、32个分类、300多项指标的动态信息库,全面提升社会管理服务的效率。如淮安市洪泽县将县、乡、村三级社管中心信息平台与信息员手机终端无缝衔接,实现基层信息网上采集、交办事项网上流转、工作过程网上监督、责任目标网上考核,不断延伸和拓展社会管理领域。如淮安市盱眙县在试点成立行政审批局的过程中,将各类审批信息通过大数据处理技术加以集中,在统一平台运行,由各职能部门共享。

(2) 科技手段装备化。再先进的科技,最终要由人来掌握运用。不能具体化到装备上,科技只是无源之水,无本之木。淮安通过稳步推进"设防城市"建设,建成市、县、派出所三级图像监控中心,治安部门普遍配备 DNA 检测系统、GPS 卫星定位系统等现代化科技装备,乡(镇、街道)监控系统规范化运行率达到 90% 以上。市公安局坚持信息导巡、信息导防,定期定时通过系统对社会治安进行智能化分析,整合了 6 000 多个各类监控探头,实现了"空中加地面"的立体化巡防;创新研发了"6+4"情报研判工作系统,将"六类重点人员"与公安部"四库"进行比对,有效地提高了对重点人员的控制能力,提升了抓捕的精确度。

(3) 信访信息平台化。淮安打造阳光信访综合平台,即充分运用"信息综合利用,平台共享"的理念。通过集中省内外多家技术研发机构和本市多家窗口工作部门,自主研发打造了"阳光信访"综合服务系统。这一系统就是平台化的系统。其能有机融合人民来访接待中心和电子网络信访服务中心功能,引导群众通过网络、短信、手机、电话、视频反映信访诉求;同时,把系统终端延伸至全市 9 个县(区)、147 个乡镇(街道)和 400 多个市县两级职能部门,强化信访案件的进程管理和办理结果群众评价机制,实现了信访工作的流程再造,切实推动职能部门公正高效地处理信访问题。目前,全市电子信访占比由过去的 5% 上升到 49%,初信初访一次办结率已从过去的 75% 提高至 86%,重信重访占比从过去的 22% 下降到 9%。淮安全面推进网上服务与网上受理信访制度,建成市、县、乡三级图像监控中心,基本实现特殊人群数据库市级层面联网共享、科技防控网络互联互通互用。到 2015 年 6 月,平台化信访系统已能覆盖 50% 以上县(区)和 131 个乡镇(街道)。

4. 注重项目牵引

推动管理走向治理必须通过重点项目牵引。项目建设既是社会治理创新的主要抓手,又是社会治理创新的重要切入点。淮安在整体谋划的基础上,抓住热点难点问题,制订系列专项规划,确定一批社会治理创新重点项目,以项目化的方式分类、分块、分条进行综合试点工作,通过具体的项目建设,打造了一批推得开、叫得响的社会治理创新品牌。实践证明,社会治理创新要取得突破性进展和实质性成果,重点要在项目建设上求突破,下大气力把规划变成项目、把项目转化为成果。

这一经验包括三方面:

(1) 特色品牌化。在创新社会管理过程中,淮安特别注重创建品牌,发挥淮安特色。一大批特色品牌涌现,众多亮点纷呈。"阳光信访"、网格化社会管理分别荣获中国地方政府创新奖、社会管理创新奖,"6+4"情报研判系统获得全国公安基层革新一等奖,"1+3"安全监控工作体系被国务院推广,"十大维权中心"全省首创,劳动争议一体化调处机制经验被新华社专题刊发。

(2) 健全社会稳定风险评估机制项目。建立健全依法决策、民主决策、科学决策制度,对事关民众切身利益的重大决策,严格执行社会风险评估前置程序。在全省率先建立社会稳定风险评估、流动人口服务管理、预防青少年违法犯罪、公共安全预防监督和应急管理、社会管理基层基础、网络虚拟社会综合管控等六大工作体系,基本形成了上下贯通、广泛覆盖的社会服务管理网络。构建社会稳定评估的群众参与模式,通过列席旁听、媒体公示、网络直播等方式,广泛征集社会各界的意见建议。明确重大事项"应评尽评"范围,推行组建工作班子、收集各方意见、预测风险等级、组织专家评审、做好全程跟踪的"稳评五步工作法",建立全省首家第三方稳评机构——淮安政和稳评中心,有效防止因决策不当引发社会矛盾。2013 年到 2015 年上半年,全市共开展重大项目风险评估 2 321 件,其中暂缓或停止实施 30 件。

(3) 推进"网格化"管理项目。推行"网格化管理、组团式服务"基层社会管理新模式,从网格划分、平台搭建、团队组建等环节入手,把更多的精力、更多的资源投放到基层,真正做到第一时间掌握信息,第一时间化解矛盾,第一时间服务群众。在网格化管理基础上,建立城乡并举、条块联动、专兼结合、结构合理的服务团队,开展矛盾纠纷联合化解、突出问题联合治理、基层平安联合创建等工作。清河区将全区划分成 265 个网格,每个网格配备"1+2"的网格管理员,建立了一支 5 200 人的社会管理服务团队,形成区、街道、社区、网格、楼幢长五级管理体系。

三、江苏省淮安市地方政府创新社会管理机制存在提升空间

十八届三中全会提出:"创新社会治理,必须着眼于维护最广大人民根本利益,最大限度增加和谐因素,增强社会发展活力,提高社会治理水平,维护国家安全,确保人民安居乐业、社会安定有序。要改进社会治理方式,激发社会组织活力,创新有效预防和化解社会矛盾体制,健全公共安全体系。"这一要求,提出了社会管理的归宿与基点——公共利益;主体多元化——社会组织。

当前,地方政府的社会管理创新,受制于社会管理机制存在的问题,受到传统管制思维、政治架构和社会与市场发育程度等因素的影响,因而存在相当的提升空间。淮安作为社会整体结构中的有机组成部分,尽管社会管理创新业已取得相当成绩,获得值得推广的经验,但不可避免地也不同程度存在一些问题,如社会管理机制形式单一、社会管理机制固化、社会管理机制运作后续乏力等。

上述问题主要受制于以下几方面:一是传统体制惯性。在实现制度缓慢变迁

的过程中,路径依赖是明显的。我国由计划体制向市场体制转轨,由单中心向多中心转换,不可避免地要受到传统体制惯性的影响,形成某种程度上的路径依赖,致使上述问题的出现。二是国家与社会、政府与市场的分化尚未到位。社会、市场作为与国家政府完全不同的社会治理机制,在大一统的背景下,其功能被弱化,甚至于消除,这就带来了政府单一主体、单一公权机制、单一向度的社会管理格局。三是对西方管理工具的意识形态化。由于与西方国家不同的社会制度,在我国长期存在着将西方国家"理性"化的公共管理工具意识形态化,并加以抵制的现象。缺少足够的、恰当的社会管理工具,也是造成上述问题的重要原因。

当下,社会主义市场经济逐步完善,公民社会日渐成熟,多元社会管理机制虽已广泛存在,但多中心的社会管理格局尚未形成,公共权力主导社会管理的现状尚未改变,市场主体、社会组织及公民个人尚未崛起。基于此,地方政府创新社会管理机制势必要由此入手。其逻辑上的发展趋势包括三重面向:

1. 面向多中心的社会管理格局

多中心的社会管理格局要求打破政府一家独大的局面,建立政府、市场、社会及公民个人多元主体平等协作的治理结构。在我国,事实上长期存在着政府单一管理或一家独大的现象,政府在面对公共问题时,首先考虑启动"公权"治理机制,其他社会管理机制往往被排斥、忽略或处于从属的地位。这在当下市场机制逐步完善、公民社会日趋发育的背景下,必将引起多方的不满和反弹,注定会带来社会管理机制的单一化、僵硬化和乏力化的问题。因此,地方政府要创新社会管理机制,首先就应当打破这种态势,建立包括政府、社会多元主体及市场主体在内的多中心的社会管理格局。其基本发展路径应如下:

(1) 政府要适度放权。政府适度放权不仅要作为政府未来改革的目标,还应作为一项重要的行政原则进行法制化。历史上,我国政府管理了许多不该管也管不好的社会公共事务,这对我国政府公共行政来讲是个教训,我们必须吸取。在新公共管理风头正劲的当下,应当积极汲取新公共管理中有益的养分,运用到我国公共行政改革中来。政府的适度分权,不仅包括纵向的政府体制内分权,还包括政府向体制外分权。在这里,建设多中心的社会管理格局,就是要求政府向社会分权,减缩微观干预市场的权力,将政府无力承担,或者承担起来成本过高的公共事务和公共问题交给社会和市场,运用社会的自治机制和市场的效率驱动机制来进行有效的解决。

(2) 积极培育社会多元主体。第三部门"常常能够,而且也应当能够以更为有效的方式为我们提供大多数我们在当下仍然以为必须由政府提供的服务"。因此,社会管理主体的多元化必须加大培育以第三部门为主要特征的公民社会。但是,我们不得不承认,经历了一个较为长期的计划体制时代,我国的公民社会尚未发育成熟，一个积极介入公共问题的社会组织形态还未形成。虽然目前我国已经登记在册的社会组织已近 50 万个，但总体上规模小、公共意识不强和资源有限等问题还较为突出，难以在公共问题的治理中独当一面。未来，一方面，我国应当对各类社会组织的注册放低标准，甚至要给予一定的政策和财政上的支持，使各类非政府组织能够迅速发展壮大起来。另一方面，我们还应积极培育公民的自治意识，逐步祛除"凡事找政府"的惯性思维，强化自我治理能力。

(3) 充分利用市场决定性作用体制。社会主义市场经济体制在我国正逐步健全和完善，市场在资源配置中的日益显现。许多公共服务和公共问题的治理也通过市场的运作得以进行，如政府公共服务的外包、政府公共服务的购买等，这是可喜的变化。虽然变化趋势令人振奋，但这种变化依然面临重重阻力，特别是来自政府自身的阻力。由于对市场的偏见及对公共权力独享的冲动，许多地方政府并不愿意将更多的公共事务基于市场机制运作。这在很大程度上阻碍了一种更为高效的机制介入社会管理事务。因此，在健全市场机制的同时，我国还应通过立法等多种手段，逐步填平政府与市场之间的鸿沟，使政府与市场能进行有效的资源流动。

2. 面向以政府为主导、多种驱动力并存的治理机制

多中心社会管理格局下，政府是多元社会管理之一维，其地位与其他社会管理主体平等，因此，"公权"治理机制、"志愿"治理机制、"利益调节"治理机制及"自治"治理机制会同时存在，这些机制适用于不同的公共问题情景。由于事实上的政府一家独大的社会管理格局，其他治理机制的实际作用效力并不彰显，地方政府"公权"驱动社会管理的现象仍很凸显。依据权力的逻辑，政府作为公共利益的代理人，其社会管理的动机是"委托义务"，其社会管理力量来源于公共权力。在面对公共问题，政府习惯性的遵循权力路线进行治理。由于公权的独享性和强制性，使得社会管理的其他驱动机制被弱化，从而造成了治理机制的单一、僵硬和乏力的局面。因此，要丰富化地方政府的社会管理机制，增强其活力和长效力就必须弱化社会管理中的政府公权驱动机制，给予包括"志愿""自治"等的多种驱动机制运作的空间，这一点是对确立多中心治理格局的重要补充。做到这一点，需要从以下几个方面着手：

(1) 建立社会管理的协商机制。20 世纪 80 年代开始，随着社会其他部门与等级制度分道扬镳，新公共管理学派也开始关注公共管理当中"等级制度的没落"问题，提出"集思广益的协商"模式取代"命令控制"模式是一种必然趋势。在协商机制下，面对公共问题，公权力驱动机制只能作为政府的备选之一，而不再是必要选择。在这一情状下，政府应淡化"管制者"角色，主动承担起以下几种角色：一是裁判者角色。在独立于政府之外的公共问题上（如地区性水权争议），政府可以担负起公共问题治理的居间权威裁判者，依据相关规范和公平原则，建立公平的谈判机

制，使各利益主体能以协商谈判的方式形成各自的意见和建议，再由政府利用权威性裁判方式形成问题治理的措施。二是谈判者。在政府成为所涉主体的公共问题上（如城市拆迁问题），政府应弱化权力思维，以普通谈判者的身份在既定的法制框架内与其他所涉利益主体进行平等协商，以促进相互理解，达致问题的解决。三是诉求者。在政府成为利益主体之一的公共问题中，政府也可以与其他所涉主体一起寻求具有社会公信力的第三方裁决主体进行居中裁判。政府与其他利益主体在第三方裁判的规范下，进行利益的诉求。在社会管理的协商机制下，政府不再作为超脱于公共问题之外、享有公共权力的单向度社会管理者而存在，而变为一种基于公共问题治理"权利"而参与社会管理的"平权"参与者。

（2）收缩地方政府权力范围。弱化权力驱动的最好的方法，就是使政府公权作用范围不断缩小。在无政府公权干预的领域，是不存在公权驱动机制的。这需要政府重新审视自己在公共领域中的活动范围、介入深度。在利用市场和社会机制的基础上，政府要不断减缩相关职能，使其活动限定在基本公共服务和公共管理范围，将交由市场和社会管理更为有效和合理的公共事务转交出去，从而使公权相对于民权处于不断减缩的状态。这一点是与政府放权具有一致性的。

（3）建立社会管理机制甄选制度。现实存在的四类社会管理机制下，具体的微观运作机制数量众多，这是在社会管理机制创新过程中需要发掘和重视的。要弱化地方政府社会管理中的权力驱动，就需要对这为数众多的微观运作机制进行甄选，而不是遇到公共问题首选启动"公权"治理机制。建立社会管理机制的甄选制度，召请专家依据客观标准对解决公共问题的适宜管理机制进行预测性评估，寻找效度最强、效率最高、次生问题最少的社会管理机制。执行严格的社会管理机制甄选制度，让公共问题的解决不再惯性地导向政府"公权"治理模式，可有效地弱化地方政府的社会管理"公权"驱动。

3. 面向丰富化的社会管理工具

"工欲善其事，必先利其器。"地方政府进行社会管理，必须借助一定的社会管理工具。在一元管理格局下，政府在选择社会管理工具时，视野通常较为狭窄，且所选择的社会管理工具多数会带有公权色彩，如行政命令、行政管制等，而往往忽视效率更高的市场化的"利益调节"工具、民主程度更高的"志愿者服务"工具等。这也相应地带来了社会管理机制的单一、运作僵化和后续乏力的问题。社会管理工具的存在形式既受到既定的政治经济和社会背景的影响，也与政府的建构有关，可以说，很多政策工具都是建构设计的结果。在建立多中心的社会管理格局的同时，政府也要积极建构和开发多元社会管理工具。以社会管理的核心驱动为标准，社会管理工具可以被分为政府工具、社会化工具和市场化工具。政府工具中，包括政府直接管制、行政命令等，社会化工具中包括志愿者服务、第三部门、自治等，市场化工具包括服务外包、竞争、使用者付费等。三类不同的社会管理工具,需要不同的社会管理机制与之相匹配。

当然,这些社会管理工具通常并不是单一发挥作用的,更多的是一种多工具的组合,也就是说,在治理公共问题时,政府工具、市场化工具与社会化工具通常是协作并用的,这也必将带来一个多机制的协调组合问题。地方政府进行社会管理,应当不断发掘和建构管理工具,并将工具进行有机组合来匹配多元的社会管理机制,只有这样,社会管理机制的创新才能落到实处,社会管理的效果才能得到保证。

净化地方政治生态的淮安探索和实践

近年来,党中央把严肃党内政治生活、净化党内政治生态摆在了更加突出的位置,习近平总书记多次对政治生态做出重要论断。2017年3月8日,在参加十二届全国人大五次会议四川代表团审议时,习总书记更将政治生态提到了"是检验我们管党治党是否有力的重要标尺"的高度。为适应全面从严治党新形势新任务新要求,将中央净化政治生态的要求落到实处,淮安市在总结以往"三清"指数测评有益经验的基础上,以敢于担当、锐意创新的精神情怀,设计构建了政治生态评价体系,并将政治生态评价工作纳入当地科学跨越发展目标考核,从而形成了以政治生态评价为抓手,推动地方净化政治生态的局面。考察淮安的地方创新实践,对政治生态建设的深入开展有一定的实际意义。

一、淮安市政治生态评价体系建设的前沿探索

党的十八大报告提出,要"全面推进惩治和预防腐败体系建设,做到干部清正、政府清廉、政治清明"。为深入贯彻落实党的十八大精神,推进廉洁淮安建设,淮安市在全国率先推动"干部清正、政府清廉、政治清明"指标体系的构建,通过二级指标和观测点的设置,实现"干部清正、政府清廉、政治清明"原则性要求的具体化、可操作化。从2013年开始,淮安对市管县处职领导干部、市直部门和各个县区进行"干部清正、政府清廉、政治清明"指数评价。至2016年,淮安市累计66名市管县处职干部,16个部门,1个县区收到预警通知书;30名党员领导干部被给予警示约谈谈话;市环保局被予以质询;市供销社、商务局被取消年终目标考核评先评优资格。

为进一步贯彻中央全面从严治党要求,推动地方政治生态净化,淮安市在以往"三清"指数评价工作基础上,推出政治生态评价体系,将政治生态标准、目标等具体化为系统性的可测度的指标。

1. 淮安政治生态评价体系的战略导向

(1) 贯彻中央要求,为政治生态建设绘就路线图。为让"山清水秀"从美丽图

景变为美好现实,我们需要在实践中探索路径。建立政治生态评价体系,就是贯彻习近平总书记关于政治生态系列讲话精神的一种尝试。淮安通过借鉴国内外构建廉政评价体系的理论和实践,积极继承以往"三清指数"预警评价体系的有益经验,结合地方实际,从不同的维度,设计指标体系,力求将政治生态具体化、指标化、体系化。

(2) 提升科学化水平,为廉洁淮安建设提供助推器。通过指标体系量化评估廉洁状况,是国际通行做法,如透明国际每年发布的清廉指数,为各国所看重。习近平总书记在十八届中央纪委七次全会上强调,要不断增强全面从严治党的系统性、创造性、实效性。可以说,政治生态评价体系是建设廉洁淮安的一项基础性工作。淮安的政治生态评价体系从指标设计、观测点选取、权重分配等各个方面,既突出阶段性重点工作,又突出常规性工作;既突出以"廉"为核心,又兼顾经济社会发展要素;既贯彻中央要求,也体现淮安实际。其通过定性研究与定量分析相结合,形成对管党治党绩效的科学评价。同时,其通过信息平台自动测量,避免人为因素干扰,从而为市委综合评价一个地区、一个部门党风政风状况、管理使用干部提供决策参考。

(3) 构建预防机制,为党风廉政建设设立预警台。十八届中央纪委七次全会指出,当前"党的各级组织管党治党主体责任明显增强,中央八项规定精神得到坚决落实,党的纪律建设全面加强,腐败蔓延势头得到有效遏制,反腐败斗争压倒性态势已经形成,党内政治生活呈现新的气象"。这本身也是对政治生态情况的一种判断。面临新的形势和任务,如何决策,就更加需要准确的测量、评价、诊断和预警。"良医治未病",政治生态评价工作的落脚点就是建立预警机制,通过对廉洁状况的系统分析、量化评价,及时预警提醒,引导各级领导干部"红红脸出出汗",查找差距,改进作风,廉洁从政。

淮安政治生态评价体系出台之后,得到上级领导的充分肯定和媒体的持续关注。江苏省委机关报《新华日报》二版头条曾予以报道。

2. 淮安政治生态评价体系的逻辑框架

任何一种指标体系构建的首要工作就是其维度选择和指标分解,即从哪些方面开展评价。在深入研究、全面把握习总书记关于政治生态科学论断精神的基础上,淮安提出,政治生态评价体系应分3个版块,每个版块分别设立一级指标、二级指标和相应观测点。

(1) 淮安市政治生态评价体系第一版块。适用对象为淮安市管县处职领导干部。领导干部是基础,关键少数是关键。针对淮安市管县处职领导干部,首先具体设置了4个维度,即4个一级指标,分别为诚信度、廉洁度、公正度、满意度,总分值100分。前3个根据政治生态内涵及构成设置,最后一个"满意度",是为了突出人

民群众的感受,也是评价干部的落脚点。二级指标11个。二级指标下设若干观测点。其体系指标逻辑结构图如图12所示:

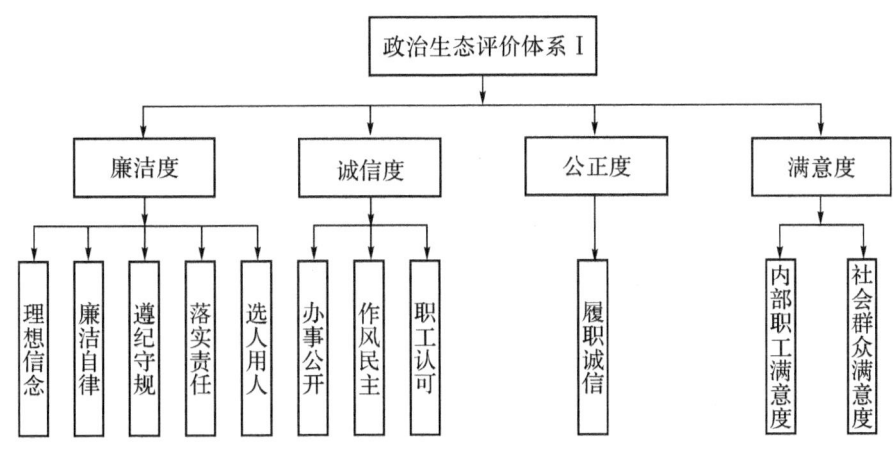

图12 淮安市政治生态评价体系Ⅰ

(2)淮安市政治生态评价体系第二版块。适用于市直部门(含淮安经济技术开发区)。部门的清廉是关键。经过层层分析,淮安提出关于部门清廉建设状况的5个一级评价指标,即廉政建设、依法行政、服务高效、公开透明和社会评价,总分值100分。在这5个指标中,前4个指标反映政府部门廉政建设的努力状况;第5个指标廉洁印象,则反映了公众对政府(部门)感受到的清廉状况。前4个一级指标和第5个一级指标间,不是简单的因果关系,而是以互补方式共同反映一个地区廉政建设状况的。它们构成了一个前后连贯衔接和相互支持配合的系统。其指标体系逻辑结构图如下:

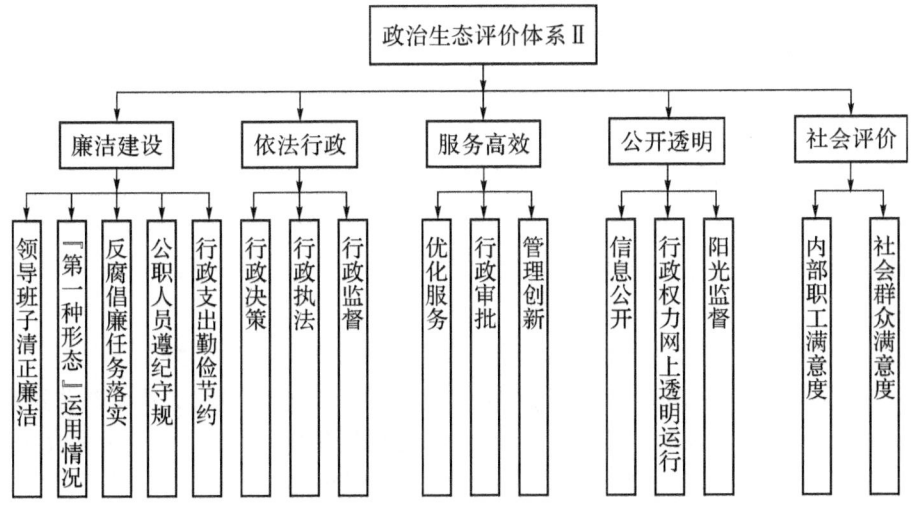

图13 淮安市政治生态评价体系Ⅱ

(3) 淮安市政治生态评价体系第三版块。适用于各县区。地方的风清气正是核心。针对县区工作实际,淮安建构了 5 个政治生态评价维度,分别为干部清正廉洁、主体责任落实、权力公开规范、社会公平正义,及社会评价情况。总分值 100 分;二级指标 12 个。二级指标下设若干观测点。在这 5 个维度中,前 4 个维度反映地方风清气正的状况,第 5 个维度可以说是建设成果,也是公众的感受。进一步说,这 5 个维度不是简单的因果关系,而是以互补方式共同反映一个地区政治生态建设状况。它们构成了一个前后连贯衔接和相互支持配合的系统。

其指标体系逻辑结构图如下:

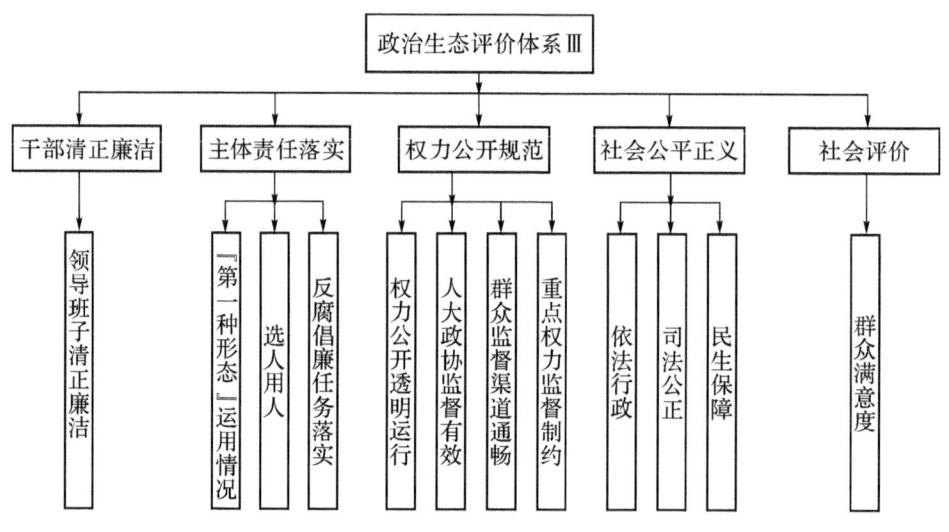

图 14 淮安市政治生态评价体系Ⅲ

3. 淮安政治生态评价体系的数据支撑

在指标体系设计中,权重和赋分是关键环节。目前,国内外关于评价指标权系数的确定方法有数十种之多,根据计算权系数时原始数据来源以及计算过程的不同,这些方法大致可分为三大类:一类为主观赋权法,一类为客观赋权法,一类为主客观综合集成赋权法。该指标体系运用综合集成赋权法,对各指标赋权。

如前所述,淮安打造的评价体系在架构上分设一级指标、二级指标和观测点,并分别予以赋分。而分值则完全来源于数据采集。信息的采集和分析主要依据四个方面:一是依据各类年度考核结果。依托市委、市政府对县(区)和市直单位的目标考核、软环境和效能考核、党风廉政建设责任制考核等各类年终综合考核,将其结果直接作为重要组成部分。二是采用纪检监察机关、司法机关的执纪执法数据。通过行风评议、信访举报、纪律审查等途径,全面搜集廉情信息,整合运用相关数据。三是依据有关部门的数据和文字结论。市委组织部、市财政局、统计局等部门日常工作资料是主要来源。四是依据第三方调查结果。每年由市纪委监察局委托无利益关系的第三方调查机构,对相关部门廉政和效能状况进行调查,调查结果直接运用于政治生态评价。

值得强调的是,政治生态评价体系是一个开放性系统,每年可以根据形势需要,根据淮安市委、市政府和相关部门考核方法的变动,在观测点及数据提取方式上作适度调整。

4. 淮安政治生态评价体系的结果运用

淮安提出,就淮安而言,政治生态的不断净化,要淮安人发挥主动精神和创新精神,要靠淮安各级党委主动抓、带头抓、经常抓,切实把主体责任落到实处。淮安还明确要求创新建立政治生态评价体系,探索通过科学、量化的评价指标体系来评价一个地区、部门的政治生态,并及时开展预警评估,明确联系被评估地区和部门的领导对该地区和部门的政治生态负领导责任。

在政治生态评价指标体系打造中,淮安提出,政治生态评价每年度进行一次,各个版块总分值均为100分,按综合得分情况实施预警。

根据版块设计指向,市管县处职领导干部评价结果向其本人反馈;市管县处职领导干部被预警的,由市纪委向当事人发出预警通知书,市委根据有关规定对其进行提醒谈话。市直部门评价结果向单位主要领导和市分管领导反馈;市直部门被预警的,市纪委向该部门发出预警通知书,市委根据有关规定对其党政主要领导进行提醒谈话;淮安经济技术开发区及各县区评价结果向其党政主要领导反馈,同时向市委、市政府主要领导及联系该县区的市领导报告。县区被预警的,市委根据有关规定对其党政主要领导进行提醒谈话。

市纪委每年形成政治生态评价报告,报市委、市政府主要领导,通报市委组织部,作为市委部署党风廉政建设、评价任用干部的参考依据。

二、淮安市政治生态评价体系建设的主要特色

目前淮安已基本建立政治生态评价体系,在全国率先在地级市层面通过设立政治生态评价体系促进政治生态净化。该指标体系已于2017年年初运行,全市81个市管部门、7个县区及淮安经济技术开发区,636名市管县处职领导干部均被纳入政治生态测评范围。2017年度淮安市科学跨越发展考核也将政治生态评价结果作为重要考核内容。

淮安政治生态评价体系有如下特色:

1. 评价途径机制化

如同党风廉政建设,政治生态净化和提升是各级党委政府的重要职责。但并不意味着要增设部门。淮安提出,政治生态净化工作由市委统一领导,由淮安市纪

委牵头,各部门分工跟进。如干部选人用人方面,由市委组织部通过年度干部民主测评实施;涉及权力公开运行方面的指标评价,由市政府办、政务办和市软环境建设办公室在软环境效能考核、行政权力网上公开透明运行考核、政务信息公开考核过程中实施并提供数据;涉及主体责任落实、廉洁自律、遵章守纪方面的测评由市纪委通过日常工作和专项测评实施;权力监督方面通过既有的江苏省法治县区创建综合考核、民主党派监督考核开展,并由市委政法委、市委统战部向市纪委报送数据;"三公"经费情况由市财政局提供。依托既有的部门或系统的考核、检查、测评,既充分运用了既有的机制体制,提高了效率,又不增加部门和基层的负担,降低了成本。

2. 数据统合平台化

牵头负责政治生态评价体系建设的淮安市纪委通过与软件公司合作,开发成功政治生态评价体系数据平台。数据信息的采集、提取和合成得到大数据技术的保障。依托于淮安市委、市政府对县(区)和市直单位的目标考核、软环境和效能考核、党风廉政建设责任制考核等各类年终综合考核的结果;来自于纪检监察机关、司法机关的执纪执法数据(如通过行风评议、信访举报、纪律审查等途径,搜集到的廉情信息等);依据有关部门的数据和文字结论等(市委组织部、市财政局、统计局等部门日常工作资料);通过市纪委委托的第三方开展调查的结果数据等,都会被传送到此数据平台,并由平台自动将数据输入对应的市管县处职干部、县区和市直部门各项评价指标项目下。鼠标轻点,即可查询淮安市管县处职干部、市直部门及各县区政治生态系列数据。

3. 调查方法客观化

开展各类针对人和部门的情况调查,难免会受到人情、面子、亲疏远近关系等情感因素左右。为提高调查数据信息来源的真实性,降低人为因素影响,近年来淮安创新工作思路,引入第三方调查机构,考评党政机关绩效。第三方调查机构每年都会对全市 87 个部门的廉政状况和 59 个政府组成部门、公共服务单位的效能状况开展调查,从而探索出一条党政机关勤廉考评的新路径,以更加客观准确地掌握民情民意,增强决策的科学性和评价结果的公信力。在建设政治生态评价体系中,淮安坚持这一成功经验和工作模式,重视运用第三方调查这一相对客观的调查手段为政治生态各项调查和测评服务。目前,调查对象涵盖企事业单位、居民、社会监督人士、有关领导和内部员工 5 个层次。调查以定量问卷为主、暗访和访谈为辅,通过发送短信、拨打访问电话、邮寄问卷、抽样访问等具体方法,获取政治生态评价相关数据。

三、通过指标体系建设引领地方政治生态净化存在提升空间

淮安探索建设政治生态评价体系,是一项创举,没有现成经验模式可以借鉴,

因此，淮安在部署推进政治生态评价体系建设时，就提出要建设一个动态性的体系，要能体现中央新的精神要求。而且，随着对习总书记治国理政重要思想学习的不断深入，随着政治生态建设的不断推进，对政治生态建设规律的认识必然不断提高。因此，政治生态评价体系建设也必然是一项长期工程，需要不断完善。从运行现状来看，淮安政治生态评价体系还有提升空间。

1. 引导功能尚待提升

建设政治生态评价体系的根本初衷在于，通过标准的设立、指标的确定，引导政治行为者，即纳入测评的领导干部、县区党委政府、市直部门都积极行动起来，参与到净化政治生态中，而不是满足或聚焦于测评的分值高低。习总书记政治生态观有一个不断展开和深入的过程，中央对于政治生态建设也不断提出新的更严的要求，因此，地方政治生态评价体系有时会滞后于新的形势和任务。习总书记政治生态观中，理想信念是否坚定、是否讲政治纪律和规矩、是否公道正派、是否清正廉洁、选人用人上是否存在不正之风等是基本方面。这是建设政治生态评价体系的根本遵循和基本指南。就目前淮安探索建立的政治生态体系分设的指标来看，对严肃党内政治生活、严明党的政治纪律和政治规矩等，体现的还不够充分。换言之，通过设定指标引导党员领导干部严肃开展党内政治生活、严格遵守党的政治纪律和政治规矩的力度也不够充分，因而存在进一步提升的空间。

2. 测试信度尚未得到充分重视

前述表明，淮安政治生态评价体系数据和信息的采集、统合、分析和反馈由各部门分工合作，流线型作业。这些工作很多都是通过专项测评和各类考核表进行的。数据链的起点是受测对象填写各种各样的表格。在数据链的终点，即将分值反馈给个人、县区或部门时，现在的评价体系也并没专门强调要进行复测，以确认最初提取结果的可靠性。这样可能会带来测试信度存在误差的可能性。

根据统计学理论，测试信度指测量结果的可靠性、一致性和稳定性，即测验结果是否反映了被测者的稳定的、一贯性的真实特征。也就是说，测试的分数结果是不是反映了受试者的实际想法和能力水平。例如，如果同一套测试在对同一测试对象（即受试者本身没有变化）进行的数次测试中，受试者的分数忽高忽低的话，则说明该测试缺乏信度。测试的信度与下面将提到的测试的效度有着密切的关系。一般说来，只有信度较高的测试才能有较高的效度，但效度较高不能保证信度也一定较高。测试的信度主要涉及测量表本身的可靠性和评分的可靠性这两个方面。

测试的信度通常用一种相关系数（即两个数之间的比例关系）来表示，相关系数越大，信度则越高。当系数为 1.00 时，说明测试的可靠性达到最高程度；而系数是 0.00 时,则测试的可靠性降到最低程度。在一般情况下,系数不会高到 1.00,也不会降到 0.00,而是在两者之间。众所周知的"托福"考试,信度系数大致为 0.95,一般常规测试以 0.70—0.80 之间为可接受性系数。

根据调研中了解到的情况,各部门开展的测评或考核中,存在着很多人挤在一起,且得在很短时间内填写很多表格的现象。另外也有接受访谈的受测者表示,填表存在着敷衍了事的现象。这样的测试信度自然不会很高。

3. 测试效度尚待提升

与测试信度对称的另一个统计概念是测试效度。测量效度指一种测量手段能够测得预期结果的程度。它常用来表示一项研究的真实性和准确性程度,又称真确性。它与研究的目标密切相关,一项研究所得结果必须符合其目标才是有效的,因而效度也就是达到目标的程度。效度是相对的,仅针对特定目标而言,因此只有程度上的差别。比如,用小学或初中英语试卷去测试一个将要到美国从事学术研究的人的英语水平,一次次地测,结果大概是一致的,即信度很高,但效度是低的,因为它没能测出受测者的真实英文水平。

政治生态评价体系第一版块,即针对县处职领导干部的指标体系,设置了四大维度:廉洁度、公正度、诚信度和满意度。其下再设二级指标和若干观测点。但引入效度概念作为分析工具后,则并不能确定二级指标是否能有效服务于一级指标,观测点能否有效服务于其上的二级指标。以廉洁度举例,其下分设理想信念、廉洁自律、遵纪守规、落实责任和选人用人五个二级指标。从常规来观察的话,二级指标理想信念可能不是测试廉洁度的有效工具,也就是说,效度还不能达到十分令人满意。理想信念项下,只设一个"践行'四个意识'情况",数据来源为专项测评。这里可能也要考虑充分运用和提高效度的情况。理想信念属心理范畴,还涉及道德观念、意识形态等,目前还难以找到效度较高的测量工具来测试。而且仅靠"践行'四个意识'情况"一个观测点来测,效度和信度可能都难以得到保证。

4. 广度尚待扩大

按照习总书记论述,净化政治生态首要的是净化党内的政治生态。因此,建设政治生态,必然要涵盖各级各类党组织。已基本构建成功的政治生态评价体系涵盖三大版块,一针对市管县处职干部,二适用市直部门,三涵盖各县区。由于该指标体系仍处于探索运行中,目前尚未将市属国有企业党委班子、各县区下辖的乡镇和部门及其班子成员纳入政治生态评价体系,因此,存在着扩大覆盖广度的空间。

净化地方政治生态,非一日之功。以政治生态指标体系建设引领地方政治生态持续净化,是政治生态建设重要而非唯一一环。江苏淮安通过指标体系构建、推动地方政治生态净化这一创新实践仍处于摸索总结中,尚需不断拓展和完善。这一过程本身不仅将有助于推动当地政治生态的向好,更具有示范功能和方法论意义。

经济与文化发展篇

江苏淮安发展会展经济的对策建议

会展经济是各种类型交流会、洽谈会、展览会、博览会的总称,它是利用一定的地域优势、经济特色、资源优势,由政府或社会团体组织,召集供需双方按照事先确定的时间和地点,举行专业性的或综合性的产品布展、宣传、交易和服务为内容的特色型经济活动。会展经济不仅本身能够创造巨大的经济效益,而且还可以带动交通、旅游、餐饮住宿、通信、广告等相关产业的发展。据测算,国际上展览业的产业带动系数大约为1∶9,即展览场馆的收入如果是1,相关的产业收入则为9。会展经济在国外一直得到政府和实业界的重视,对推动经济发展起到了强大的促进作用。在国内,迅速崛起的会展经济成为国民经济发展的推进器和新亮点,并已成为众多城市的新景观。

近年来淮安会展业也取得了一定的成绩,具备了一定的发展基础。但是相对于先进城市而言,淮安的会展经济还只是处于初级阶段。研究如何通过发展会展经济以推动淮安的"五大建设",以服务于淮安作为长江三角洲北部地区重要中心城市的建设,从而拉动淮安经济的发展,具有十分重要的现实意义。

一、淮安发展会展经济的基础条件

发展会展业需要具备一定的条件。淮安经过多年的发展,加之本身独特的资源和区位优势,业已具备发展会展经济的有利条件:

1. 独特的资源和文化环境

淮安拥有储量丰富的岩盐、芒硝、凹凸棒土等非金属矿产资源;拥有"黄金水道"大运河和水产资源丰富的洪泽湖、白马湖;拥有文化名城、名人故里、运河之都、美食之乡、生态家园五张"城市名片",和全国历史文化名城、中国优秀旅游城市、国家卫生城市、国家园林城市、国家环保模范城市等国家级头衔,可谓环境优美、资源丰富、文化底蕴深厚。

2. 优越的地理位置和便捷的交通

会展经济是商品、资金、技术等物流、人流、信息流的交换与集聚,因此会展举办城市的地理位置和交通状况至关重要。淮安自古素有"九省通衢"之称,为"南船北马"交接地,地理位置十分重要。经过改革开放三十多年的建设,淮安已经形成包括高速公路、铁路、水路和空港的水、陆、空立体交通网。京沪、宁淮、徐淮盐、宁宿徐、宁连等5条高速公路在区内通过、交汇;新长铁路纵贯全境,从淮安可直达北京、青岛、哈尔滨、成都等大中城市;京杭大运河等多条流域性航道穿境而过,水路可直达上海、南京、镇江、连云港等港口,沿运河的港口年吞吐量达1 300万吨;淮安民航机场已于2010年10月建成通航。淮安四通八达的区域性交通枢纽地位日益凸显,适合于原材料和产品大进大出,能较快地向全国辐射延伸。淮安地处"长三角经济圈"北部和"环渤海湾经济圈"之南,是苏北腹地重要中心城市。以淮安为中心,100公里半径可辐射人口2 000万,150公里半径可辐射人口3 000万,具有广泛的商机和极大的市场空间。淮安经济开发区紧邻淮安市主城区东侧,区位优势十分明显。目前,长三角内的产业和资本正呈现出由南向北渐次推进的态势,淮安已经成为承接沪宁杭大都市圈经济辐射和产业转移的第一波区域。根据区域经济学理论,在重要交通线路100—300公里的范围内,只要交通联系畅通无阻,都应该纳入相应的经济发展轴当中去,而淮安(市区)南距长江140公里左右,东距黄海100公里左右,北距陇海线不到100公里,也就是说淮安同处于沿江、沿海、沿陇海线三大经济带当中,是三大经济带的结合部位,在三大经济带的联系、交流、合作、融合当中处于无可替代的地位。

3. 具有地方特色的产业基础

第一产业方面,淮安是长三角地区乃至全国重要的农副产品供应基地,拥有特色农业和绿色农产品,现已形成优质稻米、蔬菜、家禽、生猪、水产、林木等六大产业,获得有机、绿色、无公害产品认证标识301个;第二产业方面,拥有快速发展中的IT、盐化工、钢铁三大重点产业;第三产业方面,有以"淮扬菜""活鱼锅贴""盱眙龙虾"等知名品牌为标志的发达餐饮业。全市现有星级酒店50多家,年营业收入100万元以上的餐饮企业84家,2009年餐饮业零售额达到34亿元。近年来,淮安还发挥洪泽湖资源优势,倾力打造休闲渔业、休闲运动业、餐饮美食业、康体疗养业、旅游商品业、游艇观光业等特色旅游产业。

4. 比较完备的基础设施和较好的服务环境

过去淮安在基础设施和环境方面是短板。没有大型展览场馆或会展中心,高档酒店不足,接待条件和规格不高。随着国际会展中心、淮扬菜博物馆、淮海中心商业区、水渡口中心商务区等一批三产大项目,以及神旺、鼎力、国信等高档酒店相继完工开业,淮安的硬件设施有了较大改善,特别是住宿、餐饮方面的接待能力和档次都已大幅度地提高,具有了为展览会、博览会、洽谈会、技术交流会等提供展览设计、广告、策划、咨询、制作等配套服务的能力。政府管理和服务意识、效率也大幅度提高。这些都表明,淮安基本具备了承接、举办区域性大型会展的综合能力。

二、淮安会展业发展现状

1. 取得的初步成效

淮安会展业尚处于起步阶段,已举办过一些会展活动,发展出一批有一定知名度且具备相当潜力的节庆、会展品牌。在办会展的过程中,淮安还涌现了一批有现代会展理念、有实践会展经验的人才,从而为今后大力发展会展经济奠定了基础。淮安举办过的会展活动包括:

(1) 淮扬菜美食文化节

"淮扬菜"是淮安最具特色的城市名片,也是中国四大菜系之一。开国大典、共和国国庆等许多重大庆典的宴会,唱主角的都是"淮扬菜"。据统计,现存于世的淮安名菜名点有1 300余种,其中属于淮安地区首创的在400种以上。因此,举办以"淮扬菜"为主题的美食文化节,淮安当仁不让。2002年开始,淮安已经成功举办了8届淮扬菜美食文化节。数经历练,淮安美食文化节目前已初具规模,效益凸显,收获颇丰。特别是近年来,淮安美食文化节对经济发展和地方知名度的带动作用更为明显,有力地促进了方兴未艾的淮安"五大"建设。如2010年仅美食节期间全市就签约项目75个,其中内资项目65个,总投资额近445亿元,外资项目10个,投资总额22亿余美元。

(2) 京杭大运河文化节

淮安曾是明清两代繁华的经济重镇,是明清时期的漕运指挥中心、河道治理中心、漕船制造中心、粮食储备中心、淮北食盐集散中心,是全国水利、水运的重要城市,运河沿岸的"四大明珠"之一。运河文化遗址有漕运总督署、河道总督署、镇淮楼、文通塔、淮安榷关、清江大闸与码头三闸、清江浦楼、镇水铁犀、河下和码头古镇、南船北马舍舟登陆处、古末口遗址、古清口遗址、陈潘二公祠、清江督造船厂和常盈仓遗址、西坝盐商古宅等,以及康熙、乾隆六下江南六次驻跸淮安的行宫,加上被誉为"水上长城"的洪泽湖大堤、三河闸等古今水利设施,充分彰显了淮安"运河之都"的特殊地位。2008年,淮安市成功举办了第四届京杭大运河文化节,向世人展示了淮安丰富的历史文化资源,提高了淮安在全国乃至全世界的知名度。此次文化节还商定,将大运河文化节与中国大运河保护与申遗高峰论坛合并同期举行,"京杭大运河文化节"更名为"中国大运河文化节",每年举行一次,从而为淮安及运河沿线城市展示推介自己提供了更高、更规范的平台。

(3) 各类农业及农副产品博览会

淮安拥有以凌桥大米为代表的优质淮米、无公害蔬菜、盱眙龙虾、洪泽湖螃蟹、黄集和博里羊肉、涟水鸡糕、洪泽湖野鸭、淮阴乳鸽、高沟捆蹄、苏北草鸡、洪泽四季鹅、金湖莲藕、钦工肉圆等等享誉省内外的品牌产品。淮安近年来成功举办过优质稻米博览会以及其他各类农特优产品博览会,为促进淮安农副产品走向全国,帮助农民增产增收作出了贡献。尤其值得关注的是,自2009年,淮安已举办了两届优质农副产品展销会,既与市民消费、购置年货的需要相适应,更重要的是,为台资参与、台商参展提供了平台和渠道。随着农副产品展销会日益规范化的发展,其重要性将逐渐突出。

(4) 首届淮安国际工业博览会

2010年6月,淮安举办了首届国际工业博览会,是一次具有创新意义的大型工业产品展会,也是苏北地区第一届大型专业工业品展会。博览会吸引了来自欧美、日韩和台湾地区的数百家企业进场参展,展出产品有机床设备、机床配件、切削刀具、工装夹具、精密量具、模具配件、五金工具和工业电气等八大类共计5 000余种。博览会通过使企业、采购商与供应商等多方零距离接触、面对面交流,搭建了工业产品展示、品牌宣传、一站式采购、合作交流的大平台。通过这一平台,让科技创新成果和资源在淮安集聚,使淮安工业企业分享了国际国内装备制造业的先进理念、技术和信息。这有利于加大企业科技创新力度,推动工业结构转型升级,以科技创新引领淮安科学发展,有利于提高淮安先进制造业的发展水平和核心竞争力,有利于淮安新型工业化进程和苏北中心城市建设。

(5) 盱眙龙虾节

与地处苏北的其他一些兄弟县区一样,十余年前的盱眙也"待在深闺人未识",甚至连县名都常被读错。自2001年盱眙举办了首届龙虾节以来,经过十年努力,盱眙龙虾节已成长为国际性节庆,品牌价值达百亿。更关键的是,淮安和盱眙的知名度、影响力亦随之不断扩大,对外地居民和投资客商形成了链式效应。大项目、大投资接踵而至。盱眙龙虾节的节庆效应与县域发展形成了良性互动。这是会展经济促进地方发展的最佳例证。

除此之外,淮安还举办了江苏省第四届园艺博览会等节会活动。还有一些县、区也举办了一些节庆和会展活动,创立了有相当知名度的会展品牌,如金湖的"荷花节",洪泽的"洪泽湖水文化旅游节",等等。

2. 存在的问题和不足

目前,淮安会展经济所需的硬件水平已突飞猛进,但也还存在以下问题和不足:

(1) 对会展经济的重要性认识不到位

现代会展经济对经济的拉动作用已有目共睹。但目前,有些同志对会展经济的作用和功能认识仍不够充分,甚至将其等同于传统意义上的会议和展览等。很多企业尤其是国有企业的会展经济意识也显滞后,不善于利用展会获取信息、寻找商机、推销产品、展示形象。这不仅阻碍了企业自身的发展,而且也影响了会展经济的发展。再者,不少市民的会展经济意识淡薄,参与度低,也不利于会展经济的发展。

(2) 会展经济的政策不完备,规划、协调、指导不够

一是全市目前尚没有规范性的政策文件对会展产业、会展经济活动作出统一规划与指导,各类节庆、会展未能统摄在以市为基础的平台上。二是对会展市场缺乏管理协调,缺乏有效的调控和行业自律。办展主体既有政府及有关部门,也有各种协会、企业,企业中既有会展公司、布展设计公司和会展活动服务类的专业机构,也有各类旅行社和旅游服务机构,形成了多方位、多层次的会展市场格局。办展的主体虽多但未能很好加以整合,致使淮安会展业面临同质化和内部无序竞争,整体竞争力反遭削弱。有的会展主题接近、时间接近、内容雷同;有的会展持续性不强,办了一次两次后就不再举办;有的会展不够规范严肃,展会组织者对参展者只收费而不对其资质和信誉进行审查,导致一些展会像摆地摊,甚至给不良参展者提供了宰客骗人的场所和机会;有的会展流于形式,既无特色,又无实质内容,不仅没有发挥会展经济应有的作用,反而浪费了大量的人力、物力、财力。

(3) 缺乏会展经济高素质的专业人才

会展经济也是智力经济。一次成功的会展,需要有一大批高素质的专业展览人才进行精心策划,需要专门的展览公司承办。但相比较于会展起步早的城市,淮安市这方面的人才和公司仍嫌不足,也缺乏经验。往往是同一批人员既当展览组织者,又当展览管理者和展览项目的实施者,从展品征集到展品运输、布置直至为参展者提供吃住行等服务均由同一批人承担,这在很大的程度上降低了会展的效率。

(4) 未能形成成熟完善的会展统计和评估体系

会展经济需要健全规范的统计与评估体系,但到目前为止,淮安市对会展产业各项数值指标包括参展人数、展品数、停车泊位、物流的广度和速度、交易额等的统计数据和资料还不健全,从而影响了有关部门对会展行业发展的研究与决策。

三、加快淮安会展经济发展的对策思考

会展经济对推动区域经济社会发展具有带动、展示、学习及整合功能,淮安也具备了进一步发展会展经济的基础。但是,优势、有利条件、主观愿景并不必然转化为现实。课题组根据淮安实际情况,为淮安会展经济发展思考了如下对策:

1. 加强政府引导——充分发挥地方政府和主管部门职能,加强对会展产业的规划、管理和引导

国内外闻名的会展城市的发展,无不得益于城市管理者将会展业作为重要支

柱产业加以培养和扶持——不仅兴建规模庞大的展馆,还出台一系列鼓励措施和优惠政策。会展业在淮安的发展,并不单单是企业或行业协会的事,也不是哪个领导人的个人兴趣,而是需要全社会的关注,更需要政府的引导与扶持。其一,提供政策规划。根据先进地区经验,地方政府应当制定长远的并符合淮安发展需要的会展产业发展规划,引导会展业主体有序开展会展基础设施建设,推动会展的市场化营销。其二,营造政策环境。通过资金、项目、宣传推介、薪酬激励等政策扶持,地方政府为会展业发展营造宽松环境:在资金上要加大对会展业的投入,扶持和奖励在会展中心举办的、新引进和新创办的、符合产业发展方向的会展项目;支持有关部门宣传会展业的发展,传播会展信息,奖励会展先进单位;对有国资背景的会展机构提供合理的薪酬激励政策。与会展业相关的政府职能部门还应结合地方实际,在税收、审批、注册、融资等方面为会展企业提供支持和帮助,协同会展业本身开展人才培训,组织整体促销。其三,确定行业规范。为保障和促进会展经济健康有序发展,地方政府要制定行业规范、准入标准,规范市场主体行为、控制场馆建设,确立会展产业、行业和市场的准入机制,确立主办者的资质条件,以市场化、动态化的方式,评估和认证展会的质量及展览公司的资质,对展会效果进行评估、检测。

2. 加强行业管理——充分发挥会展产业行业协会的作用,加强产业自身管理和服务

行业协会的作用,在于引导会展企业的行业自律,促进会展企业努力提升自身规范化、市场化与国际化水平,逐步形成一套具有地方特色的符合市场经济规律和国际惯例的服务运作体系。行业协会要通过实施会展业行业规范,提高会展企业服务质量,增强其招展、办展能力。

要通过统计与评估体系建设,来加强对会展业发展的引导和协调,促进会展业快速发展。必须加快研究并建立会展统计指标和会展评估体系,加强对办展情况的统计和分析,科学评价淮安全市会展产业的发展,为培育淮安本土会展品牌、提高知名度和美誉度提供科学依据,为政府制定政策、促进会展业发展提供决策依据。

要以信息化提升会展业科技含量。充分利用现代信息技术,包括电子技术和新兴的物联网技术,构建网络平台,办好网上虚拟展览,强化会展的信息化服务,充分发挥互联网和信息系统在会展发展方面的作用,增强会展在信息流、商流、物流等方面的聚集和发布作用,提升展会服务水平。

要提升淮安会展业的软件服务水平。应加强对会展题材、主题、举办时间的管理,强化会展秩序,加强品牌展会的保护。会展主承办单位要加强对展会项目的管理,提高服务水平,缩小与发达国家在展会管理上的差距。推动展览公司、会议公

司、三星级以上酒店、会展场馆、大型运输单位等,开展会展国际质量管理认证活动,提高会展整体服务水平。

3. 加强品牌建设——组建会展集团,打造淮安特色的会展品牌

应考虑由政府出面,按市场规律,促成淮安市国际会展中心与各类会展企业、有实力的旅游公司联合,以淮安国际会展中心为主,通过入股、收购、合并等形式,组建会展企业集团,增强会展主体实力,力争打造成影响力大、实力雄厚、服务能力强的区域性乃至全国性知名展览公司。这样可以凭借国际会展中心国内一流的硬件设施、完善的综合服务功能,大力拓展国际、国内展览市场,以来展、出展、自办展的方式和市场化手段提升展会的数量、规模、档次和水平。

在此基础上,由淮安国际会展中心牵头,加强国内跨地区、跨省的会展市场联合,走大联合、大品牌、大主题的路子,联手创办出更大的品牌会展。把淮安现有的会展特色品牌做大做强,在努力办好现有一定规模和影响力会展的前提下,积极申办大型国际会议和博览会,争取全国性的、跨地区性的行业会展落户淮安。

围绕淮安"五大建设"和重要中心城市建设战略,目前还需创立新的会展品牌平台。其中,建立三大"千亿元产业"博览会尤为必要。比如,盐及盐化工产业作为淮安市重点产业,2009年产值达到200亿元,成为工业经济中新的增长点,以省盐业集团、台玻集团为代表的盐及盐化工大项目、大企业集群正在形成,盐化工产业上下游产业链正逐步形成并迅速发展。在淮安举办盐及盐化工产业及产品博览会,帮助各大企业和行业协会推介产品、招商引资,对淮安发展成为具有国际先进水平的、国家级盐化工产业基地、大型盐化工产品生产中心、盐化产业技术研发中心和产品流通信息中心,都将发挥积极作用。

4. 加强硬件建设——进一步完善基础设施和配套服务设施

会展经济的快速发展离不开过硬的基础设施和完善的配套服务,应进一步加大和完善硬件设施及配套服务的建设。会展场馆建设与会展环境建设应统一协调,统筹兼顾。要把会展经济的发展与本地的旅游设施、房地产、中央商务区、配套功能区、文化设施区的规划与建设结合起来。目前,要进一步完善淮安国际会展中心的设施配套,在其附近增设邮电、航空、物流、电信、金融、餐饮、商场等商务活动配套设施;继续做好会展中心会议场所的改造建设,增强会议功能,降低使用成本,提高经济效益。同时,在各类酒店建设中引导建设标准展位,使大部分的实用技术性会议,如计算机、通讯、自动化、医药、化工、农业会议等,都可以附设展览。可考虑在本市现有的高档商务酒店和连锁酒店建设中,专门规划建设1—2个会展型的酒店,或根据现有条件,改造一到两个现有酒店宾馆,安排100—300个国际标准展位,面积在1 500—5 000平方米。

5. 加强人才建设——注重懂外资、懂台商的会展人才的引进和培训

会展业界的竞争实际是人才的竞争,没有一支高素质的专业人才队伍,就无法参与国际竞争。对于淮安来说,会展人才还需有特别之处——懂外资、懂台商。会展人才需要有最佳的服务精神、宽阔的思路、敏锐的洞察力、超前的预见性及熟练的外语。会展业的发展还要靠管理人员、项目经理的精湛业务素质。要培养和造就高素质的会展业艺术设计和管理人才,从理论到技能都要力求达到国际水准。可以通过与外地高校及本地淮阴师范学院、淮阴工学院等合作,积极开展各类会展专业培训,推动会展策划等从业资格的培训工作。加强与境内外会展城市的交流与合作,提高会展从业人员的业务水平。鼓励企业引进高级会展策划人才,并给予引进人才的指标和补贴。

总之,无论是在加快淮安"五大建设"步伐,加快长三角北部重要中心城市建设,还是在加快缩小苏南苏北地区差距,以至为全省全面建设小康社会作贡献的过程中,会展经济的发展都将产生重要作用,我们应当给予足够的重视。推动会展经济以拉动地方经济社会发展,既要发挥政府主导作用,也要发挥市场主体地位,基本路径也是要靠科技、靠人才、靠开放才能得以实现。

[本文曾获时任淮安市委书记刘永忠批示(批示文号 2010—379)]

做大做强江苏淮安凹土特色产业
——关于打造淮安"凹土谷"的政策建议

"十二五"开局之年,江苏各地龙腾虎跃,纷纷大力发展本地特色优势产业,推动产业结构优化升级。环顾周边城市,泰州的"药谷"、苏州的"光谷"、无锡的"太阳谷"、常州的"轨交谷"以及扬州的"智谷"等等,都取得了不俗的成绩。省委、省政府对淮安作出了加快建设苏北重要中心城市的决策部署。淮安市委、市政府为贯彻省委、省政府的重要决策,提出必须在发展主导产业和新兴产业上做好文章,特别是在提升特色产业上下工夫的构想。根据淮安资源优势和在盐化工、凹土等产业已经积聚的特色,能否把淮安打造成江苏的"盐谷"或"凹土谷",从而为发展县域经济,也为彰显淮安特色产业形象和壮大淮安特色产业规模,提供新的增长空间?课题组带着这样的问题,深入盱眙和市里有关部门对凹土产业的发展进行了调研,报告如下。

一、盱眙凹土产业发展历程、成就与经验

凹凸棒石粘土(简称凹土)是火山爆发沉积形成的一种稀有非金属矿产资源,世界上只有俄罗斯、美国、法国、澳大利亚、西班牙等少数几个国家拥有。凹凸棒石因其特殊的晶体结构以及不同寻常的对其他材料物理化学性能的改进功能,在汽车、舰船、风电、建材、纺织、环保、地质、化工、造纸、制革、饲料、肥料、食品、医药、农业等多个领域,均有广泛用途,有"天然纳米材料"和"万土之王"的美誉。据初步估算,每年全球凹土需求量在150万吨以上,全国需求量在50万吨以上。江苏省淮安市盱眙县凹土资源丰富,经国内权威部门检测,凹凸棒石含量也高。目前盱眙已探明高品质凹土储量4 400万吨以上,约占全国的74%和全球的48%。据勘查统计以及潜力预测,盱眙凹土矿资源总储量8.9亿吨,同时拥有膨润土7.8亿吨,是国内最具有开采价值的凹土蕴藏地。盱眙凹土产业的发展,具有得天独厚的资源优势。

1. 盱眙凹土产业发展历程

自凹土在盱眙发现以来,其产业开发经历了以下五个阶段:

初步开发应用期(1980—1989年)。1983年地方国营"盱眙凹凸棒石粘土公司"成立,标志着盱眙县,也是我国第一次开始了凹土工业化生产。接着全国凹土测试应用研讨会在盱眙召开,推动了盱眙县凹土研究开发从无到有。但资金、技术、资料和经验的缺乏,使凹土开发应用难度很大。到1989年底,盱眙凹土公司的年产量不过0.2万吨,主要生产技术含量较低的初级产品,用作外墙涂料、饲料的添加剂及复合肥料黏结剂等。

市场成长期(1990—1999年)。随着凹土被人们广泛认识,各地兴办凹土加工厂的热情空前高涨。这一时期全国新上凹土企业约100家,绝大部分集中在苏皖地区,其中盱眙县达50余家。国内科研院所借鉴国外的一些科研成果并将其逐步转化为生产,凹土开发应用领域有了较大的拓展。一些生产厂家也投入资金进行了产品研发,市场上出现了一些利用凹土生产的具有较高附加值的产品,如优质高黏剂、抗盐黏土、高效吸附剂,以及干燥剂、防暑凉垫、外用药物、纺织浆料替代品等。但这一时期企业的生产规模普遍较小,主攻方向在产量而不在技术和质量,主要资源开采地采富弃贫现象比较突出,缺乏科学规划和管理。

整顿发展期(2000—2005年)。在市以上各级政府的关心下,盱眙县开始将凹土产业作为优势产业进行重点培育,加大了科技投入和应用开发力度,加强了产品宣传,同时也加强了产业管理,形成了政府调控、市场运作、产品上档次、企业上规模的新局面;扭转了一度比较混乱的开采市场,调整了企业布局,关闭了小作坊式的30多个小厂,控制了新上企业的数量,提高了生产的技术含量和市场开拓能力,为全县凹土产业的良性发展奠定了基础。

创新发展期(2006—2010年)。在江苏省科技厅的支持下,盱眙县编制了凹土产业科技发展"十一五"规划,完成了《盱眙县凹凸棒石粘土勘查与开发利用规划(2004—2015)》,把凹土开发作为全县五大支柱产业之一和新的经济增长点。2006年,由江苏省科技厅、中国科学院南京分院和盱眙县人民政府共同组织,举办了首届中国凹土高层科技论坛。到目前已举办了六届,充分发挥了关键性技术攻关突破方面的信息交流,为加快产业发展出谋划策、沟通协调的功能。为促使凹土产业科学发展,2009年以来,盱眙与中国科学院共建了凹土应用技术研发与产业化中心,还先后成立了凹土管委会和凹土协会,设立了凹土科技园区,初步形成了中国凹土产业集团。

全面突破期(2011—)。"十二五"之初,在省委、省政府的重视支持及省级相关部门的关心指导下,在市委、市政府的直接领导和部署下,盱眙县围绕凹土资源的开发利用与保护,在推进凹土产业产学研结合和科技创新上,开展了一系列卓有成效的工作。凹土微观结构研究、凹土棒晶生长技术的研发取得了新进展,凹凸棒石棒晶束解离技术获得突破,凹土提纯技术实现了产业化,为凹土延伸产品的开发及凹土产业进一步发展奠定了坚实的基础。具有重要里程碑意义的中国科学院盱眙凹土中心技术委员会成立暨第一次全体会议召开,标志着中国凹土事业又向前迈进了一大步。2011年9月,第六次中国凹土高层论坛组委会又决定设立"中国凹土都梁香兰奖",旨在推动我国凹土产业的进一步发展,表彰奖励在凹土产业科技创新中作出突出成就的个人和单位,激励科技工作者、企事业单位及机构为凹土高值化利用作出新的贡献这预示着凹土产业发展将迎来全面突破。

2. 盱眙凹土产业发展成就

(1) 建成初具功能的特色园区

经省、市职能部门支持,规划面积2.71平方公里的中国凹土科技园已在盱眙经济开发区内成立。园区内分设科技研发、创业孵化和大项目三个功能区。园区基础设施已基本完善,进区企业于2011年6月达20家,其中15家已竣工投产。科技园作为有效载体,集聚了凹土研发资源和项目资源,对盱眙凹土产业发展的作用日益显现。园区成立以来,先后被认定为首批江苏省科技产业园、省级特色产业园、省级高新技术创业服务中心和省级科技企业孵化器。目前科技园正按照盱眙县委、县政府"以科技为动力,全力打造中国凹土之都"的目标定位,进一步完善园区管理和软硬件建设。

(2) 基本形成产业集群

目前产业已初具规模。全县凹土企业约50家,其中资源开发型8家,产品延伸加工型36家,产品综合利用型6家。吸附白土、干燥剂、高黏剂、抗盐粘土等凹土产品国内市场占有率分别为70%、50%、55%、60%以上。2010年凹土产业总产量近40万吨,销售收入4亿元,上缴国家税收3 000余万元。产业内部确定了基础研究、选矿技术、提纯技术、超细及纳米技术、漂白及改性技术、复合及聚合技术、标准化技术等技术研究方向;同时还确定了环保和生态治理材料、日化制药及生物工程材料、高分子有机无机合成材料、化工催化材料、纳米功能材料、农业材料等六大领域作为产业发展的重点方向。

(3) 围绕产业而构成的创新体系日臻完善

经过多年的努力,有助于盱眙凹土产业发展的创新体系基本形成。其标志有三:一是中国科学院盱眙凹土应用技术研发与产业化中心的成立,标志着盱眙成为全国凹土技术研发的前沿阵地。该中心整合了江苏省凹土工程技术研究中心、凹土资源利用重点实验室、凹土研究开发联合实验室等各类研发力量,为盱眙凹土的技术研发提供了国内最高端平台。二是主导完成了一系列产业标准的制定。2008年,盱眙完成了江苏省地方标准《凹凸棒石粘土测试方法》(DB32/T 1220—2008)并发布实施。2011年,由盱眙凹土行业协会、咸阳非金属矿研究设计院等申请的中华人民共和国建材行业标准《凹凸棒石及试验方法》(2010-3615T-JC),得到中华人民共和国工业和信息化部批准。这是我国第一部凹土系列产品的行业标准,填补了国内相关空白。由盱眙凹土行业协会牵头的食品安全国家标准《食品添加剂 凹凸棒粘土》(GB 29225—2012)的制订工作,现已完成,并得到国家职能部门的认可和批准。这些标准的制定,标志着盱眙成为行业、产业的引领者和标准的制定者。三是通过定期举办中国凹土科技高层论坛,开设中国凹土网,成为全行业的信息平台,掌握了行业的话语权。

3. 盱眙凹土产业发展的初步经验

盱眙凹土产业从无到有、从有到"特"发展起来,其经验可概括为如下几条:

(1) 以政策为主导,为新兴产业发展提供环境、规划和规范

为促进产业有序健康发展,2000 年盱眙就提出要规范凹土矿山的开采,防止无序竞争和滥采乱挖。2007 年盱眙酝酿产生了《盱眙县凹凸棒石粘土资源高效开发利用科技先导型支柱产业建设规划(2007 年—2015 年)》,对凹土产业的发展作了具体规划,促进了产业的稳步快速发展。近年来,盱眙又先后出台了人才、技术、资金、土地、科技孵化等专项支持政策。为充分发挥凹土科技园的招大引强功能,盱眙还专门针对进园企业的投资额、注册资本、亩均投资强度、亩均产出税收制定了详细的优惠政策,为企业发展提供了良好环境。

(2) 以科技为先导,促使产业向高端、产品向高值方向发展

经过初期粗放式的开采后,盱眙人认识到产业发展靠低价卖土是难以为继的,一定要使"黄金"资源产生"黄金"效益。为此,盱眙在产业规划和政策扶持中,对科技含量高的企业,给予重点支持,并由科技部门牵头、职能部门协同、企业参与,积极参与国家、省级各类科研项目的申报,以此促进产品研发和技术进步。在科技的先导作用下,近年来凹土产业在轮胎橡胶、工程塑料、航空航天、日用化工、环境工程、纳米功能材料等六大应用领域均取得重大进展。仅 2008 年至 2011 年上半年,盱眙县凹土申报发明专利共 331 件,其中获得授权 206 件。尤其是凹土科技园承担的"车用制动气路干燥剂 BT-C"项目被列入国家重点新产品计划,"高效环保型凹土预混合饲料添加剂开发"等 10 个项目被列入国家星火计划。经江苏省经济和信息化委员会批准,园区一企业的高纯化、纳米级凹土还获得 2010 年度江苏省优秀新产品奖殊荣。

(3) 以研发为纽带,促进高端智力资源和项目资源向盱眙集聚

"家有梧桐树,引得凤凰来。"经过盱眙人的创造性努力,中国科学院在盱眙设立了全国首家驻县科研机构——中国科学院盱眙凹土应用技术研发与产业化中心。中科院兰州化学物理所、中科院宁波材料所等科研机构,复旦大学、常州大学、淮阴工学院等高校,也与盱眙建立了长期合作关系。通过共建各类研发中心、工程中心、实验室等,盱眙迎来了课题、项目和各类研究资金,吸引了各类科研人才加盟盱眙凹土产业,投资大、有产品、有研发团队的企业入驻了科技园区。两项 2011 年

江苏省科技支撑计划、两项 2011 年江苏省科技型企业技术创新资金计划分别落户盱眙;园区内获 2010 年度省优秀新产品奖的高科技企业的科技成果转化项目也获得通过,为淮安市仅有的两个项目之一。

二、盱眙凹土产业发展面临的制约

1. 盱眙凹土产业发展的总体特征:"两高一大二小"

如前所述,凹土产业已成为盱眙县域经济新的增长点。但从总体上说,盱眙凹土产业的发展并不尽如人意,目前处于"两高一大二小"的尴尬境地,即人气高、定位高、支持力度大、体量小、贡献度小。

随着省委、省政府南北挂钩政策的不断落实,盱眙招商引资环境的不断改善和近年来盱眙龙虾节效应的不断外溢,盱眙凹土产业也引起了各方更多关注。一方面,中央、省领导曾多次过问批示,有的还实地视察调研,要求推动盱眙凹土产业发展。另一方面,凹土产业的巨大前景和盱眙独特优势,吸引着越来越多的外来投资者,以凹土为原料的项目接连落户园区,加之各类高端研发机构纷至沓来相继与盱眙签署合作协议,凹土产业人气不可谓不高。

盱眙制订的 2007—2015 年凹土开发产业建设规划,提出"十一五"末凹土产业要基本成为支柱产业,"十二五"末建成中国"凹土之都";并明确要求 2015 年凹土产品产量达 60 万吨,产值、税金分别达到 50 亿、5 亿元,堪称定位很高。

江苏省科技厅和淮安市委、市政府一直以来对凹土产业的发展都是不遗余力地支持。省科技厅历任领导在项目、技术、资金、人才、信息等方面倾全力支持,仅科研项目资金就累计投入了二千余万元。淮安市曾专门召开常委会,研讨凹土产业发展,并专设了配套资金。盱眙本地对凹土产业的投入,近年年均也达千万元以上。应该说,政策支持力度和资金投入力度都很大。

尽管盱眙凹土产业广受关注和赞誉,但从产出角度衡量,产业体量还比较小。2010 年实际统计数字显示,凹土产品产量为 40 万吨,销售收入 4 亿元,税收仅 3 000 多万元。现实与期望存在较大差距。盱眙凹土产值规模还不及龙虾产业的 1/3,只占全县国民生产总值的 3%—4%,体量还非常小,还称不起是支柱产业。凹土产业对就业的带动作用仍不够大,对工业增加值及国民生产总值的拉动作用也较小,对县域经济的带动作用还未完全显现。因此,产业的贡献度小。

2. 盱眙凹土产业发展面临的制约

盱眙凹土产业为什么会出现不尽如人意的尴尬局面? 主要由于受到以下三方面的制约:

(1) 创新动力缺失

国内外实践表明,企业作为追求经济利益的主体,是从事创新活动的主体。特别对于新兴产业和高科技行业来说，创新是企业的灵魂和生命力。在盱眙工业区和凹土科技园区集中的50家凹土企业，大部分从事的是简单的资源开发和初级产品加工，如生产脱色剂、干燥剂等。此类企业的生产工艺并不复杂，只需随大流简单地模仿别人即可，而且产品、技术和客户都已比较稳定，无需花较多投入去从事新技术、新产品的研发。有的企业虽有从事研发的需求和必要，但研发费用的高门槛让他们感到力不从心。有研发经费和技术力量的企业，确属凤毛麟角。因此，大多数企业往往小富即安、满足现状，缺乏创新动力。

（2）体制机制缺陷

为了发展凹土产业，盱眙先后设立了凹土管委会、凹土科技园、凹土行业协会，制定了产业政策和产业规划，为产业发展呼吁呐喊、铺路搭桥，作出了一定贡献。但随着时间的推移和产业的发展，原先体制机制的缺陷逐渐暴露出来。以管理体制为例，凹土管委会只具有议事功能，在更多地需要协调科技、规划、土管、经贸、金融、财政等职能部门和地方乡镇时，它就心有余而力不足了。在产业发展初期，县委、县政府一声号令，众多部门齐心协力参与，能够以运动的形式迅速打开局面。现在凹土产业已初具规模和雏形，需要扎实、深入地推行产业政策、执行行业规定，切实解决凹土开采中的缺乏规范、乱挖乱采、不可持续问题，产业发展中的"散、小、乱、差"、无序竞争问题，科技开发中的产、学、研脱节及成果转化不力等等问题。因此，管理体制层面应有相应的权责和实体职能，否则很难承担产业发展的管理职责。

（3）技术和市场限制

盱眙凹土企业的吸附白土、干燥剂、高黏剂、抗盐粘土等产品，国内市场占有率分别达70%、50%、55%和60%，这一成就令人瞩目。但产品的科技含量不太高，附加值也就比较低。而凹土产品及技术实际是可以大有作为的高端产业，可广泛应用于塑料橡胶及高分子材料、有机无机复合材料、功能涂覆材料、半导体热电材料、纳米功能材料、石油深度脱硫、精细化工等等领域；但目前尚难有所作为。这一是因为这些领域对凹土产品及技术的认可度还比较低，很多人对凹土还不甚了解，处于"养在深闺人未识"的阶段。二是从技术本身来说，用凹土去替代原来的产品，需要有一个反复比较的过程。经凹土改性过的新材料，如工程塑料、涂覆材料、纳米材料、改性橡胶等，其稳定性的确认要经过较长的实践检验过程，在此过程中还难以完全迅速取代原来所用的材料或产品。三是还要经历由市场来认可和接受的过程。如盱眙已开发出的塑料、橡胶、高分子材料成核剂，性能已超出市场常用的国外产品，价格也低，但因国外产品多年来已得到的市场信誉而难以马上取代。

三、打造淮安"凹土谷",做大做强淮安凹土特色产业的政策建议

1. 坚持科技创新与市场开拓相衔接

在致力于发展凹土产业中,盱眙已形成了行之有效的产学研机制和平台。从当前凹土产业的发展看,瓶颈制约一方面在于科技研发和成果转化,另一方面在于市场开拓。中科院下属机构及部分高校的科研,已取得一些成果,目前正进一步针对凹土的特殊结构及其功能作更深入研究,加强对凹土的其他特性的研究,以发现其更多功用,扩大凹土的用途,实现凹土利用和效益的最大化。在盱眙更为关键的问题是必须实现"产、学、研、用"一体化,促进科研成果向产业化方向发展,向一些关键、稀缺产品渗透转化,特别是选择用途广、用量大、附加值高的产品,如橡胶、塑料等高分子材料成核剂,适用于我国西北干旱地区的土壤保水剂以及石油脱硫剂,等等。这是目前做大做强盱眙凹土产业的最有效途径。

为此,应更多地引导财政扶持资金、科研项目资金与企业研发资金配套,围绕企业需求和市场搞研发。应更多地促进科研人员与企业合作,以企业为主体开展课题研究,避免为研发而研发。应运用资金杠杆引导企业带着问题、带着市场需求、带着课题与研究机构合作。

凹土产业的壮大关键在市场,市场开拓属于企业行为,一般小企业无力在产品没有效益之前实行大规模的市场促销和开发,所以更需要政府给予支持。应广泛利用政府窗口、新闻媒体、信息交流发布会、节庆活动等公关手段,为凹土产品广做宣传,进行市场促销,尽快扩大凹土产品的国内外市场。

2. 坚持扩大开发与资源保护相协调

"十五"以来,凹土资源的保护和有效利用问题日益受到重视。有一种观点认为凹土是稀缺资源,不能滥挖贱卖,要实行最严格的保护性开采。另一种观点认为凹土并不等同于稀土,也不同于石油煤炭等资源,在工业上只是一种替代品,可能将来又会有新的材料或产品在作用上替代或超越凹土,所以应抓紧开采,有水快流,充分发挥资源优势。盱眙在发展凹土产业中已取得了丰富的凹土资源保护的经验,充分实现了凹土的有效开发。根据调研中了解到的企业需求和呼声来看,应继续坚持资源保护,注意已开采矿山的生态修复。同时,也可以适当地扩大开发力度,由市场需求引导开采数量,由价格机制引导开采质量。

在此过程中,政府要掌握凹土矿产资源的投入方向,实现凹土资源用途效益的最大化,避免以往国内其他资源丰富地区出现的粗放型、低端化开采利用。政府的主导地位可以通过控制对采矿企业的财政、信贷支持来实现,而不拘泥于单纯控制采矿企业数量和可开采矿山数量。

3. 坚持宣传推介与争取支持相配合

目前盱眙凹土产业与连云港的水晶产业一样,已被列入我省苏北两大"星火计划"资助项目。但从盱眙凹土资源储量在我国和世界的地位及其广阔的应用前景方面考虑将其作为"星火计划"项目给予扶持的力度是不够的。"星火计划"适用于农村帮助农民迅速致富的"短平快"项目,而凹土产业不应追求"短平快",应着眼于有足够投入的、产学研相结合的长远发展。因此,有必要考虑将凹土产业纳入到新材料这一国家战略性新兴产业中来,避免重走我国稀土产业粗放发展、疏于引导、无序竞争、"黄金"资源未出"黄金"效益的老路。

为此,首先要加大对凹土产业的宣传力度。要像宣传盱眙龙虾一样宣传盱眙凹土,通过科普书籍、广播电视、宣传画册等媒介广泛宣传,让全县广大干部群众更多认识、了解、珍惜凹土资源,精心开发和利用,而决不允许糟蹋和破坏;让更多上级部门、科研单位、外地客商进一步关注、研究、投资凹土产业,积极争取国家更大支持和更多外来投资。要借鉴兄弟城市发展特色产业过程中好的做法和经验,致力于打造淮安乃至江苏的"凹土谷"。

4. 坚持招大引强与放大提升存量相结合

做大凹土产业,需要坚持招引大项目、大企业、大资本进入。大企业的进入对提升产业实力、扩大产业总量、提高产品档次都有很大作用,对当地的经济社会发展拉动效果明显。同时,在多年开拓凹土产业过程中,盱眙已拥有了较完备的产业集群,形成了大、中、小企业相互配合、相得益彰的局面,产品在市场的占有率也比较稳定,因此,也要坚持注重存量、提升存量,通过中国凹土产业集团探索如何整合各个凹土企业,鼓励有条件的企业兼并重组,尽快诞生龙头企业,以放大存量。

5. 坚持加强管理与创新机制相联系

盱眙凹土产业的科学发展,离不开现有体制机制的变革创新。可以考虑将凹土管委会和凹土科技园合而为一,县委、县政府主要领导兼任园区管委会负责人,配备强有力领导班子,统一管理全县凹土产业的发展。管理的职责主要是规划、协调、服务、监督,现在规划已有,重点应转到规划落实中的协调、服务、监督上来。从采矿开始到产品出来,包括资源勘探、矿点布局、合理开采、原料配置、生产加工、新产品开发、成果转化、市场营销,以及其中的资金融通、生态保护、三废治理、运输物流、人才用工、矿山园区土地置换等等,都需要严格规范的协调、服务和监督。管委会内部要明确分工、环环相扣、责任到人、跟踪监督,激励和惩罚相结合,务求管理职责的落实;同时发挥凹土行业协会积极作用,引导行业内部团结协作,加强自律自管,规范竞争秩序,促进企业健康成长。

(本文作于 2011 年 11 月)

推进"南北共建"工作,为淮安全面达小康培育新的增长极

南北共建是淮安市经济活动重要的组织形式,共建的各类园区在淮安经济地理版图中占有重要的地位。淮安7年来的南北共建历程,体现出以宁淮共建为主要形式、以资本品牌注入为主要抓手、以要素优势为基本竞争力的基本特点,其对于淮安经济上台阶、上水平作用明显。提升"南北共建"在推进淮安经济社会新跨越中的效用,可以从创新共建形式、倍增共建效应、延伸共建深度和对接南京都市圈等方面持续发力。

一、淮安市南北共建发展历程及特点

1. 南北共建发展历程

对于淮安而言,南北共建最先是从共建各类园区开始的,并逐渐向多领域扩展。南北共建园区是南北共建的核心内容。

淮安市南北共建第一家园区——南京经济技术开发区涟水工业园于2007年5月经省发改委批准建立,从那时起至目前为止,淮安全市已有8家共建园区(见表1),覆盖淮安所有县区。

表1 南北挂钩共建淮安开发区一览表

序号	共建园区名称	批准时间	主要产业
1	南京经济技术开发区涟水工业园	2007年5月23日	医药与光伏产业、纺织服装
2	江宁经济开发区淮阴工业园	2007年5月23日	轻工食品、汽摩配、太阳能、钢铁及机械加工
3	昆山高新区淮安工业园	2010年2月4日	电脑及周边产品和电子元件产业
4	南京雨花经济开发区盱眙工业园	2010年2月4日	机械、电子

续表

序号	共建园区名称	批准时间	主要产业
5	宜兴经济开发区金湖工业园	2010年2月4日	机械制造、仪表线缆、新型建材
6	江苏省国信集团淮安工业园	2011年11月28日	新能源、IT产业及与天然气深加工相关产业
7	昆山花桥经济开发区淮安工业园	2012年4月5日	电子、冶金机械、生物医药、生产型服务业
8	南京高新技术产业开发区洪泽工业园	2012年4月5日	机械、电子、新材料、纺织

根据省委、省政府部署,淮安市8个园区均由淮安市各县区与南京、昆山、宜兴三地开发区合作共建。其运行模式为南北双方共同出资成立开发公司来管理,实际运作中由三市的开发区负责规划、招商等工作,共建土地的收益按照双方的股本构成分配。从第一家园区建立起,淮安认真学习借鉴苏南开发区的管理经验和模式,利用苏南在招商引资、资本和人才等方面的优势,促进了淮安工业化进程。

2013年,淮安市已获得苏南转移项目320余个,投资总额达530多亿元。这些转移项目投资规模大、产业领域宽,产业层次也明显提升,除了机械、电子、纺织等传统产业外,先进制造业、IT产业、生物医药、电子元件等一批新能源、新材料产业相继落户。

2. 淮安南北共建园区的特点

(1)宁淮共建为主,多种合作形式并存

淮安8个共建园区中,南京与淮安共建了5个园区,其硕果累累。宁淮挂钩共建其实可以追溯到2001年。2001年到2012年,两市共举办16次宁淮挂钩合作项目签约大会,签约项目453个,总投资386.6亿元,固定资产引资额达366.03亿元,实际到位198.5亿元,资金到位率为54.23%,其中已有200多个项目投产达效。共建园区已初具规模,发展潜力和发展前景日益彰显,如南京经济技术开发区涟水工业园成立于2007年5月23日,到2013年累计开发面积达7平方公里。共建园区管委会拥有专职人员10名,其中南京方长期派驻专职人员6名。共建双方共同注资成立的淮安新港建设有限公司注册资金增资到2亿元人民币。共建园区内累计落户项目71个,涵盖了医药产业、光伏产业、农副产品加工、高档服饰产业等领域,总投资99亿元。2012年,共建园区基础设施投入2.01亿元人民币;新引进企业14家,投资总额27.1亿元,注册资金8.6亿元,其中外资项目7家,总投资1.03亿美元,实际到账注册外资6 398.11万美元,累计实现外资到账1.85亿美元。新引进的 14 家企业已有 4 家企业建成投产；共建园区企业 2012 年实现开票销售收入 66.9 亿元，实现工业增加值 14.05 亿元，地方一般预算收入 1.57 亿元。

从地域上看，除南京外，苏州、无锡等地方政府亦与淮安共建了园区。从主体上看，不但有由政府牵头建立的园区，也有直接以公司为主体与淮安合作建立的园区。

（2）第三产业先行，资本品牌注入淮安

南北共建并不仅局限于园区等具体载体，还包括产业和项目。近年来，通过南北对接，旺旺集团、联创集团、中央新亚百货、高铁轨道、经纬纸业、华润苏果淮安配送中心、清河区创意设计产业园、雨润集团、苏宁电器等一大批名气大、投资大、体量大的好项目相继落户淮安。这些项目在产业上以商贸流通业等第三产业为主，在品牌上以大消费品牌为主，在投资上以单体投资体量大为主，并涵盖了市县两级。如，在市区层面上，雨润广场建设成为江北第一高楼、淮安新地标；涵月楼六星级酒店建成淮安生态新城的酒店服务业品牌；苏宁电器集团积极推进商贸、物流和房地产业开发。苏宁睿城、苏宁电器大厦等多个大投资项目在淮安开工。在县区层面上，以盱眙为例，苏宁电器集团、雨润集团、南京商贸集团等均有对当地来说投资较大的项目落户开工。宁淮挂钩的最新成果——盱眙宁淮新兴科技产业园已于 2013 年 6 月揭牌，宁淮新城规划编制初步完成。

（3）第一产业对接，发挥淮安要素优势

资金、人才等是苏南及省会城市的要素优势，而劳动力、土地等是淮安等苏北城市的要素优势。农业生态化、品牌化则是淮安的特色。南北共建中，淮安向南京有组织劳务输出近 16 万人，建立"宁淮合作农村劳务输出劳务基地"5 个、"宁淮合作农村劳务输出培训基地"5 个。在输送劳动力的同时，淮安也充分发挥农业特色优势，淮安的农副产品大举进入南京市场，淮安大米在南京市场的占有率逐步扩大至 61％。淮安生产的红椒、龙虾、黄瓜等农产品深受南京市民喜爱，在南京市场占有绝对优势。

二、淮安南北共建与省内外其他共建形式比较

2001 年 4 月，江苏省委、省政府从实施区域共同发展、加快苏北振兴的战略高度，决定由南京与淮安、苏州与宿迁、无锡与徐州、常州与盐城、镇江与连云港开展南北挂钩合作。12 年来，在省委、省政府的关心支持下，在 10 市领导和各界人士的共同努力下，双方坚持把南北共建园区作为挂钩合作的重要抓手，积极推进共建园区发展，合作领域不断拓展，合作成效十分明显。南北挂钩合作既为苏南产业转移开辟新的通道，更为苏北的跨越发展提供新的平台，培育了新的增长极。在苏南的支持下，淮安南北共建也取得了阶段性成效，但如果将淮安共建园区放在整个苏北甚至省内外共建园区中考察，便会发现，与其他共建园区相比，淮安共建园区还

存在着5个方面的差距。

1. 在规划设计上,有的共建园区定位更高

在共建园区工作中,无锡与徐州始终坚持高标准定位、高起点规划、高速度推进,将工业发展和城市建设同步进行,全面铺开共建园区的规划和建设。一是高起点规划。锡丰工业园按照"融合主城、功能配套、用地集约、产业集聚"的原则,结合县城和开发区总体规划,坚持工业项目和城市建设项目共同配套、共同开发,先后编制了《锡丰工业园控制性详细规划》以及排水、供电、消防、通信、供热、环保及污水等专项规划,彰显园区个性特色,提升园区品位。二是高速度推进。锡沂工业园和沭东新城的规划已通过论证,全面铺开了启动区"七路、两房(管委会大楼、标准厂房)、一厂(污水处理厂)"的"十大基础设施建设工程"。锡丰工业园依法取得了96亩土地使用证,斥资6 020万元高标准启动建设了占地214亩的10万平方米标准厂房,极大改善了园区投资硬环境。

2. 在资金投入上,有的共建园区力度更强

得益于南北共建园区的不断深化,12年来,淮安与南京共签约项目453个,总投资386.6亿元。8家园区规划面积近30平方公里,注册资本5.8亿元,平均每个园区3.75平方公里。宁淮5个共建园区累计完成基础设施建设投入近10亿元,落园项目159个,总投资169.52亿元,平均每个园区基础设施投入2亿元,每个项目投资1.07亿元。但比照苏宿共建,差距还是较为明显。苏州与宿迁共建苏州宿迁工业园、张家港(宿豫)工业园、昆山(沭阳)工业园、吴江(泗阳)工业园、常熟(泗洪)工业园、吴中(宿城)工业园等6个工业园区,截至2012年底,累计开发面积达32平方公里,完成基础设施投入52亿元,平均每个园区面积5.33平方公里,基础设施投入8.67亿元,分别是淮安的1.42倍和4.34倍。已投产项目152个,实现业务总收入242.83亿元。苏州共向宿迁转移500万元以上产业项目605个,项目总投资766亿元,是宁淮的1.98倍。其中2011年转移产业项目65个,总投资113亿元,平均每个项目投资1.74亿元,是宁淮共建园区项目的1.62倍。在2012年全省30个南北共建园区考评中,宿迁有3个进入前十名,其中,被省政府批准为省级开发区的苏州宿迁工业园区连续三年名列第一。

3. 在单体建设上,有的共建园区规模更大

单体一是指单个共建园区的规模,二是指引进的单个项目。苏州宿迁工业园规划总面积13.6平方公里,是南北共建园区的第一个项目,到2013年已累计投入开发资金24.7亿元,用于基础设施和配套设施建设,引进各类项目54个,总投资158亿元。2012年,苏州宿迁工业园被省委、省政府评为"省先进开发区"。

恒力集团是我国纺织业的领军企业,也是全球最大的超亮光丝和工业丝生产企业。2007年其投资30亿元大手笔建设集纺丝、织造、染整、新型纺织品研发于

一体的恒力(宿迁)工业园,2009年5月投资20亿元上德华纺织项目,10月再投资25亿元建设德力化纤项目,在宿迁的投资累计达75亿元,成为我省最大的南北产业转移项目。镇连丹徒经济开发区赣榆工业园先后引进中钢集团、好孩子集团、光明家具、江苏舜天、香港保利集团、康乐药业等一批世界500强企业和知名品牌以及上市公司,同时还吸引投资2.5亿美元的嘉宝科技制管、投资10亿元的金信利不锈钢、投资9.2亿元的键坤实业等一批重大项目落户园区。

4. 在发展理念上,有的共建园区更为先进

历经7年的发展历程,苏宿工业园区在加快园区建设发展的同时,把苏州元素带进了宿迁,如坐落于园区商住区的明日邻里中心,是宿迁第一家邻里中心,也是苏宿工业园区借鉴苏州工业园区公共管理成功经验的典范之一。该中心融入了很多新加坡和苏州先进的理念和经验,为百姓提供"一站式、全方位、多功能"的服务。实现了吴越风骨和楚汉文化、苏州理念与宿迁实际的完美融合,实现了从无到有的完美跨越。

常州高新区大丰工业园在以"诚信、和谐、创新、超越"为核心价值的园区文化引领下,遵循"开发集约化、产业科技化、环境人性化、管理规范化"的开发建设指导思想,以创新的建区理念和发展思路,以科学的园区规划和推进措施,以引人瞩目的建设形象和发展速度,扎实推进各项工作、成效明显。一个集新颖建筑风格、较高产业层次、专业服务水准于一体的崭新的电子机电园区已基本形成,并吸引上海市杨浦区政府前来合作,在常州高新区大丰工业园内合作共建上海杨浦区大丰工业园。一批高科技项目落户大丰,支撑、拔高了园区层次。其中包括全球最大定向水平钻的生产企业、采用欧洲标准生产、覆盖国内市场40%的手机电源企业。

5. 在模式选择上,有的共建园区更胜一筹

丹徒经济开发区赣榆工业园坐落于赣榆经济开发区,2009年3月,县委、县政府按照"区域统一规划、产业统一定位、资源统一整合、整体统一开发"的要求,对开发区管理体制进行调整,将宋庄镇整体并入赣榆经济开发区,实行"以区带镇、区镇合一"发展模式和党工委、管委会、开发总公司、宋庄镇"四位一体"的管理体制,并按照"区镇合一、整合资源、定岗定责、务实高效"的改革思路,优化和改革现有管理运行体制,实行企业化管理、市场化经营、社会化服务的新机制。工作上主要以条线为主,对开发区、宋庄镇两套班子打乱分工、交叉任职、合理配备人员,区镇工作分为党政综合办公室、招商引资、项目推进、农村工作、党建工作等十大条线。

上述差距的存在与淮安历史上是农业大市、工业基础相对薄弱不无关系,此外,造成上述差距的原因总体来说有以下几点:

一是市场作用发挥不充分。苏北共建园区基本都是省、市政府行政压力下的产物,尚未充分利用市场优化配置资源的作用推动共建园区,加之受土地、资金等

资源制约,延缓了产业梯度转移的速度。

二是投资环境条件不完善。与苏南各市相比,淮安当地生产服务业相对滞后,产业配套能力不足,入园企业生产配套成本高,区域市场规模小,对吸引高技术、高附加值企业落户共建园区有一定制约。

三是工作态度、方法不到位。对于共建园区对地方经济社会的拉动作用,有的领导干部还缺乏充分认识,也就难以给予充分重视。有的领导对省及对接市的帮助政策精神、共建园区项目指向不能深入灵活领会,还停留在"等、靠、要"的被动阶段;有的虽主动出击,但却沿用招商引资的思维,不能把本地和帮扶地产业实际有机结合。

此外,也有南北共建中另一方的原因,如产业转型缓慢,对共建园区的意义认识不够,主动性不够等。

三、加快推进南北共建的对策

实践表明,开展以各类园区为核心内容的共建是南北双方实现"合作共建、互利共赢、携同共进"的有效方式,是推动经济转型的重要举措。实施共建的关键在于推动产业转型升级,把改革的动力、内需的潜力、创新的活力、政策的张力叠加起来,形成新的爆发力,促进淮安经济社会同步发展。

1. 灵活共建合作模式,创新产业承接新机制,推动园区经济步入快速发展轨道

不可否认,目前以政府推动为主、市场驱动为辅的园区共建模式,是推动发展先进和优势产业、避免和防止产业结构的低水平同构、减少和弥合共建合作双方的利益分歧、实现本地经济和社会跨越式发展的有效途径和措施。但从根本上说,目前淮安建立的 8 个共建园区,还带有帮贫、助困、输血性质。因此,要想促进现有模式向以市场驱动为主、政府推动为辅转变,就必须创新产业承接新机制。一是拓展共建主体。目前淮安共建园区大部分为行政推动下的宁淮合作,仅有少数园区为市场推动下的合作共建。为拓展共建园区的发展空间,在共建模式的选择上可以延续宁淮合作模式,同时鼓励开展与省内外发达地区政府或开发区等多种主体开展合作共建,也可争取省内外大型企业自建或共建园区,从根本上改变目前一对一援建模式。二是丰富共建模式。省内外出现众多共建模式,如南通开发区、苏州工业园区和中新苏州工业园区开发股份有限公司(CSSD)三方共建占地 55 平方公里的"苏通科技产业园"的模式,江阴—靖江工业园"多头进入、一头管理"的共建模式。淮安可以组团前去学习取经,在此基础上争取创造淮安共建新模式,并力争获得省政府的专项支持和用地指标奖励。三是创新园区管理。建议成立南北共建联席会议制度,由市发改委等宏观调控部门牵头,邀集共建园区涉及的地区和相关部

门,每季度召开一次"园区建设情况通报会",沟通交流信息,协商解决问题,互相启发,互相支持,共同推动共建园区更快、更好发展。

2. 立足于淮安市情,注重发展优势产业,坚持城乡一体化发展

加快南北共建步伐,重点在于要探准发展趋势,选择与本地支柱产业相匹配的、资金实力较强、管理经验丰富的规模企业开展合作,巩固和发展本地的优势产业,提升规模产业的集聚效应,带动本地其他产业的联动发展。目前,黑色金属冶炼及压延加工业、计算机及电子设备制造业、化学原料和化学制品制造业、机械制造业、纺织服装业等是淮安的主导产业,目前在已建的8个共建园区,尽管昆山高新技术产业园区淮安工业园进园项目涉及电子设备、纺织业,南京雨花经济开发区盱眙工业园投资项目涉及机械制造,昆山花桥经济开发区淮安产业园管委会投资项目涉及冶金机械,但投资项目一般规模较小,尚未形成产业链。因此,在园区共建过程中可与省内外同类产业加强合作,进一步做大做强支柱产业,带动和促进上、下游产业链的同步发展。

3. 用足相关政策,立足更高起点,积极组建本地产业航母

目前省委、省政府出台了包括《支持苏北地区全面小康建设的意见》等在内的系列政策,南京市委、市政府也出台了《关于加强宁淮挂钩合作,支持淮安加快苏北重要中心城市和苏北地区加快全面小康建设的意见》。省委、省政府《意见》中的财政政策涵盖了经济发展和开发区建设、新型城镇化、重大基础设施建设、提高基本公共服务能力、人才与科技、环境保护与生态文明建设、农业现代化和六项关键工程、新一轮扶贫开发等各个方面,省财政将投入100多亿元。作为政策的受益方,淮安应主动对接,用足用活:一是认真梳理上述政策,寻找对接点,尤其要全力抢抓省委、省政府连片开发整体帮扶和南京市将淮安列为南京都市圈7大城市之一的机遇,列出能迅速对接的产业及项目。利用政策总原则是共性政策努力争取,其受益应不低于苏北五市平均水平;个性政策全力争取,保证资金项目逐年递增。二是加速形成特色经济板块,不断壮大区域经济规模。借助现有优势产业包括农业将之做大做强。如盐化新材料产业是淮安的特色产业,也是新兴产业,可依托现有的盐化新材料产业园,提升其档次与规模,使之上升为省级园区。三是园区共建应确立更加远大目标。起步时期,为充分利用政策效应,淮安应该实施借船出海战略。但淮安应有战略思维,要确立更远大的目标,不能将眼光仅停留在市际之间的合作共建,不能满足于借船出海,而是要借助这一形式,与落户淮安的世界500强企业、中国500强企业或省级重点企业结对共建,组建本地的产业航母,提升本地产业发展的核心竞争力。就目前的发展形势,淮安要想在苏北地区迅速奠定重要中心城市的核心地位,就必须要有大思路、大眼光、大手笔,对此,安徽省滁州模式值得借鉴。2011年12月,苏滁现代产业园宣布成立。该产业园由中新苏州工业园开发

集团股份有限公司与安徽省滁州市政府合作共建。该项目以苏州一方为建设主体,规划占地36平方公里,基础设施投资约100亿元,将带动区域总投资约1 300亿元,将建设成为集产业、商贸、金融、居住、休闲于一体的高新产业聚集区和现代化商务新城。首期合作开发12平方公里,重点打造高科技产业园、现代服务园、文化创意园。该项目获安徽省大力支持,成立了项目推进小组,安徽省常务副省长任组长。2012年至2015年,安徽省政府每年计划单列5 000亩建设用地指标,1亿元财政资金支持苏滁现代产业园建设。园区建成后,苏滁现代产业园将成为一个产城一体的现代化新城,园区GDP将达700亿—1 000亿元,园区总人口将达25万人。目前凭习近平总书记"把周总理的家乡建设好,有象征意义"的指示与省政府出台《关于加快淮安苏北重要中心城市建设的意见》,淮安经过努力完全具备创造性的复制安徽滁州模式的独一无二的先决条件。

4. 积极创新管理理念和管理模式,试行"行政托管"新体制

淮安的8个共建园区由于引入了先进的管理理念和管理模式,加上项目、资金、政策的支撑,共建园区一般均成为当地发展的引擎和示范区,发展的速度和层次都要高于周边行政区域。但从整体来说,淮安与发达地区相比差距还比较明显,仅依靠现在共建园区,其辐射、带动的影响力仍然偏弱,还不足以达到加快"淮安复兴"进程之目的。为充分借助共建园区这一平台,在实施"借船出海"战略的同时,打造属于淮安的产业航母,以促进整个淮安的新型工业化进程,适当扩大共建园区合作范围(区域)十分必要。这也符合省政府相关文件精神。而实行"行政托管"是一种比较理想的、创新性的体制与路径选择。

所谓"行政托管",即委托方在开发区内划出一块园区,托管给具有管理、资金和产业基础等优势的受托方,全权委托其操作,包括园区发展定位、产业选择、招商引资、基础和公共设施建设等。这种模式主要是通过托管协议,要求受托方编制共建园区的总体规划,进行基础设施投资和建设,负责产业招商,承担一定的社会管理责任,并同意受托方获得园区前期开发所有收益(一般为5年),后期收益由合作双方按比例分享。该模式适合经济薄弱地区与资金实力雄厚、园区开发经验丰富、急需拓展发展新空间的发达地区政府或园区、大企业之间的合作。行政托管省内外均有成功范例,省内最早的是徐州市。2005年8月徐州进行行政区划调整,将铜山县的大黄山镇、大庙镇划归鼓楼区行政管辖,两镇的人、财、物整建制交由徐州经济开发区管理,"交由管理"即为托管。其结果使徐州经济开发区的面积由原来的25.6平方公里扩大到152.8平方公里,人口由原来的3.9万增加到近20万。此举开启了徐州经济开发区二次创业的大幕,2010年徐州经济开发区成功晋升为国家级开发区。

2009年1月,安徽省将黄山经济开发区规划范围内的一社区两行政村交由黄

山经济开发区进行托管,黄山经济开发区党工委、管委会统一领导和管理托管村(社区)的党务、行政、经济和社会事务工作,此举被视为"园区经济提速增效工程"的一件盛事,更是加快改革步伐、打造活力开发区的一件好事,大大促进了黄山经济开发区的发展步伐。再如铜陵市开发区与中国服装股份有限公司合作共建区中园也属于这一模式,铜陵方面将4 000亩土地委托给恒天集团进行招商和运营管理,建设纺织工业园。

淮安具备行政托管的条件,即具有"天时地利人和"之优势:一是天时。行政托管需要上级行政管理者的理解和支持,特别是跨行政区的"行政托管"行为,没有上级行政管理者的批准难以实施。目前,省委、省政府关于《加快苏北振兴的意见》《关于支持南北挂钩共建苏北开发区政策措施》《关于支持苏北地区全面小康建设的意见》等文件为淮安实施这一战略提供了政策依据,尤其是习总书记"把周总理的家乡建设好,有象征意义"的重要指示和最新出台的《关于加快淮安苏北重要中心城市建设的意见》更使淮安具有得天独厚的条件。因此,淮安完全可以凭借省政府《意见》中提到的"淮安市刘老庄地区实施连片开发"为依据试行行政托管战略。二是地利。对于受托方而言,实行"行政托管"的核心是解决其发展所需要素的增量配置问题,淮安的土地资源与人力资源较为丰富,交通也很便捷,无疑成为吸引受托方的重要地理条件。三是人和。由于要把施政空间的"治权"让渡给别人,因此需要托管委托方拥有战略眼光、前瞻意识和开阔胸襟。淮安是周恩来总理的故乡,长期以来淮安人民秉承周总理那敦厚宽仁、贵和持中、光明磊落、求真务实、睿智豁达的个人品德,并将之与淮安人民接上淮安地气、深植淮安土壤、承接淮安底蕴、反映淮安内涵的新淮安精神有机融合,升华成为淮安开拓创新的永久动力。加之省委对淮安主要领导的调整,让长期在苏南工作的同志来淮安主政,更使淮安具备行政托管的组织保证。

5. 主动融入南京都市圈,促进淮安在苏北全面振兴与率先崛起

为落实省委、省政府的相关文件精神,与淮安结对挂钩的南京市出台了《关于加强宁淮挂钩合作,支持淮安加快苏北重要中心城市和苏北地区加快全面小康建设的意见(2012年7月4日)》(宁委发〔2012〕49号),其指导思想是支持淮安加快苏北重要中心城市建设,并且承诺把南京城市综合功能强,金融、科技、人才、商贸、流通发达等优势与淮安等苏北地区的发展特色结合起来,为淮安区县发展特色农业、生态农业、观光农业和特色产业提供资金、人才、技术、信息支持。于2013年8月召开的南京都市圈第一届党政领导联席会议还提出了《南京都市圈区域规划》(报审稿),对淮安在南京都市群总体空间格局中的定位予以明确,即把淮安建成高新技术与战略性新兴产业基地。《规划》还提出了南京都市圈优先发展临港先进制造业,其中涉及淮安的有:以淮安为重点,充分利用南京先进化工产业技术优势,以

氯碱化工为核心,推进盐化工产业链延伸与多元化拓展;重点围绕马钢、南钢、梅钢三大钢铁集团以及淮安特钢、芜湖新兴铸管等大型钢铁生产基地,通过横向联合和技术合作,大力发展适用于先进装备制造领域的特种钢产品及管材产品,建成国内大型先进钢铁冶铁、精品钢和车轮轮对生产基地;努力增强淮安汽车零部件配套产业竞争力,打造长三角重要的汽车产业基地。

对此,作为受助方淮安应及时跟进,全面对接。一是建立相关组织,对宁淮全面合作进行统一部署。建议淮安市委、市政府成立包括市委相关部门和市政府组成部门参加的宁淮合作工作领导小组,全面负责宁淮合作事宜。二是建立互动交流机制。领导小组成员单位应主动对接南京市对口部门,通过汇报交流、干部挂职、定期走访、邀请参观等形式密切双方之间的联系,从中获取对方的相关支持。三是加强对这一工作的动态研究,及时出台相关政策与措施,推进宁淮合作健康发展。

总之,开展园区共建,淮安已经起步,并初见成效。实践证明,园区共建确是经济发达地区实施产业转移,带动和促进经济欠发达地区经济发展的一项有效措施,也是今后一段时期淮安实行转型升级、打造产业特色、彰显后发优势的一条捷径。

(本文作于2013年)

抗日军政大学对地市级党校办学的启示

在民族危亡之际,党创办的抗日军政大学为抗日战争培养了数十万优秀的军政人才。抗大所秉持的"坚定正确的政治方向、艰苦朴素的工作作风、灵活机动的战略战术"校训和"团结 紧张 严肃 活泼"的校风已经成为干部教育培训中宝贵的思想财富。特别是抗大注重求真务实的学风,注重理论联系实际的教风,注重抗日"实战"的教学成效,对包括市级党校在内的各级党校仍有重要的启示意义。

首先,抗大发扬求真务实的学风,让广大学员背负起民族解放的使命,使学员将学习与战斗相结合,学会了创造抗日民主根据地的本领,学会了开展敌后游击战争的本领。它启示我们:新时期下,市级党校要通过严格各学习环节的纪律,完善学习机制,促使学员保持求真务实的学风。

抗大学员来自四面八方:有的是经过土地革命战争和长征考验的老红军,有的来自于一线作战的八路军、新四军,更多的是受到中国共产党感召的革命知识分子和海外爱国华侨青年。抗大的首要任务,是普遍提高学员的政治觉悟,尽快让他们成长为具有无产阶级思想的革命战士。在学习马克思主义理论、当前的形势和任务、党的政策和策略的过程中,发扬求真务实的学风显得特别重要。没有求真务实的学风,老战士会觉得学习已是轻车熟路,也就不以为然;没有求真务实的学风,新成员会觉得学习是隔靴搔痒,不免雾里看花。为着学风的端正和坚持,抗大采取了严格的政治、军事和生活纪律,完善并严格执行校纪校规,强化政治觉悟等措施。

平心而论,目前市级党校还是存在着一些学风不够端正的现象。接到轮训调训任务时,有的学员抱着"认认人、养养神、串串门"的想法;有的以工学矛盾为托词,"人在曹营心在汉";有的片面期望听到些外请专家学者说过瘾的故事和桥段;更多的则是"带着耳朵来,关起心扉听","矜持"地对付着各种活动和讨论。

学风不够端正还体现在文风上。一般而言,每期干部培训都会安排专题调研和异地学习,事后都会要求学员提交研究报告和学习心得。大多学员会深入思考,并提炼出思想的结晶,但也确实有学员或找人代劳或从网络上复制一份报告,敷衍了事。

抗大端正学风的理念和举措至今仍有深远的启示意义。市级党校应借鉴其精神,破除"人情风",不担"面子账"。为此,一是要完善请假考勤制度。受训学员参加集体学习及活动,既是党性修养的体现,也是铸造党性的渠道。可考虑建立双重请假考勤制度,即向学习小组和班主任请假制度,学习小组和班主任课前及课毕考勤制度。二是要严格学习作息纪律。通过学习笔记评比、学习成绩评比等活动,激励学员有所思、有所学。用起床号、熄灯号等军营作息形式促使学员溶入校园集体生活。三是要优化调研外学机制。通过确定问题、落实路线、开展调研、封闭独立撰写报告四个环节来优化调研外学机制。重点在第一和第四环节。

其次,抗大发扬理论联系实际的教风,坚持"少而精"的教育原则,使课程设置和教学形式贴合抗战的需要,既适应了不同抗日根据地的需要,也适应了不同文化层次学员需要。它启示我们:新时期下,市级党校要面向基层,突出问题导向,缩短教室与现实的距离,以发扬坚持理论联系实际的教风。

抗大除了本校培养教员之外,还立足于抗战实际,开拓教员来源。他们有的是党的领袖,如毛泽东同志不但亲自指导抗大教学工作,为抗大制定校训校风,还讲授《中国革命战争的战略问题》《实践论》《矛盾论》等课程;有的是党的高级领导干部,如罗瑞卿、刘伯承、粟裕、陈赓等都在不同时期承担过抗大的教学工作;有的是抗日根据地专家学者和抗战前线部队的优秀军政干部,在各抗大分校,这些教员所占比例更高;有的教员是从毕业学员中挑选的;还有的教员是从外部引进的人才,如抗大总校政治教员就毕业于英国牛津大学,任政治课教员的李凡夫也曾留学于日本。

尽管教员的来源广泛,但在教学中,教员们围绕抗战这一当时最大的实际,顺应开展敌后根据地、创造抗日民主根据地的需要,顺应教育与战斗结合的需要,通过"教育制度适应战时需要,教学方式注重联系实际,教学内容突出抗战需要,教学对象注重因人而异"等方式,贯彻了理论联系实际和"少而精"的原则,培养了一批又一批军政人才,从而使求真务实的教风真正得以发扬。

重温抗大历史,促使我们反思:我们做到理论联系实际了吗?某种程度上市级党校教风在贯彻中还存在一些问题:一是教学内容脱离实际。或是过多偏重理论教学,或是课程更新脱离形势发展。二是教学方法缺乏实效。照本宣科的满堂灌还比较多,哗众取宠的故事会还比较多。三是班次安排不分对象。仍旧依据职务层次,而不是工作领域、学习任务排定班次。四是队伍建设缺乏针对性。市级党校除自身教师队伍外,还有外请专家和地方领导。对前者通常只有培训、调研等提高能力的方式;对后者,通常也只能满足于请到就行,难以左右其教学内容和形式。

这些问题的存在,原因是多方面的:宏观上,可能有的地方上对干部培训重视程度不够,投入资源有限,运行机制不顺;微观上,可能市级党校办学条件基础薄弱,师资缺乏,学科不齐。客观上很多领导干部更在意工作出成绩,不愿在学习上多花力气;主观上一些市级党校心态消极,满足于得过且过。

学习抗大贯彻发扬理论联系实际的教风精神,对我们有颇多启示:一是要集中精力抓自身队伍能力提升。要通过挂职锻炼提高教员理论联系实际的能力,通过与往期学员集体备课等形式切实提高教学针对性。二是要拓宽教员队伍。要建立基层领导和一线干部师资库。通过市级党校定题目、一线干部出材料、邀请有思路、有成绩、有口才的基层领导上讲台。三是要突出问题导向。不同的地方经济社会发展水平不同,任务相应不同。关键培训任务也因而不同。因此,解决问题是第一位的。市级党校在课程设置中必须考虑到这一点,在党和国家形势和政策教育课程、党性教育课程之外,要扎根当地实情,突出问题导向,增加研讨式教学的比重。

第三,抗大突出"教战结合""学用统一"的教学特点,为学员迅速成为抗战骨干创造了有利条件。注重战火锤炼,为学员提高战斗本领和开辟根据地能力提供了渠道。它启示我们:新时期下,市级党校要面向现实需要和发展需求,突出教学实效。

毛泽东1937年7月23日对学员作报告时曾说过:"只要是不怕死的,都有上前方的机会,你们准备着好了,哪一天命令来哪一天就背起毡子走。"战斗需要决定了抗大的教学内容和教学形式。只要一有战事,抗大就组织学员观摩战斗或参加战斗。抗大的学员在学习期间曾参加过1940年的百团大战、1942年的太行山反日春季"扫荡"作战等前线大规模战役。一批又一批德才兼备军政干部的涌现,是抗大教学实效性的最好体现。

党校教育的诸方面,最终都应归结到培养出具有坚定政治信仰、有发展思路、会做群众工作的干部上来。毋庸讳言,在现在领导干部知识水平、素养境界日益提高的背景下,市级党校施教的针对性、实效性面临更高的要求。

抗大极具实效性的教育,给予市级党校诸多启示:一是从人员结构入手,开展专题教学。地市级党校主要培训副处级和乡科级领导干部。以往都是以学员所处层级来划分班次,不论什么学习内容,都分县处班和科干班。针对性不是特别突出。应尝试以培训内容为依据,糅合各层级,开展专题任务式培训,如开放型经济专题班、群众工作专题班、城乡一体化专题班等。二是从问题衔接入手,促进教学相长。如前所述,地市级党校教与学、理论与实际还存在脱节现象,应切实推进学员带来问题、小组梳理问题、班级形成课题、教员协同解决问题、课堂探讨交流问题的教学相长机制,以提高教学成效。三是从反馈机制入手,跟踪教学成效。抗大鲜活的历史表明,培训成效是与学员是否提高了运用人民战争思想的能力联系在一起的。市级党校应在组织部门的协调下,建立与学员管理部门的反馈机制,定期到学员所属管理部门,了解学员能力提升状况,了解组织部门对学员的期望和要求。

(刊于《学习时报》2014年11月3日)

淮安市凹土产业集群培育研究①

淮安市依托凹土矿产资源丰富的比较优势,加快培育凹土产业集群,充分发挥产业集群的规模经济优势和创新效率优势,将为区域经济跨越式发展注入强大动力,为全面建成小康社会、基本实现现代化等战略目标的实现提供坚实的产业支撑。淮安市培育凹土产业集群具备了一定的产业基础,并且具备显著的资源禀赋优势、区位后发优势和政策制度优势,但是也在思想理念、经济基础和体制机制等方面面临诸多制约。因此,必须立足本地区实际,结合产业集群发展的内在规律,从要素、载体、环境等层面系统探索加快培育淮安凹土产业集群的对策思路。

一、淮安市培育凹土产业集群的意义

凹凸棒石粘土(简称凹土)是火山爆发沉积形成的一种稀有非金属矿产资源,因其特殊的晶体结构以及不同寻常的对其他材料物理化学性能的改进功能,广泛应用于汽车、食品等众多领域,有着"万土之王"的美誉。江苏省淮安市盱眙县凭借其得天独厚的资源优势,大力发展凹土特色产业,支撑着盱眙县域经济的发展。

产业集群是区域经济发展的主要模式,关于产业集群的研究最早可以追溯到19世纪90年代,新古典经济学家马歇尔提出了产业区的概念;到了20世纪90年代,关于产业集群的研究越来越受到重视,主要因为产业集群在促进地区经济增长、推动区域创新、提升区域竞争力等方面的突出表现使得各国、各个地区都在实践通过培育产业集群达到促进发展的目标。因此,淮安市培育凹土产业集群有着重要的意义。

1. 培育新的产业经济增长点,保障区域经济稳定增长

(1)通过实现外部规模经济、降低企业的投入成本实现地区经济增长

产业集群的形成需要有大量从事凹土产业的企业在特定区域共同发展、相互竞争与合作,奠定经济发展的基础,增加地区经济总量,推动就业并且增加当地政

---

① 本报告系作者主持的2013年度江苏省社会科学基金"淮安市凹土产业集群培育研究"(13XZB021)研究成果。

府的税收。大量企业通过产业的空间集聚,共享外部公共资源形成规模经济,从而节约投入成本。生产和销售同类产品的企业或存在产业关联的上中下游企业集中于特定的地方会使专门人才、专门机构、原材料产生很高的使用效率,而这种使用效率是处于分散状态下的企业所不能达到的。企业的集中一方面使得单个企业降低了在交通、通讯、电力等基础设施方面的投入成本;另一方面有利于企业得到优质的服务支持和政策的扶持。

(2)通过产业集聚降低企业的营运成本

企业的营运成本包括运输、寻找信息和交易费用等。运输费用主要是指企业之间的空间移动发生的费用,具有产品前后联系的相关企业在地理位置上的临近,可以减少彼此间运输产品的费用;相关企业在某一地域的集中形成了稳定的产品供给市场和要素需求市场,各种信息在区域内大量积累和迅速传递,从而减少了企业搜寻相关信息所花费的成本;同时,产业集群内企业的流动性相对较低,从而使市场信誉机制能够有效地发挥作用,从而降低了信用成本和监督成本。新制度经济学派认为,产业集群在本质上就是一种能够降低交易费用的中间性经济组织,产业集群作为一种制度,其产生与发展本质上是一种产业(企业)间交易、分工的创新,是为了满足节约交易费用、提高经济效益、提高企业抗风险能力的需要而产生。[1]

(3)产业集群有利于提高生产率、促进产业结构升级

经典经济学理论认为,市场范围决定了产业专业化水平,分工和专业化是提高生产率的基本手段。产业集群的专业化分工对生产率的促进作用可从两个方面体现:一方面,每个企业只专注于自己最具优势的生产环节,可将资源禀赋的潜力发挥到最大;另一方面,每个企业都将大幅增加其所从事的环节的产量,从而显示出规模经济的成本优势。

2. 打造优质的资源整合载体,优化区域资源配置效率

(1)产业集群表现出来的高效率可以吸引更多资源投入,增加区域的资源供给规模

为数众多的企业和产业在某个区域集聚,本身便构成了规模巨大的市场,稳定而集中的市场条件加上集聚产生的交易成本优势,大大降低了新设立企业的投资风险,进而提高潜在进入者的收益预期,刺激更多资源要素供给。产业集群内部各类企业在互动关系中不断滋生新的市场需求,形成新的获利机会,吸引新的资源供给;在产业集聚的区域,竞争展示机制和声誉治理机制同时生效,各类投资者更容易发现良好的投资机会,从而更倾向于增加资源供给。

---

[1] 唐丽艳等:《产业集群的交易成本分析》,载于《技术经济》2004年第11期。

(2) 产业集群联系效应和分工效应放大资源投入乘数

乘数效应是凯恩斯经济学中用于描述投资增加引起国民经济产出成倍增加的概念。产业集群内部企业之间具有非常密切的联系效应,某一企业投入增加进而产出增加所产生的结果是,后向联系企业的市场需求增加,为了提供更多的原材料必须扩大投入规模;前向联系企业的原料供给增加,成本下降,将会进一步扩大产出规模。同时,某个企业的创新会对整个产业链条产生影响,使产业分工更加细化,进一步提高整个产业的生产效率,进而"改变要素市场和产品市场上的供求结构,通过价格机制拉动上游企业的生产和推动下游企业的发展或者是吸引更多的供应商和更多的客户,从而刺激二次投入"。①

(3) 产业集群推动区域资源的整合

产业集群的发展将会改变区域内各产业之间的利润对比关系,形成集群的产业往往能够获得较高的利润水平,吸引较多的资源。波特指出:"产业集群出现后,为寻求最大生产效益,一个国家的经济资源会自动远离单打独斗的产业,改朝产业集群集中。"②产业集群对区域资源的整合包括两个层面:从企业层面来看,产业集群发展要求企业必须明确自身在产业分工链条中的定位,有限的资源集中起来实行目标集中战略,即主攻某个特定的顾客群、某产品系列的一个细分区段或某一个地区市场。产业集群内部各种企业组织的存在使企业的这种目标集中战略得以实行,同类企业之间的竞争促使企业进行市场细分,配套企业的发展使企业可以将某些非核心职能外包,集中强化核心职能。从区域层面来看,产业集群中企业数量众多,市场发育水平较高,相关的配套服务产业较为发达,产权交易和企业并购等多种资本运作方式比较健全,企业进入和退出壁垒较低,优胜劣汰机制能够有效地发挥作用,那些效率较低的企业必将被淘汰出局,优势资源将会向更有效率的企业集中。同时,这种由优胜劣汰机制决定的资源调整同样也会在产业之间发生,进而促进区域资源在产业之间的整合。

3. 全面提升创新热情和创新效率,推动区域经济转型升级

区域创新是推动地区经济发展的根本动力,产业集群的共生性、协同性、竞争性、开放性、互补性等特性不仅会激发出强劲的创新需求,而且可以为创新活动提供良好的支撑条件。首先,产业集群为创新提供良好的环境。同类企业为了提升自身的竞争力会积极地进行创新活动,互补企业在集群内部有着紧密的共生联系,某个企业的创新活动将会引起整个产业链的连锁反应,从而扩大创新活动的激励效果;另外企业的集中为企业的合作创新提供了土壤;同时,产业集群为企业提供

---

① 刘凤英:《产业集群与区域经济增长机制》,载于《山东省农业管理干部学院学报》2004年第20卷第6期。

② 迈克尔·波特:《国家竞争优势》,华夏出版社2002年版,第142页。

集体培训等机制使得众多企业从中获益,并容易形成鼓励创新的文化氛围。其次,产业集聚可以降低创新的成本。集群里的企业由于相互邻近,交流便利,有利于知识和技术的迅速传播,企业获取技术和知识的交易成本相对较低。同时地方政府也会通过提供各种优惠政策促进或加强创新优势,从而降低企业创新的制度成本。第三,产业集群可以为创新提供强有力的服务支撑平台。产业集群区域内部的研究机构、金融和中介服务组织的存在促进了企业创新能力的提升并且有助于产学研活动的顺利开展和创新活动的顺利开展。

二、淮安市培育凹土产业集群的现实基础

1. 淮安市凹土产业发展基本态势

淮安市凹土工业化历程始于1983年盱眙凹凸棒石粘土公司的成立,2006年起,在江苏省科技局、盱眙县人民政府等方面的关注下,凹土产业进入了快速发展阶段;2012年成立了盱眙县凹土产业战略发展委员会,2013年相关法律法规的出台,将凹土产业发展推向了新的高潮。经过30多年的发展,淮安市凹土产业逐步开始形成规模迅速增长、创新能力显著提升、园区建设逐步完善、产业集群初步形成的新格局。

(1)凹土产业规模迅速增长

2013年,凹土产量达50万吨,销售收入13亿元,税金3 000万元,分别同比增长18%、32%、58%。吸附剂、干燥剂、造纸助留剂产品在市场上稳定提升,棕榈油脱色、电子产品干燥剂、柠檬酸废液饲料等产品开发取得较大突破;行业标准亦迅速提升,如中华人民共和国建材行业标准《凹凸棒石粘土制品》(JC/T 2266-2014)通过审查等。同时,凹土产业成功引进了4个亿元以上的项目:中材集团投资5亿元的盱眙县中材凹凸棒石粘土有限公司项目、江苏金泰源科技发展有限公司项目、江苏苏源矿业有限公司以及淮扬凹土科技有限公司。这些项目的引进对于促进凹土产业发展、扩大规模起到了不可估量的助推作用。

(2)创新能力显著提升

从凹土产业建立发展以来,科技创新一直是其重要的组成部分。这突出表现在:一是加大了企业技术改造的投入。2013年,盱眙县凹土企业技术改造投入资金达1.5亿元以上。以盱眙欧佰特粘土材料有限公司、盱眙国盛矿工业发展有限公司等为代表的企业先后投资300万元到千万元的资金,进行了技术改造。不但优化了企业的生产环境,更是提升了凹土产品的质量。二是加强了产学研平台的建设。中科院盱眙凹土中心先进全面的凹土检测、研发设施添置投入使用;中科院广州能源所盱眙凹土研发中心正式运营;江苏省凹凸棒石粘土产业技术创新战略联盟正式成立。这些科研中心的建立标志着盱眙成为全国凹土技术研发机构的前

沿。其中,中科院盱眙凹土中心被认定为江苏省凹土产业协同创新示范基地,并且设立了全国非金属矿产品及制品标准化技术委员会淮安工作站。2013年,凹土产业发明申请专利180件,获授权103件。三是构建行业的信息网络平台。通过定期举办凹土高层论坛带动科研成果转化与市场开发,并设立总额不少于3 000万元资金作揽才基金,滚动补充,以吸引高端人才、集聚优秀资源。到2013年,国内20家科研院所与盱眙建立了战略合作伙伴关系,30多名教授、博士等高层次科研人员进驻盱眙。开设的中国凹土网,成为全行业的信息平台,掌握了行业的话语权。

(3) 园区建设逐步完善

经省、市职能部门支持,规划面积2.71平方公里的中国凹土科技园已在盱眙经济开发区内成立。园区内分设科技研发、创业孵化和大项目三个功能区。园区基础设施已基本完善,2013年,科技园区进行了规划修编,面积扩至4.5平方公里,共投入基础设施建设资金1.2亿元,进行了道路绿化、路灯、排水等基础设施配套建设。此外,投资1.2亿元,建筑面积1.92万平方米,集凹土产品质量监督检测、研发、科技孵化、产品展示、产业服务等为一体的都梁香兰大厦也主体完工。凹土科技园区的快速建设,有效地推动了凹土产业更好更快地发展。

淮安市凹土产业尽管初具规模,取得了一定的成绩,但是仍然还存在不足:一是产业规模较小,缺乏龙头企业的支撑。产业的发展要有一批龙头企业,要有顶天立地的项目。二是后备资源发掘和现有资源的开发利用还需进一步加强。这是保障产业发展和产业需求的关键,必须解决好供需平衡问题,促进凹土产业的可持续发展。三是行业管理水平较低。企业的生产经营活动中仍然存在一些不规范的行为,如企业销售不开票,不纳税,不参与产业活动,不缴纳保证金,等。四是科技创新和市场开发投入不足、意识不强。产品单一,产品定位不清晰;凹土应用的领域、方向很多,每个企业主攻方向及特色化不够突出。逐步实现从传统产业向新兴产业,再向战略性新兴产业迈进的道路仍然漫长。为了有效地解决以上问题,更好地促进凹土产业经济的发展,培育凹土产业集群显得极为迫切。

2. 淮安市培育凹土产业集群的优势条件

(1) 资源禀赋条件较好,要素成本优势显著

从产业集群形成和发展的理论来看,培育产业集群必须有资源禀赋条件为物质前提,而良好的资源禀赋条件则可以有效地促进产业集群的形成并大大降低投资的要素成本。

盱眙培育凹土产业集群拥有独特的凹土矿产资源优势:一是凹土这种矿产自身的特点,凹凸棒石因其特殊的晶体结构以及不同寻常的对其他材料物理化学性能的改进功能,可以应用于汽车、舰船、风电、建材、纺织、环保、地质、化工、造纸、制

革、饲料、肥料、食品、医药、农业等多个领域，是"天然纳米材料"，有着"万土之王"的美誉。二是巨大的凹土资源储存量。"中国凹土之都"盱眙现已探明储量为8.9亿吨，占全国70%、世界50%，拥有膨润土7.8亿吨，是国内最具有开采价值的凹土蕴藏地。

同时淮安市盱眙县拥有丰富的劳动力资源和土地资源，这种资源优势不仅有利于凹土产业集群自身的发展而且拥有投资吸引力。截至2013年底，淮安市户籍总人口为552.96万人，在岗职工平均年工资为16 590元。这说明淮安市不仅劳动力资源数量众多而且工资成本相对较低，可以为产业发展提供丰富的劳动力资源。土地要素的刚性供给，加上国家正在实行最严格的耕地保护制度使得直接投资获取土地的成本不断上升，因而产业集群发展受到的来自土地方面的制约也日益显著。而淮安市盱眙县耕地面积为3 391公顷，凹土科技产业园区规划占地面积4.5平方公里，如此丰富的土地资源在土地开发利用方面的弹性空间比较大，能够为凹土产业集群发展提供良好的土地市场条件。

(2) 地处欠发达地区，后发优势明显

美国经济史学家格申克龙在总结德国、意大利等国经济追赶成功经验的基础上于1962年创立了后发优势论，认为工业化前提条件的差异将影响国家和地区发展的进程，相对落后程度越高，其后的增长速度就越快。后发优势是由后发国地位所致的特殊有利条件，这一条件在先发国是不存在的，后发国也不能通过自身的努力创造，而完全是与其经济的相对落后性共生的，是来自于落后本身的优势。后发优势也常被称作"后发性优势""落后优势"或"落后的有利性"等。[①] 后发优势包括要素性后发优势、技术性后发优势和制度性后发优势。要素性后发优势不是指后发国家要素拥有的绝对量、相对量或要素禀赋条件的好坏优劣方面的优势，而是在于自然资源与人力资源的后开发以及资本相对稀缺而形成的后发优势，这是一种后发性的比较优势。技术性后发优势的产生则源于后发国家与发达国家的技术差距，后发国家可以利用这个差距，通过技术引进和学习，从而推动其技术进步和经济贸易的发展。后发国家通过模仿先发国家的创新可以节约大量的资金和时间，降低研究开发的风险。制度性后发优势是指后发国家可通过学习、模仿和借鉴先发国家的有利于技术进步的制度，进行制度改进，从而促进其贸易竞争力的提高。

淮安凹土产业园位于盱眙县，属于后发展地区，容易形成后发优势。首先，在要素性后发优势方面。盱眙的资本供给规模较小，资本要素相当稀缺，资本的边际回报率比较高，对外来资金有较强的吸引力；并且淮安盱眙县开放型经济发育程度较低，外商直接投资规模很小，所体现出的要素性后发优势尤其明显。其次，在技术性后发优势方面。淮安凹土产业园的技术基础比较薄弱，总体技术水平较苏中、

---

① 郭熙保等：《后发优势研究述评》，载于《山东社会科学》2002年第3期。

苏南地区有较大差距,与国外先进技术相比差距更加明显。通过吸引外资和相关科研机构合作等方式享受技术外溢效应,可以迅速缩短其与先发展地区的技术差距。第三,在制度性后发优势方面。淮安盱眙市凹土产业园不仅是一种政策性产物,而且是一种重要的制度载体,虽然与发达国家和地区在制度方面的差距并不是特别突出,但是由于具有非常强的制度模仿能力,同样可以借鉴产业科技园或者地区在产业集群方面的成功经验,显示出一定的制度性后发优势。

(3) 属于"振兴苏北"的重点区域,政策制度优势突出

良好的政策制度是培育产业集群的重要保障,不仅能够促进凹土产业的进一步发展,而且能够有效解决凹土产业集群发展过程中遇到的突出问题。从省级层面来看,随着江苏区域协调发展战略纵深推进,苏北巨大的发展空间、发展潜力、发展后劲越来越受到重视,新一轮支持苏北地区全面小康建设的政策红利将会明显地体现出来。从市级层面来看,县域经济的发展提升到了新的高度。在这样的大背景下,培育凹土产业集群将得到极大的政策支持和产业发展的上升空间。

凹土是盱眙的战略性资源,凹土产业是盱眙的战略性产业。江苏省委、省政府出台的《关于加快淮安苏北重要中心城市建设的意见》中将凹土产业上升为省级重点扶持发展的新兴产业。同时在盱眙制定的 2007—2015 年凹土开发产业建设规划中,提出"十一五"末凹土产业要基本成为支柱产业,"十二五"末建成中国"凹土之都"的目标,并根据此目标从中央到地方,在资金、项目、人才等方面提供全面支持,仅凹土产业科研项目资金累计就达到两千余万元。盱眙凹土产业发展的战略性,不光体现在规划上,更体现在产业发展的创新实践中。2010 年 6 月成立了中科院盱眙凹土应用技术研发与产业化中心技术委员会和中科院盱眙凹土应用技术与产业化中心理事会,是中科院成立的全国首家县级技术研发与产业化中心,促进凹土产业发展、培养凹土专业人才的科技创新平台。2011 年还特别成立了盱眙县凹土产业战略发展委员会,形成了以凹委会为龙头,中科院盱眙凹土研发中心、凹土科技园管委会和中国凹土产业集团三大主体为支撑的组织架构,为培育凹土产业集群、促进凹土产业跨越发展注入了新的动力。

3. 淮安市培育凹土产业集群的劣势条件

(1) 思想观念的制约

培育产业集群是产业发展到一定程度的产物,到了一定阶段意味着发展模式的嬗变,思想观念的转变是培育产业集群、提升产业水平的先决条件之一。盱眙县的经济社会发展水平相对落后,在此基础上形成的一些思想观念尚不能适应产业集群发展的需要。首先,尽管产业集群已经成为一种被广为采用的发展模式,但是产业集群对于淮安经济开发区而言还是一个新鲜事物,区内发展势头良好的产业尚未形成集群态势,人们还无法充分认识产业集群的特点和规律。其次,企业是产

业集群发展的主要动力,在盱眙工业区和凹土科技园区集中了50家凹土企业,但大部分企业从事的是简单的资源开发和初级产品加工,如生产脱色剂、干燥剂等。这些企业生产工艺简单,产品技术和客户都已经稳定,缺乏创新动力和思维,这在某种程度上也限制了产业集群的进一步发展。第三,市场意识薄弱。凹土目前主要应用于干燥剂、高黏剂等科技含量低、附加值低的产品领域,在高端产品如半导体热电材料、纳米功能材料、精细化工等方面的应用还处于空白。这是因为一方面,市场对于凹土产品和技术的认可度不高,凹土产品的市场化程度不够;另一方面,已经开发出的产品在营销宣传和应用领域的市场开发度差,无法立即取代相关产品。

(2) 薄弱基础的制约

培育凹土产业集群还是需要依赖一定数量的企业、凹土产业的发展需要到一定的程度才能称为产业集群。从盱眙凹土产业的产出来看,体量比较小。2010年实际统计数据显示,凹土产品产量为40万吨,销售收入4亿元,税收仅3 000多万元。现实与期望存在较大差距。而且,盱眙凹土产值规模还不及龙虾产业的1/3,只占全县国民生产总值的3%—4%,体量较小,还称不起是支柱产业。凹土企业数量仍然比较少,缺乏行业龙头企业的带动作用,企业间竞合关系不强,凹土产业链过短,产品生产配套能力不强;凹土产业园的平台、设施等条件仍待加强;缺乏研发机构和研发队伍,缺乏各方面人才的教育和培训体系,企业间缺乏交流和互动,区域创新机制滞后。凹土产业对就业的带动作用仍不够大,对工业增加值,从而对国民生产总值的拉动作用也较小,对县域经济的带动作用还未完全显现。这将制约着产业集群自身的产业升级和可持续发展能力。

(3) 体制机制的制约

为了发展凹土产业,盱眙先后设立了凹土管委会、凹土科技园、凹土行业协会,制定了产业政策和产业规划,为产业发展呼吁呐喊、铺路搭桥,作出了一定贡献。但随着时间的推移和产业的发展,原先体制机制的缺陷逐渐暴露出来。以管理体制为例,凹土管委会只具有议事功能,在更多地需要协调科技、规划、土管、经贸、金融、财政等职能部门和地方乡镇时,它就心有余而力不足了。在产业发展初期,县委、县政府一声号令,众多部门齐心协力参与,能够以运动的形式迅速打开局面。现在凹土产业已初具规模和雏形,需要扎实、深入地推行产业政策,执行行业规定,切实解决凹土开采中的缺乏规范、乱挖乱采、不可持续问题,产业发展中的"散、小、乱、差"、无序竞争问题,科技开发中的产、学、研脱节及成果转化不力等等问题。因此,管理体制层面应有相应的权责和实体职能,否则很难承担产业发展的管理职责。另外培育凹土产业集群本身也是一个较新的课题,如何更好利用凹土资源、发展凹土产业仍然是需要不断研究的课题。

三、淮安市培育凹土产业集群的对策建议

基于凹土产业的特殊性以及淮安市盱眙县独特的凹土资源优势,培育凹土产业集群,真正让"黄金资源"产生"黄金效应"是一项复杂的系统工程。当地政府需要根据目前凹土产业发展的现状以及存在的问题,因地制宜制定和实施培育产业集群发展政策,在借鉴先进地区经验的基础上,探索一条适合淮安盱眙县的发展道路。这主要是要着力完善三大体系。

1. 完善要素支撑体系,提升凹土产业集聚水平

资源要素是培育凹土产业集群的物质基础,也是提升凹土产业集聚水平的支撑。不同的资源要素对于产业集聚发展的作用和意义各不相同,但是都同样重要。按照凹土产业集聚发展的内在要求,盱眙主要要利用好以下资源:

(1) 科学开采和利用凹土资源

虽然盱眙县拥有丰富的凹土资源,但是作为矿产资源的一种,凹土同样具有不可再生性的特点。另外因为矿产资源的开采会引起周边环境的污染、土地的毁损等生态环境问题,因此需要做好凹土资源的可持续开发利用的工作:一是建立和完善凹土开发和利用的相关法律法规,加强规划管理,提高回收和再利用水平,从制度上保护凹土开发的生态环境,实现凹土产业规范、可持续发展。二是运用生态规律、经济规律和系统工程的方法来经营和管理凹土资源开发,采用科学合理的技术,减少污染的环保新观念,由粗放式开采向集约式开发转变。三是运用以市场为主、计划为辅的方式进行开采。政府宏观上把握凹土开采的主要原则和方向,通过市场化的手段进行控制和治理;由市场需求引导开采数量,由价格机制引导开采质量等。四是提高凹土开发利用水平。依靠科技进步,多渠道增加开采的资金投入,增强加工深度,延长产业链等手段提高凹土开发利用水平。

(2) 大力引进和培养凹土复合型人才

人力资源是最重要的要素资源,任何行业、产业的发展都离不开人才。凹土产业在引进人才方面有着许多成功经验,接下来需要不断地完善和加强。在引进高层次人才方面,坚持"刚性揽才"与"柔性引智"相结合,依托高科技企业,吸引人才;继续利用中国(盱眙)凹土科技高层论坛平台,吸引和推广凹土产业专业人才;走出国门,到凹土产业发达的国家招引国际研发人才。为了留住优秀人才,需要建立高效的激励约束机制,调动人才的积极性。从宏观层面看,要给予优秀人才各种优惠政策,向优秀人才提供各种有效的物质与非物质激励因子,在人才激励方面突出自身的特色,构筑相对于其他地区的比较优势,实现人才在盱眙的高效聚集。从微观层面看,要进一步健全现代企业制度,通过技术入股、科技人员持股经营、股票期权等剩余索取权激励机制结合其他非物质激励机制,实现人才的"外引内留模式",在

凹土产业内部聚集适度规模的高积极性的人才群。

加强对本土复合型人才的培养和造就。凹凸棒石粘土开发利用对人才提出的要求很高,单一型人才是远远不够的,需要的是具备扎实的专业地质知识与化学化工知识的交叉型、复合型人才。需要加大对本地区人才开发投入,建立体系完备的综合性教育体系,制订科学的人才开发战略和计划。首先加大基础教育资金投入,提高新增人力资源的总体质量水平,减少低文化程度群体对产业集群发展的阻碍作用。其次发展推广各种社会培训,提倡终身学习,采取措施吸引人才充实到凹土产业,实行定向培养、社会招聘、聘请兼职、联合开发等途径引进人才和智力。第三,建立合理的人才流动机制,优化人力资源资源配置,切实做好本地人才文章。扫除阻碍人员流动的各种壁垒,接纳各专业人才投入凹土产业,允许人员自由的经济性流动,为外来务工人员提供各种便利的服务支持。

(3) 加强资本投入,壮大凹土集群发展规模

凹土产业集群的培育离不开资本的投入和运作,尤其是在淮安盱眙县这种欠发达地区,资本要素的作用显得尤其突出。这里主要从两个方面来加强:一方面是资金投入的增加。主要措施有:首先,政府要加大财政投入,引入并扶持产业集群龙头企业的发展,优化财政资金收入并发挥财政资金"四两拨千斤"的导向作用;其次进一步完善信贷管理体制,合理确定贷款的正常损失率,减少中间环节,简化贷款手续,灵活运用利率杠杆,按照区别对待的原则,对凹土产业发展有利的企业或者项目,要创造条件增加信贷支持,为其构造信贷绿色通道。第三,不断拓宽融资渠道,建立支持凹土产业发展的资金投入机制;通过发行债券、股票等形式在资本市场上筹集资金,把分散在城乡居民手中的资金集中起来,直接转化为支持产业发展的资本,从而进一步加大对凹土重点企业和领域的资金扶持力度。另一方面加大凹土产业招商引资的力度。引入的资本要融入到当地凹土产业链条之中,这样投资者的资本会很快产生效益,同时对于培育凹土产业集群有利,因此要深化对招商引资工作的认识,积极调整招商引资的政策手段。主要措施有:首先,树立正确的招商引资理念,制订科学的招商引资规划。正确认识招商引资工作的性质,将其明确定位为一种为经济发展筹集资金的方式或工具,走出为引资而引资的误区,时刻以促进地区经济良性发展为招商引资的根本目标,"亲商""服商"都以不妨碍本地区经济发展为前提。招商引资本质上是一种市场行为,必须借助有法律保障的契约来维系各方的利益,因而契约意识和诚信意识也应该成为招商引资理念的重要组成部分。招商引资是一项复杂的系统工程,淮安盱眙应在省市相关部门指导下进行全局性的统筹规划,明确凹土产业招商引资的目标定位,高屋建瓴地指明淮安盱眙县招商引资工作的长远方向。其次,加强招商引资的组织建设和人才队伍建设,提高招商引资主体的综合素质。目前,各地区基本都已经建立了专职负责招商引资工作的组织机构,并且配备了一定的人员。但是由于组织运作机制不健全、

人才素质不高等原因,多数地区的招商引资主体都难以适应现代招商引资工作的需要。淮安市盱眙县可以将凹土产业园区作为主要的招商引资部门,不断完善招商引资机构的运作机制:综合考虑一般组织机构的设置原则和招商工作的特点与规律,建立科学合理的组织机制;引入科学的决策程序和决策方法,合理平衡招商引资决策的原则性和艺术性,建立科学的招商决策机制;建立涉及目标管理、过程管理和绩效管理等内容的招商管理机制;组合运用多种激励约束手段,建立有效的招商激励约束机制。同时还必须全面加强人才队伍建设:一方面从思想道德素质、知识素质、心理素质、生理素质等方面提升人才队伍的综合素质水平;另一方面注意根据招商引资的需要培养人才队伍的特殊素质,优化招商引资人才队伍的素质结构,提高招商引资人才队伍的使用效率。第三,把握现代招商引资的规律与特点,合理地调整招商引资的策略。现代招商引资不仅可选用的策略日趋多样化,在实践中比较有效的策略包括组团招商、传媒招商、主题招商、借助中介机构招商、网上招商、展览招商、文化招商、旅游招商、以商招商、以友招商、顾问招商、学术招商、联合招商、代理招商等;而且可选用的方法也多种多样,比较常用的包括亲情吸引、人格吸引、政策吸引、成本吸引、资源吸引、市场吸引、人才吸引、环境吸引、配套吸引等。淮安市盱眙县在招商引资的过程中必须审时度势,根据需要选择一种或多种策略,不断提高招商引资工作的效率。

(4)加强科技创新促进凹土产业升级

一是加快发展企业研发中心。围绕特色产品和核心技术,与高等院校和科研院所合作,重点加大凹土科研机构和凹土龙头企业之间的交流与合作,形成"优势互补、利益共享、共同发展"的产学研良性发展模式和"应用研究—中试放大—产品生产"的上下游互动运行模式。二是加强科技创新人才资源建设。实施创新型科技人才队伍建设工程,培育一批科技领军人才、一批科技创新团队和一支创新型科技人才骨干队伍。实施人才引进工程,积极引进高层次科技创新人才,壮大科技创新人才队伍的规模,优化人才队伍的结构,提升人才队伍的层次。三是走"产学研一体化"的技术创新道路。这种"三位一体"的技术创新道路将大专院校的成果、科研院所的技术和企业的工艺革新有机地结合在一起,实现经济与技术的联姻。四是加强对技术创新的制度支持,鼓励实践技术要素参与企业收益分配。从法律制度上扫除技术参股的障碍,探索多种实现形式,既可以用自身的技术成果创办合资企业并参与收益分配,又可以用外来技术成果作价入股合建有限责任公司,还可以在企业股份制改造中将技术要素作价入股。五是建立和完善技术交易市场,规范技术产权交易,优化技术资源配置。同时,采用多种方式利用外部技术资源,既可以通过技术引入和人才引进将外部技术资源移植到本县域,又可以通过请外部专家进行远程设计,功能性地利用外部资源。

2. 完善载体支撑体系,培育凹土产业龙头企业

培育凹土产业集群离不开载体的支撑,这里的载体主要是指企业、产业集聚的载体——盱眙县凹土科技产业园和凹土产业市场。

(1) 加快培育和引进凹土龙头企业

对现有企业凹土企业进行排队梳理,排出1—3个重点培育的龙头企业,实行领导挂钩服务,通过政策扶持、企业重组等手段,引导龙头企业从传统的产业发展模式中解放出来,少搞纵向扩张,多搞横向协作,迅速扩张企业规模,培育一批集群领头羊,支撑和带动产业园区产业发展壮大。加快培育中小企业,不拘一格的形式创设企业,灵活运用股份制、有限责任制、合伙制以及有限合伙制等多种形式;改革现有企业的经营管理模式,加快建立现代企业制度,加大科技研发投入,构建人才竞争优势,提高企业的创新竞争能力,全面提升企业的综合质量。最终形成以大企业集团为龙头、中小企业百舸争流的企业体系。

(2) 加快推进和开发凹土产业园

一是健全机制体制,落实优惠政策。要借鉴先进地区的做法,统筹协调和管理工业园区的开发建设、招商引资、项目审批、园区日常管理等事宜;建立行之有效的园区管理模式,牢固树立为企业服务的思想意识,提高服务质量,特事特办,减少中间环节,全面提高工作效率,为企业提供"一站式"审批和"一条龙"服务;切实打造工业园区的软环境,不断增强园区集聚力和投资吸引力,要针对不同的项目,在区级管理权限范围内,综合运用财政税收、金融信贷、土地、环境等宏观管理手段,对来园区投资企业的办证、土地、税收、用电及生活配套等方面的优惠政策做出明确的规定。二是结合现有规划,确保实施。以《凹土科技园规划》为依据,协调发展空间布局,进一步修订编制土地利用规划,打造实用、美观、新型的建设规划和建筑设计;并根据实际发展情况,不断充实和完善原有规划,做到基础设施规划与产业规划同步实施、同步建设。坚决避免常规化、乱建设的局面,要按照规划要求,形成制度保障。三是推进基础设施建设。加快园区基础设施及配套建设,超前建设水、电、气、路、电信、有线电视、宽带、供气等"七通一平"的凹土科技园区。推进配套建设,完善功能分区,都梁香兰大厦高质量推进。综合研发管理服务,使园区成为人行道、绿化、路灯、强弱电、给水、雨污水管道齐全的真正成型的特色园区。四是加大对园区的支持。除了县财政增加凹土专项发展资金,凹土产业产生的税收地方留存部分返还用于凹土园区建设外,还需要拓宽融资渠道,加大力度争取银行贷款,并且进一步探索并实践其他融资方式,打破科技园区发展资金的"瓶颈"。按照"政策引导、市场运作"及"谁投资、谁受益"的投资模式,探索建立长期、稳定的工业园区基础设施建设投融资机制,加快建设进程。

(3) 加快培育和开拓凹土市场

首先,加快发展商品市场和生产要素市场,加强市场法规建设,加强市场监管力度,建立和完善统一、公平竞争、规范有序的市场体系。其次,重点培育和发展要素市场,扩大资本市场规模,将民间金融纳入市场体系,规范发展产权交易市场,深化劳动人事制度改革,优先发展开发区高层次人才市场;培育信息市场,加快信息网络建设,培养信息市场管理人才,改善信息市场运作和管理效率。第三,加快发展中介市场,培育为凹土产业集群发展提供融资、财务、科技及法律等咨询服务的独立性中介组织。严格中介机构的资格认证制度,实行发起人专家专任制,将相关领域的专家人才拥有量作为衡量中介机构是否可以成立的基本条件;把好入口关,提升中介机构的总体素质水平;完善与中介市场相关的法律法规,使中介机构在严格的法律框架内开展业务。同时,加强中介机构的职业道德建设,改善中介行业的信用状况,建立专门的中介督导机构对中介机构的活动进行监督检查,严肃查处中介机构的违规事件,将对中介机构的监督活动制度化。第四,加强凹土产品营销和市场开发队伍的建设。提高国内外干燥剂、脱色剂、高黏剂市场占有率,提升凹土工业新材料等高端产品应用新领域。开拓印度尼西亚、马来西亚、印度、日本、韩国等国际市场。严格食品安全国家标准《食品添加剂 凹凸棒粘土》(GB 29225 - 2012)生产许可制度,取得凹土产品融通国内外相关产品优势。积极组织凹土企业参加各种展销会,掌握市场发展信息及动态。鼓励凹土企业开拓国际市场,促进盱眙对外经贸合作。

3. 完善环境支撑体系,促进凹土资源可持续利用

按照系统论的观点,任何系统都运行于特定环境之中。环境支撑体系的完备程度直接影响凹土产业集群的发展。培育凹土产业集群既需要相关的硬件环境,又需要相关的软件环境,前者必须能够提供必要的公共设施,降低发展的物质成本;后者必须能够为产业集群发展提供必要的激励和扶持,降低制度成本和交易成本。

(1) 基础设施方面

首先,树立正确的基础设施建设指导思想,既要考虑当前本地区的现实财力,又要保证基础设施建设具有适度的前瞻性;既要满足区域经济发展的需要,又要考虑区内居民社会生活需要;既要注重基础设施的总体数量,又要保证基础设施的人均数量和质量。其次,改革基础设施投融资体制,加大基础设施建设投入。鉴于国家财政资金在基础设施的巨大需求面前捉襟见肘的窘境,应进一步深化基础设施投融资体制改革,积极采取措施引导国内民间资本和国外资本进入基础设施领域,增加基础设施建设的资本供给。第三,注意调整基础设施建设投入结构,集中搞好基础设施建设。

(2) 文化环境方面

首先,必须加大宣传力度,让更多的人了解凹土产业。其次,根据凹土产业集群发展的内在要求,引导人们树立科学的发展观,经济效益与社会效益并重,追求区域经济的可持续发展,同时引导微观经济主体确立科学的投资经营理念,协调长期利益与短期利益的关系。第三,树立科学的创业创新观,营造鼓励创新的良好氛围。正确处理渴望成功、厌恶失败的心理偏好与客观事实的矛盾,将成败视为科技创新之常事,在极力追求成功的同时应容忍失败,不能因一朝之失败而扼杀所有之功,深刻领会"失败乃成功之母"这一至理名言在产业集群创新领域的重要意义。第四,把尊重知识、尊重人才融入盱眙文化发展当中,确立知识观和人才观在开发区文化体系中至高无上的地位。充分利用自身浓厚的文化底蕴,打好文化牌,以既有地区特色的优秀的创新文化推动凹土产业集群发展,将优秀的区域性创新文化作为与其他县域进行竞争的重要筹码。

(3) 政策环境方面

首先,结合凹土产业集群发展的要求创新开发区税收优惠政策供给。降低产业集群内企业的所得税率,在税收缴纳上,允许其延迟支付或采取灵活缴纳方式,在税收优惠期限上,进一步延长税收减免期限,在减免期限的计算上应以开始取得盈利为准或者允许其在一定限度内自行选择减免期间。同时,应统一内外资企业所得税,体现税收的公平原则,提高内资企业的积极性和竞争能力。其次,综合运用各种非税收优惠政策,加大对凹土产业发展的扶持力度。加大对重点企业的财政补贴力度,不仅给予一定的风险补助,而且建立专门的研发补助基金对研发强度较高或研发经费较高的集群企业给予一定的补助。设立专门的产业集群投资担保机构,为产业集群中的重点项目提供信贷担保,以解除银行、保险公司等金融机构的后顾之忧,降低其融资成本。加大对产业集群的政府采购支持,缓解其竞争压力,提高其收益预期。第三,健全凹土产业集群发展的相关法律法规,完善社会信用体系,加强社会信用宣传和教育,采取多种方式倡导并强化各市场主体的信用观念和信用意识,建立科学统一的社会信用评价指标体系,加大既有信用信息资源的整合力度,运用现代信息网络技术建设完整高效的信用信息网络,建立非盈利性的企业和个人联合征信体系,为社会信用评级机构提供公共信息,探索社会信用保险制度。

淮安领导干部应学习周恩来的"严"与"实"

习近平总书记曾强调指出,领导干部要做到"三严三实"。"三严三实"体现着共产党人的价值追求和政治品格,是领导干部的修身之本、为政之道、成事之要。周恩来精神内在地包含着"三严三实",严实相济是周恩来精神的外在体现。"高山仰止,景行行止。"周恩来严实相济的精神风范,对领导干部践行"三严三实"有着重要借鉴和指导意义。

一、周恩来的"严"

1. 严以修身

修身是做人做事的根本。而党性修养和理想信念则更是共产党人的行动指南,是修身的核心要素,是世界观、价值观、人生观的根本前提。周恩来的严以修身是通过加强党性修养、坚定理想信念、增强政治意识体现的。

一是加强党性修养。习总书记强调:"党性是党员干部立身、立业、立言、立德的基石,必须在严格的党内生活锻炼中不断增强。"周恩来高度重视党性修养,1943年3月18日,周恩来结合整风学习,为自己写下一份《我的修养要则》。这份"要则",是周恩来在总结自己参加革命20多年来的斗争历程的基础上,通过对自己严肃认真的检查,总结正反两方面的经验教训,形成的关于改进工作方法、加强党性修养的珍贵文献。二是坚定理想信念。周恩来精神的灵魂就是理想信念坚定,对党和人民事业无限忠诚。无论是战争年代面对革命受到挫折、敌人血腥镇压,还是建设时期面对帝国主义封锁禁运、自然灾害或决策失误造成的严重困难,周恩来始终保持坚定的革命信念和旺盛的革命斗志,对党的事业、对社会主义中国的光明前途、对振兴中华民族的伟大事业始终充满必胜的信心,以实际行动践行了"在任何艰难困苦情况下,都要以誓死不变的精神为共产主义奋斗到底"的铿锵誓言。直到生命垂危之时,他还与陪伴在身边的邓颖超低声吟唱《国际歌》。正如他自己所说:"我认定的主义一定是不变了,并且很坚决地要为它宣传奔走。"三是砥砺道德操守。周恩来具有超凡的道德修养,融中华民族的智慧美德与共产党人的气质品格于一身。被他人格道德所吸引、所感动的人,有党内的,有党外的,有中国的,有世界的。联合国原秘书长哈马舍尔德说:"在周总理的面前,竟使我无法不感觉到自己是个野蛮人。"周恩来征服了他所在的那个时代,他的去世使中华大地陷入亿万人侍立寒风哭英灵的旷古悲恸。著名爱国民主人士胡厥文老人写的诗《悼念周恩来总理》道出了当时许多人的心声:"庸才我不死,俊杰尔先亡。恨不以身代,凄然为国伤。"生命只有一次,而让人从心底发出以己之"灭"换周之"存"的愿望,这充分体现了周恩来无与伦比的道德操守和人格魅力。

2. 严以用权

周恩来认为,对共产党人来说,权力就是责任、义务、奉献,权力是人民赋予的,必须用来为人民谋利益。他的严以用权体现在三个方面:

一是为民用权。新中国成立之初,他在第一次人代会上庄严宣布:"我们的国家机关是属于人民群众的,是为人民服务的。"1963年5月,他强调指出,党的干部要"以人民的疾苦为忧,以世界的前途为念。这样,我们的政治责任感就会加强,精神境界就会高尚"。大到国内外大事,小到某项具体工程的建设,周总理总是慎待手中权力,他说:"要我批准,签个字很容易。可是,国家的资金,人民的血汗,我是提笔千钧啊!"二是秉公用权。周恩来身居高位,一生从没有利用权力为自己或亲朋好友谋过半点私利。他对亲属很关心、爱护,但要求也十分严格,甚至不允许他们有任何"沾光"思想,不允许利用特殊身份谋取利益。他的这些严格要求,被同志们称为总理的"十条家规"。三是依法用权。周恩来指出,国家机关和全体人民都要遵守法律并在法律规定的范围内活动,共产党员和国家干部应带头遵守法律,只有这样,国家机关才能够正确地为社会主义建设事业服务。新中国成立后,身为总理的周恩来在主持重大决策部署或做出重大决定前,常常会询问负责法制工作的彭真同志,是不是符合宪法和符合法律程序。

3. 严于律己

周恩来严于律己,体现在他简朴的生活、谦虚的胸怀和慎独的警醒上。

一是克勤克俭。他长期过着朴素的生活,衣被鞋帽一用就是几十年,补了又补,直到不能再用。在出国访问期间,他还穿着那些补了又补的内衣内裤。为了不被外国人发现而影响中国人的形象,他每天都把这些补了又补的衣服装在一个被让外国记者觉得神秘的钢纸箱里,让卫士悄悄地在晚上送到大使馆去洗。二是谦虚谨慎。周恩来为党和人民做出了卓越贡献,但功劳越大,他越是虚怀若谷。他常说:"我们每一个人,不管过去做了多少工作,现在担任什么职务,没有党和人民,就既不会有过去的成绩,也不会有今天的职务。党和人民是伟大的,我们个人是渺小的。"比如在工资待遇问题上,尽管是他应得的,但是他依然不居功自傲,不以领导者自居,而将自己放到很低的位置。三是慎独慎微。他曾说,在总理的位置上始终是战战兢兢的,因为是人民和党赋予了他权力,所以绝不能因为单独工作、没有人监管、位高权重而放松对自己的要求。1961年春节前夕,他收到家乡淮安县委托人捎来的莲子、藕粉、茶馓等土特产,当即委托办公室回信,并寄去100元钱。信中说:"周总理和邓颖超认为,在中央三令五申不准送礼的情况下,你们这样做是不好的。"随信还附上了党中央关于严禁请客送礼的通知。

二、周恩来的"实"

周恩来一贯坚持实事求是,提倡既要有"敢想敢说敢做的革命精神",又要有"实事求是的科学态度"。

1. 谋事要实

习总书记指出,谋事要实就是要从实际出发谋划事业和工作,使点子、政策、方案符合实际情况、符合客观规律、符合科学精神,不好高骛远,不脱离实际。周恩来始终强调要理论联系实际、一切从实际出发、按客观规律办事,倡导"讲真话,鼓真劲,做实事,收实效"。新中国成立后,面对落后的发展现实,他主张既要有雄心壮志,尽快赶上先进水平,又要循序渐进,不能一步登天,始终坚持把主观能动性和客观可能性结合起来,既反保守,又反急躁冒进,强调干劲要大、步子要稳。

2. 创业要实

周恩来在革命和建设时期,曾直接领导过众多重大事务。他都创造性地开展工作。

一是真抓实干。1927年周恩来受命组建中央特别行动科(简称"中央特科"),针对当时的不良工作苗头,他提出了"三任务一不准"的行动准则:搞情报、惩处叛徒、执行各种特殊任务包括筹款,不准在党内互相侦察,从而确保了中央特科的正确政治方向。周恩来还亲自编制了中共第一部密码"豪密"。二是敢于担当。周恩来一生是对党、国家和人民担当的一生。遵义会议上,他毅然揽过于己,深刻反省反围剿失利的原因,承担了责任,为全党制定正确的军事路线奠定了基础。三是善于解决问题。周恩来长期担任中央专委会主任,直接领导"两弹一星"的研制试验,他提出"严肃认真、周到细致、稳妥可靠、万无一失"的指导方针,为国防尖端科技事业从空白走向辉煌奠定坚实基础,东方大国由此长缨在手。由他领衔的新中国20多年治水决策和经验,也成为治国史上的一笔宝贵财富。

3. 做人要实

周恩来更是每一个普通人做人的榜样和楷模。胡锦涛同志曾评价道:"周恩来同志以其谦虚谨慎、广纳善策、平易近人、平等待人的风范,赢得了党内外由衷的信赖和爱戴。"

一是忠诚老实。周恩来修身养性,最推崇"诚"和"正",信奉以诚待人、正直为人的原则。他曾有名言:"世界上最聪明的人是最老实的人,因为只有老实人才能经得起事实和历史的考验。"正是因为具备了这样的优秀品质,许多与他交往过的人都为他的真诚所感动,为他的品格所吸引。二是襟怀坦荡。周恩来对自己工作中的失误,从不强调客观原因;对自己领导的工作,出了问题总是自己承担责任,决不文过饰非,诿过于人。辞世前夕,他强撑着参加贺龙元帅的追悼会,连向贺龙遗体鞠了七个躬,还对家属致歉,自责没有保护好贺龙元帅。他也总是强调,对党的路线、方针、政策有不同意见时,在党的会议上提出,通不过就暂时保留意见,下次会议再提,还通不过就坚决服从党的会议决议,决不在背后发议论。三是公道正派。周恩来一生始终以身作则,率先垂范,公道正派、公私分明,正如他自己所说的,我们的工作,"一切从原则出发","在原则性问题上我们是不让的、决不让的"。

"哲人日已远,典刑在夙昔。风檐展书读,古道照颜色。"周恩来严实相济的风范,对领导干部贯彻"三严三实"要求,有着价值观和方法论上的启示。一是做到忠诚。首要的是立志,也正如习总书记所指出:"对马克思主义的信仰,对社会主义和共产主义的信念,是共产党人的政治灵魂,是共产党人经受任何考验的精神支柱。"远大理想还要建立在坚持为两个百年目标做出不懈努力的基础上。二是做到干净。要以周恩来为典范,审慎对待权力,对照负面问题清单,把自己摆进去,逐一对照,有则改之,无则加勉。三是做到担当。要从实际出发,从人民利益出发,从大局出发,而不是遇事颟顸退缩,畏葸不前。

(刊于《淮安日报》2015 年 12 月 7 日)

淮安文化建设要突出"特色"和"实效"

中共淮安市委《关于推动文化建设迈上新台阶的实施意见》(淮发〔2015〕21号)指出,要按照省委、省政府的要求,推动淮安建设上台阶,到2020年,努力实现"文化精神感召力、文化事业生命力、文化产业竞争力、文化人才创新力"全面提升和"人文生态美、城市形象美、道德风尚美"等文化建设目标,并明确了8个方面共25条具体任务。任务纷繁复杂,要扭住两个重点:

一是突出淮安文化建设中的"特"。

淮安有着独特的红色记忆资源和地域历史文化资源,如周恩来纪念地、黄花塘新四军军部、苏皖边区政府、刘老庄连等,还蕴含有大运河文化、淮扬菜美食文化、漕运文化、盐文化等。推动淮安文化建设上台阶,发扬这些独特文化资源优势自然是题中之意。其中的重中之重是突出淮安文化建设的"特"字,即传承和发扬周恩来精神,并充分挖掘其中蕴藏的时代价值。

习总书记曾指出:"像周总理这样的一代楷模,真是我们现在人尤其是党政干部学习的榜样,特别要学习他做人的风范,首先是做人,其次是做个模范共产党员,再就是做一个革命家。"2015年3月周恩来同志诞辰117周年前夕,习总书记专门批示:"周恩来的优良作风和优秀品德至今仍是我们学习的榜样。"学习周恩来无限忠诚、甘当人民公仆、维护党的团结统一、求真务实、谦虚谨慎、无私奉献的精神是中央提出的明确要求,也是淮安人的特殊使命感。

习总书记曾指出,理想信念是共产党人的精神支撑。在各地视察的多个场合,习总书记还反复强调,"三严三实"是共产党人最基本的政治品格和做人准则。周恩来精神突出的体现就是他对信仰的坚信和坚守,对党和人民的无限忠诚,对工作求真务实的作风。周恩来精神与"严"与"实"的总要求内在统一,严实相济是周恩来精神的具体写照。提升文化精神感召力,要突出学习周恩来精神,突出学习周恩来崇高道德和伟大人格,这是时代对淮安文化建设提出的要求。

经过多年不懈努力,淮安已打造了学习周恩来精神的阵地、平台、载体和队伍,形成了长效机制。以周恩来精神为主要学习内容的党性教育品牌在省内外,乃至在全国颇有影响力。在淮安文化建设中,突出以传承和发扬周恩来精神为特色,已具备了必要的物质基础。

坚定信念、锤炼党性、重塑作风是共产党人特别是党员领导干部的一项长期任务。淮安文化建设要以此为依托和依归,将周恩来精神的传承和发扬与党性教育相结合,与中国特色社会主义理论研究宣传相结合,与社会主义核心价值观的弘扬相结合,在提升文化精神感召力上彰显淮安特色。

二是突出淮安文化建设中的"实"。

根据淮安市委《关于推动文化建设迈上新台阶的实施意见》出台的《淮安市推动文化建设迈上新台阶三年行动方案》中提出了十项落实举措。其中的"争创全国文明城市""推进公共文化服务""打造精品力作""保护利用文化遗产"等可以靠人力物力投入和体制机制创新,靠真抓实干,靠明确的指标体系,产生有形效用,易于收功。行动方案中"深化理论武装""培育和践行社会主义核心价值观"和"提高舆论引导能力和水平"等举措对网络、队伍、抓手、项目及机制建设等都做出了翔实的安排;但因关联到主观世界的改造而具有复杂性和长期性,不易产生有形效用,难于收功。因此,在实施中更要突出"实"字。这取决于两个方面:

一是群众导向。1942年5月23日毛泽东同志在延安文艺座谈会上做结论发言时开宗明义地指出,在解决了文艺工作者的立场、态度、工作对象、工作和学习问题之后,所涉及的第一个问题就是:我们的文艺是为什么人的?他进而指出,我们的文艺,第一是为工人的,第二是为农民的,第三是为武装起来了的工人农民即八路军、新四军和其他人民武装队伍的,第四是为城市小资产阶级、劳动群众和知识分子的。2014年10月15日,习总书记在主持召开文艺工作座谈会时强调,不能在为什么人的问题上发生偏差,否则文艺就没有生命力;社会主义文艺从本质上讲就是人民的文艺;文艺要反映好人民心声,就要坚持为人民服务、为社会主义服务这个根本方向。如果没有明确为什么人的问题,那么思想战线工作就成了无源之水,无本之木。

据此,无论是理论的学习宣传还是研究阐释,无论是意识形态的引导还是管理,无论是对社会主义核心价值观的推动认同还是推动践行;都要坚持根本的群众导向。更进一步地说,群众的认识水平和认识能力是不尽相同的。如果用千篇一律的方法去推动主观世界的改造,效果自然是事倍功半,甚至适得其反。因此,群众导向还有一个细分的问题:城市居民和乡村居民关注点是不同的,未成年人和成年人认知规律是不同的,群众和干部学习的重点是不同的,普通党员和党员领导干部的需求是不同的。这就要求精神文化层面的建设,要着眼于不同群体需求差别化,求得实效。

二是问题导向。毛泽东同志在延安文艺座谈会上还指出:"为什么人服务的问题解决了,接着的问题就是如何去服务。用同志们的话来说,就是:努力于提高呢,还是努力于普及呢?"也就是说,要处理好提高和普及关系的问题。如果不着眼于解决问题,或不能解决问题,那么思想战线工作就成了无的放矢,无病呻吟。2013年8月19日,习总书记在全国宣传思想工作会议上指出,宣传思想工作就是要巩固马克思主义在意识形态领域的指导地位,巩固全党全国人民团结奋斗的共同思想基础,从而从根本上指出了宣传思想工作要解决的问题是什么。当前正在开展的"三严三实"专题教育也明确要求:要强化问题导向,着力解决理想信念动摇、信仰迷茫等问题;着力解决滥用权力、不敢担当等问题;着力解决无视党的政治纪律和政治规矩,对党不忠诚、做人不老实等问题。着眼于问题,能够解决"破"什么,"立"什么,"树"什么,是主观世界建设的基本规律。

据此,具体到淮安文化建设工作上来,就是要从淮安发展所处的实际出发,从群众困惑的问题出发,从干部关心的问题出发。理论研究宣传者自己搞得清楚,说得清楚;不同认识水平的人能坐得下来,听得进去。让文化建设真正达到"走心"的实效,而不是讲的人蜻蜓点水,看的人走马观花。

总之,淮安文化建设要突出特色,充分发挥周恩来故乡这一独特人文资源,挖掘出周恩来精神与时代要求及淮安实际相契合的独特文化底蕴;要讲求实效,在正面引导主流舆论和弘扬主旋律的过程中,尊重观念形态建设规律,侧重群众导向和问题导向。

(刊于《淮安日报》2015年11月2日)

在坚持开放引领中拓宽淮安进一步发展空间

2016年,淮安市委主要领导在提交中国共产党淮安市第七次代表大会审议的报告中绘就了淮安未来五年发展的宏伟蓝图,深入阐明了今后一段时期淮安经济社会发展的具体战略举措,其中指出要"突出坚持开放引领,进一步拓宽发展空间"。贯彻和执行市委的战略部署精神,是全市干群的重要任务。完备的战略必须具备支持、意愿和能力三个要素:

(1)坚持开放,淮安已具备了宏观的支持环境。在党的十八届五中全会上,习总书记系统论述了创新、协调、绿色、开放、共享"五大发展理念",强调实现创新发展、协调发展、绿色发展、开放发展、共享发展。就认识论而言,来自实践且被实践所证实的科学理论是新的实践的指南,并将在这一过程中得到检验和完善。"五大发展理念"源于党领导人民建设中国特色社会主义的实践,是被实践证明了的科学结论。牢固树立并切实贯彻这"五大发展理念",是关系我国发展全局的一场深刻变革,攸关"十三五"乃至更长时期我国发展思路、发展方式和发展着力点。坚持开放理念,实现开放发展已成为包括淮安人民在内的全国上下的共识。习总书记还曾殷切嘱托淮安"把周总理的家乡建设好,很有象征意义"。这份嘱托中饱含的对周总理的深情和对总理故乡——淮安发展的厚望,已成为激励全市人民在市委正确领导下奋进的精神动力。"很有象征意义"内在地要求要在创新、协调、绿色、开放、共享方面实现跨越式发展,以彰显象征意义。开放发展,是淮安人民牢记嘱托、不负厚望将要交付的答卷。

(2)坚持开放,淮安已具备了坚实的意愿基础。"包容天下,崛起江淮"是淮安市委集全市人民之智提炼出的新时期淮安精神。"包容天下,崛起江淮"是淮安人的胸怀气度格局和愿景目标担当,也是开放理念与淮安特有的历史文化底蕴、地理人文环境结合的具体体现。新时期淮安精神凝聚着淮安人民的开放意愿。市委领导曾在报告中强调指出的"扩大开放是推动淮安跨越崛起的现实抉择和必由之路",也深刻体现了这一点。

(3)坚持开放,淮安需要战略定力和能力建设。如何通过开放引领、拓宽发展空间,淮安市委有着清晰的战略研判。这体现在对省委领导强调的苏北发展"急不得也慢不得"要求所蕴含的政治智慧、科学精神、辩证思维和责任担当的深刻领悟,和对淮安发展成就、发展经验、发展空间和发展路径的科学分析中。"急不得也慢不得",是一种战略定力。"急不得"就是要有战略眼光,树立正确的政绩观、发展观;要有理性思维,科学民主依法施策,坚决不能只要 GDP 不要质量效益和环境;要有实干态度,老老实实,实事求是推进各项事业。"慢不得"就是要充分认清发展不充分的最大市情实际,抓机遇、增优势的事情慢不得;打基础、利长远的事情慢不得;攻弱项、补短板的事情慢不得;解民忧、惠民生的事情慢不得。

淮安市委的报告中,提出了未来五年以开放引领拓宽空间的举措构想,就是要推动四个方面的能力建设:

(1)要提升开放格局层次。要善于"四处出击"和"借东风",按照"东融西拓、南联北接"思路,找准对接国家和省级重大战略的突破口和主攻点,在更高层次更广空间参与竞争合作。为此,要依托"一带一路"战略,加强与沿带沿路国家和地区产业、贸易、文化、旅游等交流合作,培育和拓展国际友城;要借助江苏沿海区域开发、沿东陇海线经济带建设,在推进国际贸易、发展跨境电子商务、强化港口功能等方面深化共建共享,努力成为陆桥联动、东西沟通的通道走廊;策应长江经济带、南京都市圈和江北新区建设,加速融入长三角核心区;还要"引东风",积极推动淮河生态经济带建设获批成为国家战略,争取重大项目和政策支持,加快推进沿淮区域合作,彰显淮安城市的极核作用和龙头地位。

(2)要提升资源集聚能力。要战略聚焦于台资。放大台资集聚示范区品牌和省政府专项支持政策效应,全方位深化淮台合作,把淮安打造成两岸产业合作拓展地、台企转型升级先行地、服务台商台企引领地、台湾青年创业活跃地;主攻岛内、境内和海外台资,主动承接其他区域台资产业转移,建设两岸信息家电产业园和新能源汽车及零部件产业基地、国家级台湾农民创业园,加快培育台资产业集群。要战略聚焦于外资。实施重大产业项目突破、外资招商质效提升、外资企业创新驱动工程,招引龙头型、基地型的重大产业项目和对产业转型升级具有重大牵引作用的高端项目。

(3)要提升园区载体平台。推动开发园区提档升级、转型发展,实施园区特色产业集聚工程,全面提升产业发展、创新驱动、区域辐射、绿色集约、营商环境等核心指标,各开发园区每年招引主导产业项目占比达 50% 以上,推动创成一批国家级开发区或高新区。

(4)要提升外贸外经水平。实施外贸"双百工程"和优质优价、优进优出行动,培育一批省级出口基地和省级出口品牌,创建省级进口商品交易中心,增创对外贸易竞争新优势。实施外经企业培育工程,出台专项政策鼓励企业走出去,培育一批具有国际竞争力的本土跨国公司。

(刊于 2016 年 10 月 11 日《淮安日报》)

科技与社会发展篇

建设生态城市　打造美丽家园[①]
——淮安市生态创建工作调研报告

当前,生态环境已成为衡量一个地区综合竞争力的重要标尺。"十一五"以来,淮安市在全力加快经济社会发展的同时,牢固树立"环境是最重要资源、生态是最宝贵财富"的理念,始终坚持把生态环境建设作为一项事关全局和长远的大事来谋划。近年来,淮安市成功创建了国家卫生城市、国家园林城市、国家环保模范城市和中国优秀旅游城市等。《中共江苏省委　江苏省人民政府关于加快淮安苏北重要中心城市建设的意见》指出:要积极创建国家级生态市,切实加强生态环境保护和建设。"建成生态市"是淮安"十二五"主要发展目标之一,也是市委市政府向全市540万淮安人民做出的庄严承诺。2011年2月23日,淮安市委市政府专题召开生态市建设暨环境保护工作会议,对今后五年淮安生态市建设工作作了周密部署,并明确了时序进度:2011年,全市经济社会发展环境得到进一步优化,小康综合指数全省领先,37个乡镇通过国家级生态乡镇考核验收并获命名。2012年,全市经济发展方式转变取得显著成效,节能降耗水平和资源能源利用效率有较大幅度提高,建成一批具有淮安特色、竞争力较强的生态产业,39个乡镇通过国家级生态乡镇验收并获命名。2013年,生态市建设取得重大突破,26个乡镇通过国家级生态乡镇验收并获命名,金湖、盱眙、洪泽、清河新区和市经济开发区冲刺国家级生态县或生态工业园区。2014年,全市生态环境得到有效改善,全社会环保投入占GDP比重达到3.5%左右,7个乡镇通过国家级生态乡镇验收并获命名,清浦、楚州(现淮安)、淮阴、涟水和市工业园区都要建成国家级生态县区或生态工业园区,全面冲刺国家级生态市目标。2015年基本目标是,全市环境质量和生态状况全面改善,淮安市要通过国家创模复查,生态市创建通过国家验收。

自开展创建工作以来,全市共有81个乡镇开展生态创建,其中39个申创国家级生态乡镇通过省级现场考核,报环保部复核命名;42家申创省级生态乡镇通过现场复核,等待省环保厅命名;淮安经济技术开发区获得省级生态工业园区命名,清河新区通过省级生态工业园区验收;全市建成217个市级生态村。生态创建首

[①] 本文系耿庆彪教授主持的淮安市社科联2011年调研课题成果。作者为主创成员。

战告捷。通过全市上下的共同努力,良好的生态环境已经成为淮安市重要的"名片"和响亮的"品牌"。省领导对淮安市的生态文明建设给予了高度评价。在2011年底召开的全国生态文明苏州年会上,淮安市委书记作了《牢固树立绿色发展理念,建设富庶美丽幸福之城》的主题发言。其后在全省环保工作大会上,淮安市作为苏北唯一代表作了题为《创新机制,强化措施,全力推动环保重点工作不断迈上新台阶》的典型发言。淮安市探索具有淮安特色的生态文明建设之路的经验和做法受到社会各界高度关注和充分肯定。

为了更好地推动淮安生态市建设工作,笔者利用半年多时间,通过深入有关县(区)、乡(镇)实地调研和召开专题讨论会,对淮安市生态创建工作开展了调研,形成报告如下。

一、淮安生态市建设成效明显

2011年,是淮安生态市建设的开局之年,全市生态创建和环保工作坚决贯彻落实中央、省委的相关决策部署,围绕污染减排、环境基础设施建设、污染防治等生态环保重点展开工作。市委、市政府先后出台《关于加快推进生态文明建设的实施意见》和《生态市建设五年行动方案》等一系列政策文件,层层细化责任,层层督导推进,使各项工作取得了明显成效。

1. 基础建设全面展开

生态市建设是自下而上的系统工程,重点在县区,难点在镇村,重中之重和难中之难是建设环境基础设施。2011年,全市环境基础设施建设全面展开。

一是以乡镇污水处理厂建设为重点的"碧水工程"取得突破。是否设有集中式污水处理厂是生态乡镇评选中"一票否决"内容。为此,各县(区)、各乡(镇)克服时间短、投入大、雨天多等困难,主要领导靠前指挥,现场督办,加班加点,强势推进。全市累计开工建设81个乡镇污水处理厂(或接管),已竣工46个,建成污水管网726公里;新建乡镇垃圾中转站44座;新上乡镇医疗处理设施63个,所有创建乡镇的医疗废水废物均实现有效处理和安全处置;改造乡镇集镇农贸市场76个。淮安环境基础设施建设的力度和成效前所未有,受到省政府充分肯定。洪泽县累计投入8亿多元,相继建成了日处理4万吨的天楹污水处理厂、日处理2万吨的清涧污水处理厂、日供水能力5万吨的越城地面水厂,先后实施了生态降解廊道、垃圾填埋场项目和白马湖退圩还湖等项目,建成了9个镇的污水处理厂、5座污水提升泵站,2个镇就近接入天楹污水处理厂、清涧污水处理厂,配套管网近84.5公里。淮安工业园区累计投入5亿元,疏浚整治墩灵河、反修渠、栖霞河等,铺设46公里污水管网。金湖县投入1.1亿元用于乡镇污水收集管网建设和村庄环境综合整治,建成日处理400吨以上的污水处理厂12座,实现乡(镇)污水处理厂全覆盖。所有申创乡镇污水管网建设按照"十个统一"要求,达到"十个必接",同时对乡镇污水处理厂实行专业化运行、专门化监管,确保各镇生活污水收集处理率达到80%。淮安经济技术开发区对板闸干渠等河道沿线实施最严格的控污、治污和水源保护措施,确保地表水达到环境功能区质量标准;启动徐杨污水处理厂提标升级项目,新建污水配套管网80公里,五个乡办污水管网全部实现"十个必接管",建成区生活污水处理率达到80%以上。楚州区投入1.5亿元,新建污水管网34.3公里,所有乡镇污水处理厂全面开工建设。淮阴区累计投入5000万元新建乡镇污水处理厂11座,日处理污水能力达6000吨,管网总长约80公里。盱眙县启动城市污水处理厂二期工程建设,规范乡镇污水处理厂的运行管理,提高污水处理设施运转率;严格饮用水源地管理,确保群众喝上干净水、安全水。全市集中饮用水源地水质达标100%,地表水功能区水质达标率稳定在90%以上。

二是以生活垃圾处置体系建设为重点的"洁净工程"扎实推进。如涟水县在涟城、五港等7个乡镇建设了生活垃圾收运体系,完成了县垃圾无害化填埋场建设前期工作,主体工程稳步实施,并将建成小李集、徐集等9个乡镇的垃圾转运体系。淮阴区全力推进生活垃圾集中收运、处理,投入2000万元新建垃圾中转站17座,4000万元为乡镇配备垃圾桶、垃圾清运车等环卫设施。洪泽县生活垃圾无害化处理场一期工程竣工运行。淮安工业园区生活垃圾焚烧发电厂开工建设。全市所有县(区)都健全了垃圾"四级"收运体系,确保生活垃圾日清、日运。

三是以火电、钢铁、化工等行业为监控重点的"蓝天工程"稳步推进。淮安市出台了《关于实施蓝天工程改善大气环境的实施意见》,立足工业、农业、生活和机动车减排四大领域,实施82个污染减排项目,努力将全市化学需氧量、氨氮、二氧化碳、氮氧化物排放总量分别削减1.8%、1.5%、1.7%、1.6%,使四项考核指标完成省下达的年度减排任务。2011年,全市空气质量优良天数341天。

2. 生态安全有效保障

一是严把准入关。明确化工、印染、电镀、酿造等"两高一资"项目环境准入条件,严格控制钢铁、水泥、煤化工、铅蓄电池等产能过剩重点行业及涉及重金属行业建设项目,环评率100%。推进专项规划环评、省级开发区回顾性评价以及乡镇工业集中区规划环评工作,全市8个省级以上开发区、5个化工园区全部完成区域环评工作。

二是切实保护饮用水源。编制了《典型乡镇集中式饮用水水源地划分方案》,在全市县级以上集中式饮用水水源地设置一级保护区、二级保护区和准保护区。经监测,淮安市9个县级以上集中式饮用水水源地和6个典型乡镇饮用水水源地水质良好,均达到功能区划要求。

三是狠抓环境污染治理。拒批高能耗高污染项目70多个,对20家企业实施强制性清洁生产审核,全面完成国家淮河流域28个水污染防治项目。对26家涉铅企业开展专项整治,对14家未能稳定达标排放的企业进行限期整改,工业企业基本实现环保规范化管理。特别是淮安市污染减排和淮河流域水污染防治工作成效显著,全面完成省里下达的目标任务,2011年上半年相继受到省政府通报表彰。

3. 城乡环境明显改善

结合生态县、生态乡镇创建,大力开展农贸市场、河塘、集镇和村庄、道路、绿化、农业面源污染防治等为主要内容的农村环境综合整治工作,全市城乡环境面貌有较大提升。2011年,全市完成疏浚县乡河道366条1 178公里,对344个村的1 587个村庄河塘进行整治;全市新建户用秸秆沼气3 500处,所有县(区)全部被列为省秸秆综合利用示范(推进)县(区);推广测土配方施肥510万亩,化学农药使用量比上年同期降低3%以上;完成造林面积5.2万亩,有65个绿色示范村完成绿化栽植任务。金湖初步建立了农村河道管护、村庄垃圾处理、公路养护以及绿化植树"四位一体"的环保管理机制;涟水县被列为省农村环境连片整治试点县;清浦区组织开展了二季度乡(镇)环境突击整治行动,城乡环境整治工作取得明显成效。

4. 生态理念不断加强

通过开设各种专版、专栏、专题等,不断加大宣传力度,为生态市建设营造了强大的舆论声势。《淮安日报》开设"碧水蓝天""生态家园"等专栏,累计刊发稿件近300篇。淮安广电总台组织开设《生态城市·美丽淮安》栏目,播发专题50多篇。市、县(区)生态办编发了百余期生态市(县)创建工作简报。市里相继组织开展了市级机关党员干部"奉献'十二五'、建设生态市"主题实践、楚州区"建设绿色家园,共创生态楚州"绿色系列创建活动等一系列活动,并在社会上引起了较大反响。淮安市"千企助千村,共建生态市"全面启动,全市1 587家骨干企业与116个乡镇、1 396个村全部结成生态共建对子,累计投资6 000万元。2011年,全市创成省级绿色社区10家、省级绿色学校10所、市级绿色社区37家、市级绿色学校15所,上海路社区获得环保部和美国环保协会联合颁发的"首届远洋环保社区范例奖"。

总的来看,全市城乡环境面貌明显改善,各类环境污染得到有效控制,环境质量逐年好转,环境质量小康综合指数达85.8,位居全省前列;城市环境综合整治定量考核连续4年位居全省前3名,公众对城市环境满意率提高到近90%;全市一批省级生态乡(镇)和生态村获得确认,污染减排提前完成省里下达的目标任务;一批环境污染治理设施不断上马,特别是2010年淮安市创模工作在苏北率先取得国家命名,这为创建国家生态市打下了坚实的基础。到2011年底,国家生态市5项基本条件和19项考核指标,淮安市已有4项基本条件和10项指标达到要求。

二、淮安生态市建设工作面临的难题

1. 基础设施建设有待加强

淮安市要建成国家级生态市，必须有80%的县（区）要达到国家级生态县（区）建设指标并获命名。要建成生态县（区），就必须有80%的乡（镇）建成全国生态乡（镇）。要建成全国生态乡（镇），就必须有80%以上的行政村建成生态村。而要建成生态乡（镇）和生态村，就必须使乡（镇）建成区生活污水处理率达80%,70%的行政村开展生活污水处理。由于历史欠账和投入不足，淮安市农村环境基础设施建设非常薄弱，80%的县（区）、乡（镇）、村要达到相应的生态创建标准，还需要大量的基础设施项目，特别是污水处理、垃圾处置等硬件的建设，亟待加强。

2. 污染减排难题有待破解

"建成生态市"是淮安市"十二五"发展目标之一，而"总量翻一番""财政超千亿"也同样是淮安市"十二五"的发展目标。想实现跨越发展只能发展工业，多上项目，这样势必会带来对环境的污染。污染减排是生态市建设重要考核内容之一，按照淮安市当前的产业状况和技术条件，要在短期内完成大规模的减排任务，主要还是依赖关闭污染企业、关停污染项目等手段来实现，这必然会影响经济总量的扩张。这一难题，需要淮安人民积极应对。与此同时，"十二五"时期，污染减排增加了氨氮、氮氧化物两项新指标，拓展了农业源和机动车辆两个新领域，污染减排工作面临任务加重、难度加剧的新考验。

3. 创建资金投入有待加大

对照国家级生态市的创建要求，环境保护投资占GDP的比重要达到3.5%以上，而2011年淮安市的这一比重仅在2.3%左右。淮安市在环境基础设施建设上，特别是污水处理、垃圾处置和城乡环境综合整治等方面，还需要巨额资金投入，才能基本达到国家级生态乡（镇）标准。而县（区）、乡（镇）财政收支矛盾较大，市场化运作空间不大，资金问题仍是当前生态创建和环境保护的制约因素。另外，生态创建要求各类治污设施必须正常运行，实行常态化管理，由于资金缺乏，一些已建成的乡（镇）污水处理厂、垃圾中转站、医疗废水处理设施不能正常运转。

4. 生态创建意识有待提高

尽管全市上下生态创建工作开展得如火如荼，但还有部分乡（镇）和企业对生态创建和环保工作认识不足、意识不强、重视不够，缺乏危机意识、责任意识、机遇意识和争先意识。由于认识不到位，少数乡（镇）等待观望，被动应付，启动较迟，进展较慢，有的甚至认为开展生态创建纯属"劳民伤财"；还有的乡（镇）存在临时突击、被动应付现象，造成治污设施规划与建设脱节、建设与运行脱节、运行与管理脱节。

三、淮安生态市建设工作重点建议

1. 大力实施"三清工程",切实抓好农村环境综合整治

改善农村环境质量是生态市建设的难点。近年来,随着乡镇企业、村办企业的发展以及个别污染企业向农村迁移,加之化肥、农药、农膜使用的不合理,农村环境质量呈现出快速恶化的趋势,农村环境问题已成为社会各界反映最强烈的问题之一,大力实施"清洁家园、清洁田园、清洁水源"工程,切实抓好农村环境综合整治,彻底改善农村环境面貌已成为各级政府的重要任务。

一是控制农业面源污染。大力调整农业产业结构和布局,推进优质农产品基地建设,全面实施测土配方施肥技术,加强农田土壤环境质量监测,保障农产品安全,全面推进生态农业县建设。到2014年,全市化肥、农药每公顷使用强度分别控制在250千克和3千克以下,秸秆综合利用率达到90%以上,绿色、无公害、有机食品基地面积比例保持在60%以上。

二是推进污水集中处理。加快农村污水管网和泵站工程建设,推进乡镇集中式和村级分散式生活污水处理设施建设。到2014年,城市污水处理率保持在85%以上,全市镇村污水处理设施建设全面达到生态创建要求。

三是加快农村垃圾处理。结合农村环境综合整治,大力实施农村通达、河塘疏浚整治、农村改厕和沼气等工程,全面开展垃圾处理场及中转站建设,推广金湖县"组保洁、村收集、县转运、县处理"模式,推进城乡生活垃圾减量化、资源化、无害化处理。到2014年,全市生活垃圾无害化处理率达90%以上。

四是强化水环境保护。切实抓好饮用水源保护,加快"洪泽湖""白马湖"水源周边环境整治,全面完成县级以上集中式饮用水源保护区内排污口清理,规范乡镇水源保护区管理。进一步落实"河长制",加强农村河流环境整治,建立健全管理体制。到2014年,水环境质量达到功能区标准,集中式饮用水源水质达标率保持100%,城市无劣Ⅴ类水体。

五是严格环保监察监管。深入开展环保专项执法行动,严厉打击各类环境违法行为,尤其禁止秸秆焚烧乱抛,确保对环境违法行为的查处率、处罚率、到位率达到100%,切实维护群众的合法环境权益,提高公众对环境的满意度。到2014年,公众对环境的满意率达到90%以上。

六是强化企业污染治理。全面开展重金属污染专项整治,重点对农村排污企业开展清洁生产审核,对污染物排放浓度或总量超标、使用或产生有毒有害物质的企业,依法实行强制性清洁生产审核。到2014年,危险废物安全处置率保持100%,工业固体废弃物处置利用率达90%以上。

2. 大力发展生态经济,切实转变经济发展方式

转变经济发展方式是生态市建设的核心。环境是最重要、最稀缺的内生资源之一。淮安经济已连续多年保持两位数增长,预计今后较长一个时期仍将会保持较快的增长速度。当前淮安面临的一个突出问题,就是生态环境的承载能力能否支撑这样的发展模式和速度。因此,在加快经济发展的过程中,除了要强化污染防治措施外,很重要的是要下大力气转变经济发展方式,大力发展循环经济,走新型工业化道路,最大限度地减少废弃物排放,使资源得到有效的利用,环境得到保护和改善,变粗放型外延式增长为集约型内涵式增长,从量的扩张向质的提高转变,力求走出一条科技含量高、经济效益好、资源消耗低、环境污染少、人力资源优势得到充分发挥、信息化和工业化相互促进、良性互动的经济发展之路。

一要加快产业结构优化。这是从源头上减轻污染、保护生态的途径。要大力发展高科技、高效益、低污染、低消耗产业,推进产业结构从以一般加工工业为主向以先进制造业和现代服务业为主转变,加快形成节约、环保、高效的产业体系,提升产业层次,减轻环境负荷。积极提高制造业发展水平,重点培育电子信息、装备制造、新能源、新材料、新医药等高技术新兴产业,扎实推进主导产业高端化、新兴产业规模化、传统产业品牌化。加快发展现代服务业,重点发展金融、物流、会展、商务等服务业,突出抓好软件业和服务外包,积极培育总部经济,加快发展文化体育产业,推进服务业集聚区建设。加快发展生态农业,发展无公害农产品、绿色食品和有机食品。

二要确保抓好节能减排。抓好节能减排对于推进经济发展方式转变至关重要。要进一步完善节能减排工作机制,运用产业、财税、价格、土地等政策手段,调动企业和社会节能减排的积极性。按照"消化增量、削减存量、控制总量"的原则,继续推进落实结构减排、工程减排和管理减排,全面落实目标责任和降耗措施,逐级分解节能目标,大力实施化工、冶金、建材、电力、纺织等重点耗能行业节能改造工程,全力抓好重点耗能大户的节能工作;全面推进建筑、交通、商业及民用、农村和政府机构节能。强化节能监督执法力度,严厉查处违法行为。

三要积极推行低碳经济。探索以低能耗、低污染、低排放为基础的低碳经济发展模式,建设和培育低碳产业链。积极开发低碳科技,建立以企业为主体、产学研相结合的低碳技术创新与成果转化体系。深入实施"公交优先"战略,构建公共汽车、出租汽车、电动车、自行车"四位一体"的低碳公共交通营运体系。倡导建筑材料循环使用,提高新建住宅、写字楼的精装修比例,建成一批低碳、低固废、低污水排放和低能耗的生态建筑。加大光伏发电推广应用力度,建成一批光伏发电应用示范工程。组织编写低碳生活行为手册,开展节能减排进社区、低碳家庭创建等活动,引导市民崇尚节约、合理消费、适度消费,支持居民使用节能型、节水型设备,抵制高能耗、高排放产品和过度包装商品,限制一次性用品的使用,促进人们在日常生活的衣、食、住、行、用等方面从传统的高碳模式向低碳模式转变。

四要大力发展循环经济。进一步扩大循环经济试点的范围和规模,推动循环经济在企业、园区、社会各个层面取得新突破。积极开展循环农业试点。推进资源综合利用,进一步提高废弃物综合循环利用水平。全面推行清洁生产,对重点污染行业、严重污染企业实行强制清洁生产审核。引导企业开展 ISO14000 环境管理体系、环境标志产品和其他绿色认证,推进产业生态化改造,加快建成一批生态示范企业、示范园区、示范基地。加大生态建设与环境保护资金投入,实施国家级生态县(区)、生态镇(村)、绿色社区、绿色学校等生态细胞创建工程,着力打造生态宜居城市。到 2014 年,环境保护投资占 GDP 比重≥3.5%。

3. **大力抓好城乡统筹发展,切实推进城乡一体化**

淮安是一个典型的由农业大市向现代生态文明新市转变的城市,县域和小城镇规模小、经济基础薄弱、人口分布零散、产业布局不尽合理。要想自下而上、全面有序推进生态市建设,必须按照市域城镇体系规划和主体功能区规划,依据环境容量和生态承载力,大力推进城乡人口集聚、产业优化布局、土地集约利用和城乡环保一体化建设,积极探索城乡统筹工作。

一是全面加快城乡环境统筹规划。坚持以资源环境容量为基础、人口集中分布为主线,全面整合社会经济发展规划、主体功能区规划、城乡总体规划、土地利用总体规划和城乡环境保护规划,实现"五规合一"。在发展布局上,要遵循自然规律,开展生态功能区划工作,根据不同地区的环境功能与资源环境承载能力,按照优化开发、重点开发、限制开发和禁止开发的要求确定不同地区的发展模式,引导各地合理选择发展方向,形成各具特色的发展格局。

二是稳妥推进农民进镇进城进程。按照淮安城市总体规划和现有人口城市化发展速度,未来 20 年,淮安将有 180 万农村人口进入各级城镇,城市化水平达到 70%,依据外地发展经验测算,资金总需求将近 1 260 亿元,其中政府投入近 180 亿元,主要解决转户农民养老保险补助、引进就业企业社保缴费补差,以及公租房、学校等配套基础设施建设。届时,淮安中心城市人口将达 240 万,盱眙、涟水县城将超 30 万,洪泽、金湖县城将达 20 万,市域小城镇将缩减到 49 个,农民集中居住点将缩减到 5 034 个。要加快城乡统筹,推进万顷良田和城乡统筹挂钩建设,让大量农村居民进城进镇,以全面减少农村环境压力,实现农业规模化产业化机械化经营,杜绝农业面源污染。同时,这也有利于污染集中处理,促进城镇生态文明和环境基础设施建设。

4. **大力开展生态宣传教育,切实提高全民环保意识**

较高的全民生态意识是生态市建设的基础。生态市建设,不仅仅是党委、政府的事,也不仅仅是哪一个部门的事,它是全社会和全体人民共同的事业。没有全民的支持与参与,这项事业是完不成的。因此,要充分利用各种途径,采用各种方式,大力培育和弘扬生态文化,在广大干部群众中广泛开展科学的资源观、消费观和发展观教育,树立"破坏环境就是破坏生产力,保护环境就是保护生产力,改善环境就是发展生产力"的观念,积极鼓励公众参与,为生态市建设营造良好的社会氛围。这主要可以从以下几方面入手:

一是广泛开展宣传教育。多形式、多方位、多层面宣传环境保护知识、政策和法律法规,弘扬环境文化,倡导生态文明,营造全社会关心、支持、参与环境保护的文化氛围,提高全民保护环境的自觉性。要让全体淮安人民牢固树立生态优先发展理念,让"'绿水青山'就是'金山银山'"成为全体淮安人民的共识。

二是全面加强部门协作。生态市建设的主要责任在各级政府,市直部门要指导督查市、县(区)、乡、村四级生态创建工作。住建部门负责指导生活污水处理,城管部门负责指导生活垃圾处置,农业部门负责指导农业面源污染防治,水利部门负责做好河塘整治,文明委要抓好绿色文明社区、绿色家庭创建,教育部门抓好绿色学校创建,卫生部门抓好绿色医院创建,旅游部门抓好绿色宾馆创建,环保部门负责指导生态市建设面上工作,会同经信、国资部门抓好环境友好企业创建,切实让环保走进社区、走进家庭、走进学校、走进企业,让绿色深入人心。

三是大力强化社会监督。公开环境质量、环境管理、企业环境行为等信息,维护公众的环境知情权、参与权和监督权。对涉及公众环境权益的发展规划和建设项目,要通过听证会、论证会或者社会公示等形式,听取公众意见,接受舆论监督。

淮安提升农业科技创新能力对策研究①

一、研究背景及意义

和政府对农业科技创新问题的重视一样,多年来,学术界对农业科技创新问题一直给予了相当的关注,也取得了丰硕的成果。

在关于创新的基本理论方面,傅家骥于1985年指出了技术创新的基本内涵和要素;在R&D与出口之间的关系方面,周叔莲、王伟光于2003年证实了政府R&D投入对高技术产业的出口能力有正相关关系;在科技创新与产业结构优化升级的关系方面,周叔莲等2001年研究得出了"科技创新对产业结构优化升级具有积极的促进作用"的结论;在我国全要素生产率的研究方面,舒元、徐现祥、姚战琪、夏杰长等均认同"改革后中国经济增长主要靠要素投入的增加来推动,其中投资增长最为重要"的结论;在科技贡献率的测算方面,一般采用索洛余值法和生产函数法来计算科技进步贡献率;在区域科技创新方面,目前,权威性较高和影响力较广的是中国科技发展战略研究小组自2001年起发布的《中国区域创新能力报告》,该报告建立了包括知识创造能力、知识获取能力、企业创新能力、创新环境以及创新绩效在内的区域创新能力评价体系。

江苏是科技较为发达的省份,省内理论界对科技创新在经济社会发展中的作用较为重视。由江苏省社科基金资助的一项研究对江苏改革开放以来的科技进步与经济增长作了系统研究,指出江苏近三十年的增长主要来自于资本的增长和科技进步的贡献。程国方等认为,目前,资本投入增长仍是江苏经济增长的重要源泉,但科技进步贡献率呈不断上升趋势,同时劳动投入对经济增长的贡献份额呈下降趋势。洪银兴、刘志彪等认为江苏经济欠发达地区要实现赶超和跨越,必须更多地依靠科技创新作用。

建设创新型国家和资源节约型社会都要求农业科技创新具有新内容和新突破,这不仅要求农业科技创新理论不断地丰富和发展,也要求我国要尽快解决制约

---

① 本文系淮安市2012年软科学课题(HAS2012100)研究报告。

农业科技发展的制约因素。我国学者围绕农业科技创新进行以下研究：

（1）农业科技创新内涵特征与重要性。牛若峰于1998年认为农业科研体制实质上是为提高农业科研体系整体功能的关于组织结构和运行机制的一系列制度安排；1997年朱希刚提出了农业科技进步贡献率的测算方法；2000年黄季焜等从农业、农业科技、农产品的特征等角度论证了政府在农业科技投资和农业科技产业化中的主体地位，并提出了企业成为农业技术创新体系主体的条件；钱克明在1997年研究分析了农业科研投入的回报率问题，并得出了我国农业科研投入回报率很高的结论。黄文准2011年运用因子分析法探讨了我国农业科技创新与农村经济的关联性。

（2）我国农业科技创新问题与对策研究。2006年彭宇文与吴林海以问题为导向，研究我国农业科技的问题，并提出了相应措施。杜金沛于2011年通过对发达国家以及发展中国家的对比研究，指出农业企业才是农业科技创新最重要的主体。张桃林等于2011年还分别从体制机制、人才、服务等不同角度分析了农业科技创新发展的制约因素，并提出解决问题的对策建议。

还有一些学者对如何提高江苏或省内各地区农业科技创新能力进行了研究：还红华于2010年在回顾江苏发展高效农业所采取的一系列科技举措的基础上，分析了江苏高效农业发展面临的新挑战，提出了对策措施。闫美玲于2010年以南京为例，研究了农业科技创新资源配置问题。2009年蔡华、于永彦认为要增强苏北五市的农业竞争力，需要提高农业对农民增收的贡献度，需要建立整个农业产业链和科技创新战略，增强科技创新能力。

但是尚未有学者就如何提升淮安农业科技创新能力进行系统性研究。而对淮安而言，提升农业科技创新能力既迫切，也重要。因而，本课题研究也就有了理论意义和实践意义。

在本课题中，农业科技创新被定义为：为了满足现代农业产业化发展的需求，以促进产业发展为目标，各类科研主体将农业生产的资金、人员等投入转化为有效的新知识以及新技术的过程。这一创新的过程包括农业科学在农业生产中的整个链条：结合了农业成果的研究、发明、创造以及农业科技成果转化、推广、应用在内的全过程。它主要包括农业的科学创新和技术创新两方面。因而，农业科技创新能力就主要指向促进产业发展、满足农业产业化需求的能力。

二、淮安提升农业科技创新能力的必要性研究

2004年以来，中央连续出台了多个1号文件，突出强调"三农"工作是全党工作的重中之重，并且日益重视科技创新在解决"三农"问题和建设农村小康社会中的重要性。中国共产党第十七届五中全会通过的《中共中央关于制定国民经济和社会发展第十二个五年规划的建议》提出，要"加快发展现代农业"，"推进农业科技

创新,健全公益性农业技术推广体系",指出这是加快转变农业发展方式,提高农业综合生产能力、抗风险能力、市场竞争能力的重要途径。

2011年,温家宝同志撰文指出:"我国有13亿人口要吃饭,土地资源有限,粮食安全始终是最大的隐忧。解决这个问题没有别的办法,必须依靠高科技改造传统农业。农业的许多领域都与前沿科技联系密切……利用高新技术改造和提升传统产业,是我们走向现代化强国必须完成的一项重大任务。"从国家层面重申农业科技的意义。

2012年中共中央、国务院印发《关于加快推进农业科技创新持续增强农产品供给保障能力的若干意见》(2012年的中央一号文件)指出:"实现农业持续稳定发展、长期确保农产品有效供给,根本出路在科技。农业科技是确保国家粮食安全的基础支撑,是突破资源环境约束的必然选择,是加快现代农业建设的决定力量,具有显著的公共性、基础性、社会性。必须紧紧抓住世界科技革命方兴未艾的历史机遇,坚持科教兴农战略,把农业科技摆上更加突出的位置,下决心突破体制机制障碍,大幅度增加农业科技投入,推动农业科技跨越发展,为农业增产、农民增收、农村繁荣注入强劲动力。"因此加快农业科技进步与创新,对于促进农业发展方式的转变、促进农业增产和农民增收具有十分重要的意义。

江苏正处于两个"率先"的新征程中,实现经济社会次发达地区的发展,对于江苏两个率先的全局举足轻重。在苏南、苏中又好又快发展的态势下,以科技创新促进包括淮安在内的苏北地区跨越发展,是可资利用的一条重要路径。这其中,就必然包括农业科技创新。

对于淮安而言,提升农业科技创新能力,更有特殊的价值和意义。

1. 提升农业科技创新能力是江苏省和淮安市"十二五"时期的重要目标

"十二五"时期是江苏全面实现小康并向基本现代化迈进的重要时期。中共江苏省委为提升科技创新能力做出了部署,提出"'十二五'时期,要以培育自主知识产权、自主品牌和创新型企业为重点,在增强企业创新能力、推动产学研合作、建设科技创新平台、加快科技成果转化、引进消化吸收再创新等方面取得更大进展,大幅度提高科技投入,大幅度提高自主创新能力,大幅度提高科技进步对经济增长的贡献率,推动更多的'江苏制造'向'江苏创造'转变"[1]。江苏"十二五规划"更详细提出了在科技创新方面的奋斗目标:"……自主创新体系逐步完善,研发经费支出占地区生产总值比重提高到2.5%;人力资本投资占GDP比重达到15%以上;人才贡献率达到43%;百亿元GDP专利授权数提高到400件,专利发展水平居全国前列;科技进步贡献率提高到60%以上……",并且提出,"农业科技要为现代农业

---

[1] 梁保华:《凝聚推动科学发展的强大力量,把江苏的明天建设得更加美好——在省委十一届九次全会上的讲话》,载于《新华日报》2010年11月12日。

服务,要支持国家现代农业示范区和农业科技示范园等建设。要建立健全农业社会化服务体系。构建以公益性农技推广机构为依托,科技示范园区为载体,科技示范户为基础,农业科研教学单位等为补充的新型社会化服务体系,组建农业科技创新联盟,加快农业科技创新和产业化技术开发,大力发展种业产业,加速农业科技成果转化和推广应用……建立公开、公平、规范、有序的交易平台……实施农业信息服务全覆盖工程,提升农村信息服务水平……巩固和完善农业保险制度……"。这些都需要切实提升农业科技创新能力。

淮安市委也指出,要依靠"改革、科技、人才"战略实现淮安科学跨越发展,尤其要重视和依靠科技创新。淮安市委在部署淮安"十二五规划"时就提出:"更多依靠科技进步提升产业层次水平,围绕支柱产业、关键环节和重点领域加强产学研合作,制定政策充分发挥企业主体作用,引导全社会强化研发投入,实现研发投入占GDP比重达2%以上,科技进步对经济增长贡献率达50%以上……完善农业科技创新、农业技术推广和农民教育培训体系,增强农业抗风险能力和市场竞争能力。"①

2. 农业科技创新能力是江苏省和淮安市实施"创新驱动战略"的重要内涵

"十二五"期间,江苏大力实施科教与人才强省战略和创新驱动战略,科技创新被置于前所未有的高度。中共江苏省委特别强调指出:"苏北已经步入发展快车道,要乘势而上、加快振兴。继续大力推进产业、财政、科技、劳动力'四项转移'和南北共建开发园区,充分发挥后发优势,加快新型工业化、城市化、经济国际化进程,尽快超过全国经济发展平均水平,确保如期实现全面小康。"②这些论述凸显了科技对苏北全面小康建设的重要性。

江苏"十二五规划"还提出要实施主体功能区战略以推进城乡区域协调发展,提出构建"两带三区"的农业生产空间,其中"两带"是指沿江农业带和沿海农业带,"三区"是指环太湖农业区、江淮农业区和渠北农业区。沿江农业带重点加快农业现代化步伐,成为我省重要的综合性农产品生产区域。沿海农业带重点推进规模化农业生产,建设特色海产品生产加工基地和出口基地。太湖农业区重点提高农业设施化水平和集约化程度,成为都市型农业的示范区。江淮农业区积极发展高效特色农业和外向农业,成为全省重要的农产品商品化生产区域。渠北农业区(苏北灌溉总渠)重点加快农田水利综合治理,成为重要的商品粮生产基地和特色农产品出口基地。由此指明了地处江淮农业区的淮安发展农业的目标和路径核心都在于科技创新能力。

---

① 刘永忠:《奋战十二五 全面达小康 为建设美丽富庶新淮安而努力奋斗——在中国共产党淮安市第五次代表大会第五次会议上的报告》,载于《淮安日报》2010年12月29日。
② 梁保华:《凝聚推动科学发展的强大力量,把江苏的明天建设得更加美好——在省委十一届九次全会上的讲话》,载于《新华日报》2010年11月12日。

为贯彻江苏建设创新型省份战略,淮安"十二五规划"提出:坚持科教与人才兴市,把科技进步和创新作为"扩量提质、转型升级"的重要支撑;牢固树立"科学技术是第一生产力、人才是第一竞争力"的理念,统筹推进科技兴市、教育兴市、人才兴市"三位一体"建设,着力推动经济社会发展转移到主要依靠科技进步和提高人力资源素质的轨道上来。

作为农业大市,淮安市提出:"发挥淮安的农业资源优势,以提高农业综合生产能力和实现农业现代化为目标,积极推进农业经济发展,实现淮安市农业大市向农业强市迈进。到2015年,农业增加值达到210亿元。"在低碳与绿色发展背景下,摊大饼式的发展已经不可继续,如何可持续发展农业,对提升农业科技创新能力提出了更高要求。

3. 提升农业科技创新能力是淮安苏北重要中心城市建设和全面建成农村小康社会的需要

中共江苏省委江苏省人民政府在《关于加快淮安苏北重要中心城市建设的意见》中明确提出,淮安要发展现代高效农业:要注重应用现代装备、科技理念,加快农业转型升级和产业化进程,进一步提高劳动生产率、资源利用率和土地产出率;在稳定粮食生产的基础上,积极调整农业产业结构,发展特色农业、生态农业和观光农业,培育农业特色品牌;大力发展农业龙头企业,加快建设规模高效农业基地,不断提高产品附加值和产业竞争力;推进国家级台湾农民创业园、现代农业高科技示范园建设,做大做优稻米、蔬菜、生猪、家禽、水产五个百亿元特色产品;深化农村综合改革,加大"三农"投入力度,加快新农村建设步伐。

为此,文件中还详细指出了加快淮安苏北重要中心城市建设的政策措施,其中就包括要支持农业基础设施建设。帮助淮安进一步改善农业生产条件,提高有效灌溉和旱涝保收农田面积比重。支持淮河下游地区防洪排涝工程建设,省农田水利、农业综合开发、高标准粮田等项目建设适当向淮安倾斜。大力发展高效种植业、高效渔业和高效畜牧业,努力打造全省现代农业示范区。支持淮安农产品检测中心升级改造,健全现代农业发展服务体系。①

总之,无论是苏北重要中心城市的任务,还是具体的扶持举措,都对淮安现代农业做出了明确表述,从而,对农业科技创新能力的提升提出了要求。

淮安市委要求,在"十二五"时期,要以推进农业现代化建设为重点,加快由传统农业大市向现代农业强市跨越。要充分运用现代装备、科技理念加快农业转型升级,提升农业规模化、产业化、标准化、集约化、信息化水平。一要积极推动农业结构战略调整。大力发展高效农业、特色农业、生态农业和观光农业,做大做优五

---

① 中共江苏省委 江苏省人民政府《关于加快淮安苏北重要中心城市建设的意见》(苏发〔2011〕23号)。

大百亿元特色产业,建设一批现代农业产业基地和科技示范园区。二要不断提升农业产业化经营水平。按照"市场牵龙头、龙头带基地、基地联农户"的思路,加快农村流通体系建设,继续加大对农业龙头企业扶持力度,积极引导农民专业合作组织向产前、产后环节合作延伸,使农民更多地分享发展成果。三要切实增强农业生产保障能力。进一步加大农业投入、推进综合开发,着力加强以水利为重点的基础设施建设,不断改善农业生产条件……要加强农技推广体系建设,积极探索社会化新型农技服务模式,加快构建新型农业生产全程化社会服务体系。①"十二五"时期,农村小康社会建设的任务更重,目标更高,因而,农业科技为农村小康社会建设服务的要求也更高。农业科技创新能力的提升也就更为迫切和必要。

4. 提升农业科技创新能力对于淮安有特别重要的针对性和典型性

(1) 淮安是江苏的农业大市

淮安是江苏的农业大市。淮安的农业特别是粮食种植业在江苏的地位比较重要。一方面是农业总产值相对较高。以2011年为例,淮安的农林牧渔业总产值为411.74亿元,仅次于盐城、徐州和南通。其中农业产值为256.87亿元,列全省第三,仅次于徐州和盐城(见表1)。另一方面,各类农产品门类齐全,尤其以粮食产量较高。2011年,淮安市粮食产量为453.42万吨,在全省仅次于盐城(661.79万吨)和徐州(455.30万吨)(见表2)。

表1 农林牧渔、服务业总产值 (2011年) 单位:亿元

市 县	总产值	农林牧渔				服务业
		农业	林业	畜牧业	渔业	
南京市	283.50	162.45	3.22	47.02	57.20	13.62
无锡市	202.02	98.86	17.49	32.60	32.25	20.81
徐州市	618.34	376.96	11.11	190.19	26.34	13.74
常州市	194.68	107.79	1.48	32.19	44.56	8.66
苏州市	309.86	121.02	17.98	41.14	97.83	31.88
南通市	502.27	217.93	3.07	133.02	118.47	29.78
连云港市	376.53	180.71	11.55	92.08	75.70	16.49
淮安市	411.74	256.87	8.38	100.43	39.11	6.96

---

① 刘永忠:《抢抓新机遇 再创新辉煌 为加快建设富庶美丽幸福新淮安而努力奋斗——在中国共产党淮安市第六次代表大会上的报告》,载于《淮安日报》2011年8月29日。

续表

市 县	总产值	农 林 牧 渔				服务业
		农业	林业	畜牧业	渔业	
涟水县	90.50	65.19	1.86	19.67	2.15	1.63
洪泽县	44.35	20.50	2.46	12.66	7.78	0.95
盱眙县	66.63	42.08	0.96	12.40	10.16	1.02
金湖县	36.38	20.57	1.23	5.45	7.99	1.15
盐城市	849.70	376.58	19.51	240.23	159.28	54.10
扬州市	330.31	157.07	7.78	62.44	88.00	15.03
镇江市	153.25	80.03	6.22	22.86	21.55	22.60
泰州市	294.28	154.25	3.10	64.83	57.38	14.72
宿迁市	379.09	223.17	14.37	76.21	58.11	7.24

(数据来源:《江苏统计年鉴2012》)

表2 农副产品产量 (2011年)

市 县	粮食产量（万吨）	油料产量（万吨）	棉花产量（吨）	肉 类		水产品产量（万吨）
				总产量（万吨）	猪牛羊肉（万吨）	
南京市	112.06	10.49	4319	12.34	7.41	20.62
无锡市	82.22	0.93		11.01	7.24	12.20
徐州市	455.30	11.45	33 882	94.11	48.13	17.50
常州市	115.19	3.20	491	13.40	6.23	17.15
苏州市	115.00	2.89	1 508	15.00	8.77	28.41
南通市	329.12	40.00	54 395	47.40	28.63	82.56
连云港市	345.99	11.64	3 874	28.91	23.02	65.21
淮安市	453.42	10.09	505	29.90	20.02	24.39
涟水县	90.07	3.37	358	6.65	4.98	1.76
洪泽县	41.72	0.29		2.01	1.16	5.20
盱眙县	95.73	2.86	147	6.88	3.15	5.00
金湖县	50.02	0.73		1.43	0.82	4.78
盐城市	661.79	28.77	133 952	83.22	53.01	102.02

续表

市　县	粮食产量（万吨）	油料产量（万吨）	棉花产量（吨）	肉　类		水产品产量（万吨）
				总产量（万吨）	猪牛羊肉（万吨）	
扬州市	305.68	7.03	4 523	18.25	10.62	38.35
镇江市	121.89	4.37	1 503	8.25	4.80	8.82
泰州市	321.26	10.72	14 884	24.44	19.49	34.45
宿迁市	368.54	5.76	2 205	34.87	19.48	24.31

（数据来源：《江苏统计年鉴2012》）

(2) 农业科技在淮安农业发展中的作用明显

截至2012年，淮安国家地理标志证明商标达到12件，高效农业面积达290万亩，设施农业面积达97万亩，全市各级农业产业化龙头企业发展到990家。这些成绩的背后，是农业科技的力量。

2012年第十一届中国优质稻米博览交易会、全国户用秸秆沼气现场经验交流会、中国农技推广体系改革与发展座谈会等，多项与农业科技创新相关的全国性会议在淮安召开。淮安的稻米产业发展、农村沼气、农民培训等多项工作在全国有位置，农业科技在农业发展中的作用不断增强，在全国影响力不断提升。其具体体现在三个方面：

首先，农业科技推动了粮食的单产水平。淮安粮食生产克服赤霉病的影响，以秋补夏，继续实现稳产增收，2012年，粮食总产46.5亿千克，水稻单产首次突破600千克大关，淮安作为优质稻米的主要产区和商品粮加工销售基地继续享誉全国。

其次，以淮安市现代农业高科技示范园区为代表的一大批现代农业园区茁壮成长。这些园区依靠农业科技，开展各类粮食、蔬菜品种研究与开发，引进各类香草、花卉等植株栽培，并且不断加强生产管理，全面实行产品检测，已通过省无公害农产品产地认证。目前，淮安市显示农业科技水平的"三品一标"（无公害农产品、绿色食品、有机农产品和农产品地理标志）认证的农产品已达1 200个。无公害农产品产地面积626万亩，占全市耕地面积的88.3%。

2011年，全省新批22个省级现代农业园区，其中淮安市新批涟水县现代农业产业园区、洪泽县现代渔业产业园区、金湖县现代蔬菜产业园区、盱眙玉皇山绿色果品产业园区等4个，新批数量居全省首位。目前，全市拥有省级农业产业园区9个、市级产业园区16个。

第三，科技含量高的农业龙头企业不断成长壮大。全市各级农业产业化龙头企业发展到990家，其中国家级4家、省级36家、市级169家。丁集黄瓜专业合作社、闽丰食用菌生产有限公司等创建的7个蔬菜标准园和涟水县民丰园艺专业合作社创建的水果标准园入选全省首批78家省级园艺作物标准园。

(3) 淮安农业大而不强

淮安还不是农业强市。具体体现为：一是产品产量总体较多，但规模生产、集约经营不够，不能持续均衡供应上市。二是农产品品质优良但规模不大，市场占有率低。三是龙头企业数量少、规模小、带动能力较弱，与基地农户联结不紧，龙头带动作用发挥不够。全市省级龙头企业数量较少，国家级龙头企业则更少。最后是市场建设滞后，合作经济组织培育不力，产业的延伸和培植乏力。淮安是全国公认的优质稻米产区，但至今没有规范化的交易平台，仍以传统的、自发的交易方式为主。

(4) 淮安农业科技创新具有突出特点

在发展符合当地自然禀赋条件的现代农业过程中，淮安逐步探索形成了具有自身特色的农业科技创新能力提升路径。

首先，以科技含量高的项目带动，推进现代农业建设。淮安不断加大对龙头企业的支持力度，充分发挥其"火车头"作用，建成了一批农业产业化经营项目。"十一五"期间，全市投入财政资金7400万元，先后扶持了50个产业化项目。这些项目建成后，带动了当地农户发展特禽、水产养殖，扩大生产规模，有效地增加了农民收入，同时推动了淮安市农业产业不断升级，加快了淮安市农业产业化的建设进程。关键是其在以项目推动中，突出技术含量，促进农业产业化经营的发展，对全市"三农"问题的解决起到良好的推动作用。同时，通过转化项目实施，重点支持食用菌、粮油、名特水产、畜禽等15个优势特色产业的106家农业龙头企业与高校、科研院所开展多种形式的合作，联合建立研发机构，提高技术开发能力，培育和发展科技型农业龙头企业，引领龙头企业改造提升为农业科技企业或农业高新技术企业。

在"十二五"规划中，淮安市还对项目建设进行了细分：中低产田改造项目、高标准农田建设项目、黄河故道农业综合开发项目、丘陵山区农业综合开发项目、产业化项目。这突显了淮安市对项目带动作用的重视。

其次，以农业科技园区拉动，彰显科技示范效应。近年来淮安农业高科技园区和优势特色产业培育方兴未艾。以科研项目支持园区建设，推动园区的技术集成、组装、配套和转化，已成为淮安市农业高科技园区建设的一个鲜明特点。淮安培育了一批省级现代农业科技园和市级农业科技示范园，着力将农业科技园打造成集农业科技研发、成果转化、产业孵化、技术市场、产业集聚于一体的"农业科技创新区域中心"；培育了一批农业科技型龙头企业，使其成为农业技术创新和成果转化的领头羊；重点支持20家农业科技型企业建立技术创新中心，对农产品的深加工新技术、新工艺进行研究开发和改进，提高农产品附加值；围绕水产、蔬菜、畜禽等特色产业的发展，突出科技创新对特色产业的支撑作用，开展关键共性技术攻关，加快特色产业发展升级；配合省科技厅抓好淮安市农村科技服务超市建设。优势特色产业的培育，以"特色、规模、优质、安全、效益"为取向，重点帮助50个区域块状特色农业示范基地创办研发中心,有一部分组建农业区域科技创新服务中心(孵化器),开展关键技术的科技攻关、成果转化与应用、科技企业孵育、创新创业人才培养等,逐步推进以外向型、设施化、高科技为特征的农业高科技产业群集聚。

第三,农业科技服务推动,满足农民科技需求。淮安从2007年开始,每年组织选派百名科技特派员到百个欠发达乡镇帮助工作。兴办了58个农业科技企业,培训农民和接受科技咨询服务2.8万人次,组织实施各级科技开发项目220多项,建立农业科技示范基地5 500多亩,科技示范户1 400多户。农村科技特派员,采取自觉自愿与双向选择的方式,与农民结成利益共同体,积极参与示范基地、专业合作社、产业协会和科技服务活动,逐步形成了以技术为依托服务"三农"的新机制。科技特派员发挥各自的业务专长,建立示范基地,再通过示范基地的辐射作用,逐渐向农户扩散技术,带动周边农户共同发展。

通过派遣科技特派员,适应新形势下"三农"工作的新要求,满足了欠发达地区广大农民脱贫致富奔小康的科技需要,有利于促进欠发达地区农业、农村经济发展与农民收入增加,有利于提高农民科技文化素质,有利于创建新型农业科技服务体系,有利于增强高校、科研院所服务"三农"的能力。

三、淮安提升农业科技创新能力的可行性分析

经过多年发展,淮安提升农业科技创新能力有了充足的基础条件,但同时也存在一些不足之处。

1. 淮安农业科技创新发展成就

近年来,淮安市全面贯彻落实科学发展观,按照"自主创新、重点突破、支撑发展、引领未来"的科技发展方针,以农业增效和农民增收为重点,按照"高新技术引领、常规技术升级、产业领域拓展、工农城乡互动"的要求,不断创新产学研合作、农科教结合的运行机制,大力促进自主创新、成果转化和技术推广服务,初步形成了从基础研究、应用技术研究到产业化开发相互衔接、相互促进的创新体系,为建设社会主义新农村提供了强大的科技支撑。农业科技创新能力不断提升。

(1) 农业科技人才资源更加雄厚

淮安市农业科学研究院是淮安市农业科技创新的引领者,主要从事农业应用型、开发型、特色型研究,是集科研、开发、示范推广于一体的新型农业科研机构。在全国农业科研机构综合实力评估中列第56位,在地市级农业科研单位中排名第4。其共有科技人员75人,包括高级职称研究人员7名,中级职称研究人员32名,初级职称研究人员19名,研究生、博士生20名,在读研究生10名,省、市学术技术带头人16名,享受国务院特殊津贴的专家5名。单位里有19人被列入江苏省"333人才工程"培养对象。博士生导师1名,硕士生导师4名。

改革开放以来,淮安市农业科学研究院围绕现代农业发展特点,不断加大科研投入,加强科技创新,加速成果转化,在农作物育种与栽培、植物保护、土壤农化、植物生长调节剂、生物技术、花卉园艺以及生态农业、农产品加工等研发方面,开展了扎实的工作。其先后承担国家、部、省、市级各类研究课题 400 余项,获市(厅)级以上科技成果奖 200 多项,发表论文(著作)500 余篇(部),育成在全省乃至全国极富影响力的"淮麦""淮稻""淮油"系列农作物新品种 50 多个,研制出旱秧绿、旱秧草克、维他灵、康绿工程、杨树专用肥等先进实用的农业科技新产品 30 多个,并在华东以及全国 20 多个省、市农业生产中得到了广泛的推广应用,取得了显著的社会经济效益。

淮安还依托科技优势,先后建立了"江苏省植物生长调节剂工程技术研究中心""淮安现代农业高新科技园""中国农科院矮败小麦育种技术创新中心(淮安)""江苏省植物调节剂工程中心""江苏省环洪泽湖生态农业生物技术重点实验室"等科研平台,以及"国家小麦产业技术体系苏中试验站""国家大豆改良中心淮安试验站""国家农作物区域试验及示范推广基地""江苏省产学研研究生培养基地""江苏省引进国外智力成果示范推广基地""国家博士后科研工作站"。先后与日本、美国、加拿大、澳大利亚、乌克兰、墨西哥、意大利、泰国等 11 个国家的农业科研机构进行了合作研究和学术交流。淮安生物工程高等职业学校现有教师中中高级职称占 73%,双师型专任教师占 61.4%。近年来,有 40 多位研究人员主持或参与了多项科研项目,有 20 多项获得市级以上的科研成果奖,每年培养农业类职业技术学生达 2 000 人。近年来市级以上农业产业化龙头企业不断发展壮大,产值超千万的达 80 多户,农业龙头企业有专业科技人员 206 人;县(市、区)农林牧渔科技推广服务专业人员有 1 240 人;乡镇农技推广人员 3 829 人。

(2) 农业科技推广服务体系基本建立

目前,淮安全市县、乡两级农业科技推广体系基本健全。县级有农业技术推广中心,下设作栽站、植保站、土肥站、农广(干)校四个直属单位,共有科技推广服务机构 1 300 多个,平均每个乡镇 20.1 人。这些单位推广了一大批先进、适用的农业新技术、新品种。从总体看,淮安全市的农业科技推广服务体系在改革中基本稳定,创新中逐步发展,无论是体系建设还是推广服务业务工作,均取得了较好的成效,为效益农业的发展和农业产业结构的战略性调整作出了重要贡献。

(3) 农业科技四大工程使淮安农业科技创新能力跃上新的台阶

淮安历来高度重视农业科技。近年来,先后实施过特色农业科技创新工程、"文明育农、科技富民"工程、农业产业化示范工程、品牌农业科技支撑工程、农村科技服务工程等。

2012 年,淮安市以特色优势产业提档升级和高效农业产业化为主题,实施农业科技四大工程,通过为农业增效"加油",有效推动淮安农村富裕、农民增收。其全年获批 11 个省农业科技支撑计划项目,数量居苏北第一,还获批苏北科技发展计划,35 个项目累计获 895 万元资金立项支持,金额比上年增长 16%。取得这些成绩的原因如下:

首先,实施了特色农业科技创新工程。通过政策引导、加大投入、项目带动等多种途径,围绕优质稻米、特色水产、高效畜禽、设施蔬菜、农产品深加工等五大产业技术重点领域,聚集和整合市内外农业科技资源,开展以优良动植物新品种选育及开发等十大关键技术攻关,解决农业产业化、特色化过程中的技术瓶颈问题,提升淮安市的农业科技创新能力。省农业科技支撑计划是体现江苏农业科技创新能力的重要计划项目。2012 年淮安市有 11 个项目获批该计划,数量居苏北第一。

其次,实施了农业产业化示范工程。淮安在产业相对集中和成果转化成效明显的县(区),以高效现代农业为核心,以科技创新和产学研合作为支撑,实施农业产业化示范工程。2012 年全市共有 35 个项目获批苏北科技发展计划,累计获 895 万元资金立项支持,金额同比上年增长 16%。在省苏北科技发展计划项目的实施过程中,围绕省科技厅确定的淮安 13 项特色产业目录,淮安市着力培育 4 个省级农业科技园区、25 家农业科技型企业。另外,随着清浦区"'淮安红椒'高效种植技术集成推广与产业化开发"项目获得国家科技富民强县立项支持,全市 7 个涉农县区均有项目获得国家级科技富民强县立项支持,领先全省。

第三,实施了国家粮食丰产科技工程。自 2004 年江苏启动国家粮食丰产科技工程项目以来,淮安区、洪泽、金湖、涟水、盱眙等县区先后被列为项目示范区、辐射区,总面积达到 180 万亩。淮安市通过典型引路、技术培训、现场指导、信息服务和产业化带动等形式,创新了推广服务模式和机制,促进了先进技术与千家万户的对接,提高了科技到位率,有力地提升了水稻生产科技水平,促进了稻米产业化经营。其中洪泽通过建设 10 万亩大面积示范基地,产量比实施前平均增产 12%~15%,化学农药用量减少 30% 以上,节水 20%~30%,肥料利用率提高 10%,通过增收节支,为农民每亩增加效益 60 元以上;淮安区、金湖县作为项目辐射区,辐射区域达 90 万亩,产量比项目实施前三年增产 10% 以上,亩增效益 60 元左右。

第四,实施了农业科技资源集聚工程。围绕增强区域农业科技创新能力,淮安着力构建并完善区域创新体系,通过加强产学研合作,建立了中科院水生生物研究所淮安研究中心,依靠淮阴师范学院建立了江苏省环洪泽湖生态农业生物技术重点实验室、江苏省生物质能与酶技术重点实验室;还建成了江苏省饲料安全工程技术研究中心、江苏省淡水鳌虾培育及综合利用工程研究中心等一批科技基础设施。淮安通过实施农业科技资源集聚工程将自己打造成为汇聚省内乃至国内农业科技成果的"洼地"和农业科技人才的"聚集地",进而发展成为全省农业高技术产业高地。

2. 保障农业科技创新的政策体系日益完备

在农业科技创新能力建设与发展过程中,企业与农户、科研院所等是其中的主体。但从政策层面分析,各级政府促进农业科技创新的政策举措对农业科技创新的提升起到了不可替代的作用。

(1) 国家层面的政策法规

1993年7月我国就颁布了《农业技术推广法》。中国农业科学院召开的2005年工作会议上通过了《农业科技创新与应用体系建设规划》。该规划提出:我国将抓紧建立国家农业科技创新体系,大幅提升全国农业科技创新能力;目标是到2010年前后,形成布局结构合理、主攻方向明确、资源优势互补、科研推广衔接,基本适应社会主义市场经济体制、农业科技自身发展规律和我国农业农村基本特点的国家农业科技创新体系;建成10个国家农业科技创新区域中心。另外,我国还要建成50个左右综合性、300个左右专业性农业科研试验站。其主要功能是上与国家中心、区域中心相衔接,下与基层农技推广体系相衔接,直接服务当地农业生产与农村经济发展。负责区域内重大科技成果的熟化、组装、集成、配套与示范。

2004年至2012年,党中央连续发布了关于"三农"问题的中央一号文件,提出要进一步加强农业科研和科技推广工作,建设国家农业科技创新体系,为农业科技工作指明了发展方向。特别是2012年的中央一号文件,主题就是《关于加快推进农业科技创新持续增强农产品供给保障能力的若干意见》。文件指出:"实现农业持续稳定发展、长期确保农产品有效供给,根本出路在科技。农业科技是确保国家粮食安全的基础支撑,是突破资源环境约束的必然选择,是加快现代农业建设的决定力量,具有显著的公共性、基础性、社会性必须紧紧抓住世界科技革命方兴未艾的历史机遇,坚持科教兴农战略,把农业科技摆上更加突出的位置,下决心突破体制机制障碍,大幅度增加农业科技投入,推动农业科技跨越发展,为农业增产、农民增收、农村繁荣注入强劲动力。"

农业科技创新是科技创新的从属范畴。国家对科技创新的重视为农业科技创新能力建设提供了必要的前提。在2012年7月举行的全国科技创新大会上,胡锦涛同志着重指出,要更多依靠创新驱动,坚持把科技摆在优先发展的战略位置,把科技创新作为经济发展的内生动力,激发全社会创造活力,推动科技实力、经济实力、综合国力实现新的重大跨越。要进一步提高自主创新能力,大力培育和发展战略性新兴产业,运用高新技术加快改造提升传统产业,加快农业科技创新。①

(2) 省级层面的政策法规

江苏省政府于2006年12月下发了《关于加强农业科技创新工作的意见》,明确了"十一五"全省农业科技创新工作的总体要求和目标任务。该意见提出:到2010年,全省基本建成定位科学、布局合理、运行高效、管理有序的新型农业科技创新体系和多元化农业科技服务体系,在重要的农业技术方面取得重大突破,形成

---

① 《胡锦涛在全国科技创新大会上的讲话》,载于《人民日报》2012年7月8日第1版。

一批具有自主知识产权的新品种、新技术、新装备等新成果；招标建设20个左右以高校和科研院所为主体的农业应用基础研究创新中心，在全省确立1 000人左右的科技创新骨干，重点培育50名左右在国内外有影响的学科带头人。

2011年5月，中共江苏省委、江苏省人民政府出台了《关于实施创新驱动战略推进科技创新工程加快建设创新型省份的意见》。该意见提出：到2015年，力争在"十一五"基础上实现全社会研发投入、研发人员数量、高新技术产业增加值三个"翻一番"，发明专利授权总量、创业投资规模、科技企业总数三个"翻两番"。科技进步对经济增长贡献率达60%以上，在全国率先建成创新型省份，为全面建设更高水平小康社会和基本实现现代化提供有力支撑。

《关于实施创新驱动战略推进科技创新工程加快建设创新型省份的意见》还具体规划了农业发展领域的科技创新，要求强化农业技术集成与创新示范，推动科技资源和成果向"三农"倾斜，以保障粮食安全、促进农业增效和农民增收为目标，实施粮食丰产、设施农业、科技富民强县、新农村建设、农村科技服务行动，提升现代农业发展水平；大力发展生物农业，加强品种创新，开展优质高产农业新品种联合攻关，重点育成一批主要农作物、蔬菜园艺及畜禽水产等新品种，建立稻麦生产良种化、机械化、精确化、可持续技术体系；加强农产品生产、食品全程质量安全控制、食品安全质量检测等技术集成示范，形成从"田头"到"餐桌"双向全程质量安全技术体系；开展秸秆等农村废弃物资源化利用、污水及垃圾处理、化肥农药减量使用等技术集成示范，建立新农村建设科技示范新模式；深入开展"送科技下乡、促农民增收"活动，加快全省农村科技服务超市网络建设，壮大科技特派员队伍，完善新型农业科技服务体系。

(3) 淮安层面的政策法规

2006年5月淮安市政府也下发了《关于大力推动科技创新创业的若干意见》（淮发〔2006〕26号）。文件提出：开发现代农业技术，重点支持农产品种养技术、精深加工与现代储运技术、农林生态技术等新型农业实用技术的研究开发；支持特种水产养殖、优质粮油、食草畜禽、花卉苗木、特色蔬菜等品种的选育与更新、绿色高效技术推广、发展精深加工、病虫草害与动物疫病综合防治等。

在总结经验的基础上，2009年淮安市委1号文件《关于加快推进农村改革发展的意见》（淮发〔2009〕1号）提出：加强农业技术推广体系建设，落实经费保障，在全市普遍健全具有农业科技推广、动植物疫病防控、农产品质量监管等功能的乡镇农技推广综合服务站；加快农机化新技术、新机具推广步伐，重点推广高效设施农业机械；深入开展土壤改良，推行测土配方施肥，不断增加高产稳产农田比重；推行责任农技服务，加快推进科技人员兴农富民和农业科技入户；积极实施农业信息服务工程；加快推进农村人才工程建设，确保农村发展有人才保障。

此外，近年来淮安还陆续出台了科技招商、促进企业科技创新、加强现代农业产业园区建设、高层次人才引进等相关的政策文件或指导意见,明确提出,根据省政府"建设一批产业特色鲜明、科技含量较高、物质装备先进、运行机制灵活、综合效益显著的现代农业产业园区"和"每个县(区)规划建设1—2个重点农业产业园区,并建设一批专业性农业产业园"的要求,以创建省级园区为目标,突出重点,集中打造。重点建设清浦区现代农业(蔬菜)产业园、淮阴区刘老庄现代高效农业产业园、淮阴区渔沟生态循环农业产业园、淮阴区丁集现代农业产业园、楚州区苏嘴现代农业产业园瓜菜产业园、涟水县农业产业园、洪泽县洪泽湖现代渔业产业园、洪泽县中药材产业园、盱眙县满江红现代农业产业园、盱眙县玉皇山绿色果品产业园、盱眙县龙庙湖生态科技园、金湖县现代渔业产业园、金湖县蔬菜产业园等13个园区。要求在"十二五"期间,全市建成市级以上现代农业产业园区20个。同时创建一批县级现代农业产业园区,为创建市级现代农业产业园区打好基础。

以上文件为淮安农业科技创新体系建设提供了政策基础和政策保障。

3. 淮安农业科技创新能力面临五个不相适应

淮安农业科技创新能力建设取得了不少成效,也做了不少改革与创新,但与江苏"两个率先"对经济次发达地区提出的要求任务相比,在提升农业科技创新能力促进农业发展方面仍面临不少新的困难与问题。其主要表现在以下五个不相适应:

(1) 农业科技投入与现代农业发展对科技需求不相适应

从研发经费投入来看,近几年来,全国农业科研投入仅为农业GDP的0.44%,国家财政对农业科研投入只占农业GDP的0.23%,不仅明显低于美国等发达国家2.02的水平,也低于巴西等发展中国家0.83%的水平。我省对农业科技投入虽然在逐年增加,但也只占农业GDP的0.3%。淮安地处江苏经济次发达地区,经济总量制约了农业科技投入水平。根据第二次淮安市R&D资源清查主要数据公报,在全市整个研发投入中,对农业科技的人力及财力投入都严重不足(详见表3)。农业领域的研发人员全时当量仅占总比重的0.40%,研发经费只占全社会研发经费的0.07%,这与农业的基础地位是不相称的。

表3 淮安市分行业R&D投入情况

项目	R&D人员全时当量		R&D经费	
	总量(人年)	比重(%)	总量(万元)	比重(%)
总计	3 466.8	100	100 824.8	100
农、林、牧、渔业	14	0.40	68.3	0.07
采矿业	81	2.34	3 300.1	3.27
制造业	2 729	78.72	82 051.8	81.38
建筑业	9	0.26	125.8	0.12

续表

项 目	R&D人员全时当量		R&D经费	
	总量(人年)	比重(%)	总量(万元)	比重(%)
科学研究、技术服务和地质勘查业	68	1.96	7 876.9	7.82
教育	238.8	6.89	4 184.4	4.15
卫生、社会保障和社会福利业	327	9.43	3 217.5	3.19

(数据来源:《第二次淮安市R&D资源清查主要数据公报》,2011年4月1日)

农业科技创新投入的严重不足,造成用于农业科技创新的人力物力资源严重不足。科技经费主要用于保持科技队伍稳定,难以集中经费出大成果,突破性农业科技成果的数量明显减少。

(2) 现有科技人员结构和素质与推进农业战略性结构调整的要求不相适应

从全市科研、教学单位的相关专业人员结构来看,整体呈现出专业结构单一,重产中、轻产后;重生产、轻经营的特征。市农科院全院从事种植业的科研人员占67%,从事养殖业的占27%,从事食品加工的只占6%。这样的队伍结构很难适应今后农业结构多样化变化的要求。从全市农业技术推广人员素质看,知识老化、整体素质不高现象在一定范围存在。市县两级农技推广人员中,高级和高级以上人员只占11%,中级职称占40%,初级职称占49%;乡(镇)级农技人员中,中专以上文化程度只占到37.4%,51岁以上的农技人员占25.69%。青年农技人员不愿意从事农业科技推广服务工作,想方设法跳出农业。

(3) 现行农技推广体系与现代农业发展需求不相适应

农业科技创新能力的重要体现和主要保障是农业科技推广体系。因为农业科技成果的推广、运用,离不开健全完善的科技服务体系,否则科技成果和适用技术就不能被广大群众所掌握,就不能得到很好的转化。现阶段农业发展并不是缺少技术、缺少科技成果,而是有技术,缺乏推广途径和手段,技术干部大都停留在上面,作用没有得到很好的发挥。目前仍主要依靠行政手段推广农业科学技术,而基层特别是村一级组织工作繁多,不能承担起推广农业科技的职能,新的多样化的农业科技创新推广体系又没有形成。农业科技创新市场发育不完善。由于农业科技创新成果具有研究周期长、不易保密、地域性强等特点,难以实现科技创新成果商品化。市、县、乡(镇)农技推广机构分散、管理不顺、职能错位,人浮于事,推广队伍作用发挥不明显;许多农技推广人员的收入与其他的行业的差距越来越大。投入与收益不成正比。由于环境及待遇不好,基层农技部门很难吸引到高学历人才,现有推广人员又缺乏知识更新和进修深造机会,专业知识老化现象普遍存在,造成农技队伍中整体知识水平低,而且人员数量不断减少。随着农业科技管理体制改革的深入,农技推广人员的数量还在萎缩。许多地方在行政名义上已建立了服务站和专业技术协会,但实际上仅流于形式。也有的地方对农技推广服务重视不够,投入不足,保障不力,严重影响农业科技成果推广服务的正常开展。

(4) 农民科技文化素质与现代农业发展趋势不相适应

农业科技成果应用主体低素质和农业生产小规模是今后一段时期必须面对的实际情况。

淮安市第二次农业普查数据显示,在 2006 年调查时点上,淮安农村劳动力资源总量为 190.09 万人。其中,男劳动力 89.7 万人,占 47.2%;女劳动力 100.39 万人,占 52.8%。显而易见,在农村现有的技术水平条件下,主要靠天吃饭,靠体力干活的产业结构中,性别比例是不合理的(见表4)。

在淮安农村劳动力资源中,20 岁及以下占 14.4%;21—30 岁 22.08 万人,占 11.6%;31—40 岁 41.54 万人,占 21.9%,两者合计占 33.5%;41—50 岁 43.05 万人,占比为 22.6%,50 岁以上 56.05 万人,占 29.5%,两者合计占 52.1%,超过了农业劳动力总数的半数。由此可看出,农业劳动力人口比例不合理。农村劳动力资源中,文盲 15.7 万人,占 8.3%;小学文化程度 61.96 万人,占 32.6%;初中文化程度 89.91 万人,占 47.3%;高中文化程度 20.44 万人,占 10.8%;大专及以上文化程度 2.07 万人,占 1.1%。换言之,农业劳动力中,初中及以上文化水平人数占了绝大多数,而对于现代农业所要求的高素质劳动力,人数则远远不足。

表4 农村劳动力资源总量及构成

	全市	清河区	楚州区	淮阴区	清浦区	涟水县	洪泽县	盱眙县	金湖县
农村劳动力资源总量(万人)	190.09	5.89	41.39	37.00	10.15	40.11	14.23	27.49	13.82
农村劳动力性别构成(%)									
男性	47.2	50.6	46.1	47.7	49.5	45.7	46.2	48.8	47.7
女性	52.8	49.4	53.9	52.3	50.5	54.3	53.8	51.2	52.3
农村劳动力年龄构成(%)									
20 岁及以下	14.4	13.2	14.5	15.5	16.7	16.6	10.6	13.5	9.1
21—30 岁	11.6	18.7	11.4	13.1	16.2	10.8	10.8	10.5	7.5
31—40 岁	21.9	27.9	21.6	21.3	24.4	19.3	23.7	22.2	24.4
41—50 岁	22.6	20.5	22.2	22.0	21.3	21.5	24.6	25.1	23.9
50 岁以上	29.5	19.7	30.4	28.1	21.4	31.8	30.3	28.6	35.1

续表

	全市	清河区	楚州区	淮阴区	清浦区	涟水县	洪泽县	盱眙县	金湖县
农村劳动力文化程度构成(%)									
文盲	8.3	6.0	11.7	4.1	11.5	8.7	5.7	5.6	14.4
小学	32.6	26.5	36.1	30.8	25.5	29.8	33.7	37.1	32.7
初中	47.3	53.8	42.1	53.4	48.0	49.7	47.6	46.0	38.5
高中	10.8	11.7	9.3	10.6	13.1	10.8	12.0	10.1	13.2
大专及以上	1.1	2.1	0.9	1.0	1.9	0.9	1.0	1.2	1.3

(数据来源:《淮安市第二次农业普查公报》2008年5月)

在农村劳动力中,接受过专业技术培训的不到一半,所占比重为43.5%。特别是从事农林牧副渔方面劳动力文化程度更低,基本上为初中及其以下文化程度,素质明显低于其他行业。总之,农业劳动力素质低、技能低,与现代农业发展越来越不相适应。

尽管是2006年数据,考虑到人口结构、年龄结构、学历结构变化的缓慢性(见表5),我们认为,上述农村劳动力科技文化素质应不会有实质性的巨大提升。由表5可知,近年来淮安乡村从业人员比较稳定,也就意味着人口的结构变化不大。因此,我们根据普查公报推导出的结论应仍是成立的。

表5 淮安乡村从业人员变化

年 份	2008	2009 年	2011 年
淮安乡村从业人员	213.05 万人	213.15 万人	212.52 万人

(数据来源于2009—2011《江苏统计年鉴》)

(5)农业生产结构与农业科技成果转化规律不相适应

一方面,淮安市农业规模小,制约了农业科技的推广和广泛运用。目前淮安人均拥有耕地资源1.5亩,基本上是"一块地、户户有"。小规模的土地经营状况与采用现代化技术存在矛盾,给推广工作带来了一定难度。特别是一些机械技术、工程技术、组织配套技术的推广和采用受到限制。另一方面,农业存在诸多的不可控因素。自然灾害或各种疫病的毁灭性侵袭频繁发生,致使农业具有其他产业所不具备的生产风险。因农业生产的季节性和地域性表现出农业对市场反应的滞后性与被动性,使得农业的市场风险远大于其他产业。市场风险与生产风险的并存,使农业技术的转化,必须遵循因地、因时制宜的原则,增加了技术共性与特性结合的难度,使农业技术的推广充满了高风险性,预期效益难以确定。因此,非政府部门对农业科技投入只能望而却步,农业科技成果转化因缺乏对农业科技产业的投资而举步维艰。

4. 淮安农业科技创新能力不足原因剖析

(1) 管理体制尚未理顺

我国传统的农业科技体制宏观管理条块分割、组织布局分散、研发层次重叠、管理效率低下,学科设置陈旧,专业单一,跨专业综合型项目较少,研发方向与市场需求脱节,运行机制、分配机制、激励机制僵化落后。传统的农业科技体制已经远远不适应我国农业转型的现实需要。由于现代农业科学研究具有交叉融合的特性,一项大的、有突破性的创新需要多学科、多专业的交叉融合,因此,不同专业领域的人协同工作对创新的成败具有决定性作用。尤其在一些农业重大战略性研究领域,综合化、集成化的重要性更为明显。集成创新的特征在于能打破空间和层次界限,实现优势互补、资源共享,开放式地解决创新问题,获得外部规模效应。而目前,由于宏观层面的体制限制,在各地的农业科研单位之间联合攻关,服务于产业发展的集成创新明显缺乏。

(2) 人才队伍相对薄弱

缺乏农业科技尖端人才和学科带头人,导致高新技术研究乏力;缺乏市场意识强、管理水平高、开拓能力大的开发型人才,导致农业科技产业化发展滞后。淮安属经济次发达地区,尖端人才的流失问题更为严重,成为影响淮安农业科技水平提高的重要因素。另外现行的科研奖励方式有待改进。每一项农业科研成果只要投入生产,转化为现实生产力,就会带来巨大的社会效益,但是科研部门和推广部门本身获利并不大,相应的科技人员由此所得到的直接回报更是微乎其微。同时,农业科研与开发机构中缺乏竞争机制,投入与收益不成正比,势必影响研发人员的积极性。

(3) 研发机制陈旧低效

就地区而言,从事农业技术创新的重要主体之一政府举办的各级各类农业高等院校和农业科研机构,作为国家事业单位,其资金来源以政府财政拨款为主,主要任务是完成国家下达的科研课题,获取奖励及发表论文,并作为调资、晋职的依据,他们的研究成果往往缺乏市场化、商品化、产业化导向,重论文轻应用、重研究轻开发、重成果轻转化,往往存在为科研而科研的学术化倾向,大多研究成果并没有变成现实的生产力。科研人员缺乏自主创新的动力和活力,科技创新形成了"立项—研究—成果—再立项"的模式,始终难以建立面向农户、面向市场的研发模式。

正如温家宝同志所指出的:"我国科技体制改革取得了很大成绩,但还不适应经济社会发展和科技发展的要求。当前的突出问题:一是科技经济'两张皮'问题没有真正解决。以企业为主体、市场为导向、产学研相结合的技术创新体系建设还存在体制机制障碍。由于管理体制和评价导向的原因,许多科技人员还只求论文、样品,目的是评职称、晋级。二是宏观科技决策机制和组织结构不合理,造成体制分割,有限的科技资源难以实现优化配置,科技资源短缺与闲置浪费并存,资源利用和投入产出效率不高。"[1]科技创新的行为主体——政府、高校、研究机构、市场用户、企业等偏好不尽一致,最重要的行为主体——企业在科技创新中的作用还比较有限,从而使得各主体难以形成合力,制约了科技创新。

(4) 农业科技资源配置不佳

农业科技资源目前仍集中在传统的大田作物种植业,而畜牧、水产及特色经济作物研究领域则严重不足;科研力量主要集中在产中阶段,而产前、产后阶段投入欠缺;农业科研领域较受重视,而中试转化及产业化环节相对薄弱。

从国际和国内经验来看,农业发展较好的最主要经验主要在于提升农业科技创新能力。而农业科技创新能力提升的基本路径不外三条:立足农业面向市场的研发体制,政府的扶持与保障措施,以及农业生产者对农业科技的需求与对利润的追求相一致。

四、淮安提升农业科技创新能力的对策建议

1. 战略定位和总体思路

按照"自主创新、重点突破、支撑发展、引领未来"的科技发展方针,以转变农业发展方式为重点,以农业增效和农民增收为重点,按照"高新技术引领、常规技术升级、产业领域拓展、工农城乡互动"的要求,不断创新产学研合作、农科教结合的运行机制,大力促进自主创新、成果转化和技术推广服务,走科技含量高、经济效益好、资源消耗低、环境污染少、人力资源优势得到充分发挥的现代农业经营路子,为建设社会主义新农村提供强大的科技支撑。

2. 发展目标

(1) 完善农技推广体系。构建以国家农业技术推广机构为主,农村合作经济组织为基础,农业科研、教育等单位和涉农企业、中介机构广泛参与的新型农技推广体系,进一步促进农业科技成果转化。

(2) 完善对农业科技创新的多元投入机制。按照淮安"十二五规划",发挥政府主导作用,加大财政资金对科技创新投入力度,重点加大对科技专项、重大科技成果转化、科技基础条件平台、科技人才引进等的投入力度。引导企业增加技术创新投入,建立企业技术研发投入激励机制,鼓励和支持社会资本和民间资金参与科技创新,形成以政府投入为主导,企业投入为主体,社会资本广泛参与的多元化科

---

[1] 温家宝:《关于科技工作的几个问题》,载于《求是》2011年第14期。

技创新投入体系。到 2015 年,淮安全社会研究与开发(R&D)经费支出占全市 GDP 比重达到 2%以上。

(3) 组织研发带动作用大的农业高新技术。发展农业高新技术,组织实施一批农业科技示范工程,在农业新品种引进选育、现代农业保障技术开发、农产品精深加工与现代储运技术等方面着力攻克难关,带动农业技术全面进步。

(4) 加快农业科技园区和高新农业技术载体建设。强化农业科技园区建设,依靠淮安淮阴台湾农民创业园和现有的现代农业科技园区,培育一批具有较强竞争力的农业科技型企业,"十二五"期间,建成市级以上现代农业科技园区、基地 50 个,培育市级以上农业科技型企业 100 家。到 2015 年,全市新增市级以上龙头企业 30 家以上,实现龙头企业总量超过 150 家,其中年销售收入 5 亿元以上龙头企业 20 家,农产品加工业产值与农业总产值比达到 1.2∶1;高效农业、高效渔业面积比重分别达 43%和 60%以上;积极发展生态农业,无公害农产品、绿色食品、有机食品的种植面积和规模占总量比重分别达到 70%和 50%以上。

3. 指导原则

(1) 坚持科研与科技推广相结合的原则。科研是科技推广的基础,科技推广是科研的目的,两者相辅相成,共同促进:既要注重科学研究,加强新技术的研究和成果贮备,为农业科技推广不断输送新的科技源泉,又要注重科技成果的组装配套,加快推广应用,不断提高科技成果的转化率和普及率,使科技成果真正转化为现实生产力。

(2) 坚持体制创新与机制创新共同推进的原则。一方面要通过深化农业科技体制改革,科学设置各方面的科技机构,进一步明确公益性和经营性职能,优化结构;另一方面,必须加快科技机构内部的机制转变,改革人事管理和收入分配制度,调动科技人员创新积极性,扩大知识、劳动、资本等科技资源在收入分配中比重,逐步建立现代、高效的管理机制和运行机制,切实提高科技工作的效率。

(3) 坚持更新观念与提升农业科技创新能力同步推进的原则。要充分考虑农业科技自身的特点,认清农业科技创新发展的规律,更新观念。一是注重常规技术向常规技术与高新技术相结合转变,把推动自主创新摆在整个农业科研的突出位置,加快生物技术、信息技术等高新技术研究,促进高新技术产业化发展。二是创新方式由重个体、重单项研发向群体创新、联合攻关转变。三是管理理念由重物轻人、重利轻研向以人为本、以研为本转变,高度注重创新人才培养和创新能力提高,努力为科技工作创造良好环境和条件。四是工作内容由重视研发、应用、推广向研发、应用、推广与普及、培训并重转变,突出新技术的应用、推广和培训,为农业综合生产能力的提高提供全方位的科技支撑。

4. 对策建议

农业科技创新能力建设及其提升,是项系统工程。就具体举措而言,要以组织领导为基础和前提,以体制机制为突破口,切实从投入、产业化、特色化、品牌、知识产权等方面,提升农业科技创新能力。

(1) 组织领导

首先,为农业科技创新提供制度保障。农业科技创新能力涉及方方面面,要从制度体系上加以统筹协调。市、县(区)要建立健全农业科技创新能力建设保障制度,定期交流推进农业科技创新能力建设的进展情况,研究相关扶持政策,确定重大建设项目,加强组织协调、检查督促和目标考核。要明确职责,密切配合,打破条块、行业和部门分割,齐心协力,共同推进。各级农业、林牧渔业主管部门要加强综合协调,经济宏观调控部门要加强龙头企业的管理和发展,财政部门要确保各项扶持资金的按时足额到位,税务部门要加强税收扶持政策的落实和督查工作,民政、工商部门要为农产品行业协会和农民专业合作经济组织的注册登记提供便利,公安、交通部门要做好绿色通道的开通工作,科技、水利、外经贸、质监、粮食、供销、农机、农业开发、农科院等相关部门以及金融单位等要在各自职责范围内做好工作。要建立科学合理的工作责任制,明确责任,强化考核,加大督促检查力度,确保各项措施落到实处。

其次,为农业科技创新提供经费保障。提升农业科技创新能力,对农业科技的经费投入是重中之重。增加农业科技投入,是保证农业科技创新的必要条件。要逐步建立以政府投入为主、多渠道并存的农业科技投入机制,采取必要的措施与政策,加大对农业科技创新的投入。

目前,我国政府对农业科研投资仅为农业总产值的 0.2% 左右,而世界平均水平是 1%。我国农业科研经费占整个国家科研经费比例仅为 3%～4%,而世界平均水平是 10%。在法国,几乎所有的农业科研机构由政府包办,其经费 90% 源于政府。日本国立农业科研机构的经费几乎 100% 来自中央政府。即使是美国这样的市场经济高度发达的国家,其农业科研经费中公共拨款部分也接近 50%。

应加大对农业科技的投入力度,广开引进资金渠道,认真落实国家和省有关增加财政农业科技投入的规定,不断加大财政农业科技投入力度。"要按照总量增加、比例提高的要求,加大财政支农力度,优化支农资金投向,严格落实土地出让收入优先用于农业开发和农村基础设施建设、从土地出让收益中提取 10% 用于农田水利建设、新增耕地占用税收入全部用于农业以及对种粮农民的各类涉农补贴等政策,保证财政对农业投入的增长幅度高于财政经常性支出增长幅度。"[1]积极发展农业科技创新风险投资,鼓励以农业企业为主体建立农业科技创新风险投资公司和创业风险投资基金。各类金融机构都要为农业科技创新和成果转化推广优先提供融资、担保和保险等服务。落实有关税收支持政策,降低农业科技创新、成果

---

[1] 调研材料:全市农村工作会议文件(2012 年 2 月 15 日)。

转化、推广服务的成本。

第三,为农业科技创新体系提供环境保障。近年来,省、市出台了一系列扶持农业产业化经营的政策,对农业产业化龙头企业在税收、用电、用水、用地及金融信贷政策等方面,给予优惠和支持,对农民专业合作经济组织,制定了税费优惠等八个方面的扶持措施。特别是江苏省委省政府专门为淮安出台了《加快淮安苏北重要中心城市建设的意见》。意见中提出要通过政策扶持淮安农业发展。"帮助淮安进一步改善农业生产条件,提高有效灌溉和旱涝保收农田面积比重。支持淮河下游地区防洪排涝工程建设,省农田水利、农业综合开发、高标准粮田等项目建设适当向淮安倾斜。大力发展高效种植业、高效渔业和高效畜牧业,努力打造全省现代农业示范区。支持淮安农产品检测中心升级改造,健全现代农业发展服务体系。"[1]要充分注重这些政策安排对淮安提升农业科技创新能力的作用,积极促进各项优惠政策落地。

还要建立信息发布机制,尽快建立健全以政府信息网站为主导,各类市场主体参与的信息服务体系,强化对农产品生产、需求及政策动态的搜集整理,及时发布农产品主要市场情况,加强对市场消费需求和趋势的跟踪研究,帮助农产品科研机构、企业和农户调整结构、开拓市场。

(2) 科技体制机制创新

首先,改革科技经费管理制度。要努力将资金投入由"养人"转变为"办事",提高农业科技经费的投资效益。建立全额成本核算制度。形成以政府投入为主导的研究开发资金多元化机制,对不同类型的科研课题,采取全额资助、经费回收等不同的资助方式。对农业重大科技成果,积极探索政府收购或补贴的办法,使科研机构获得应有的经济回报,形成良性驱动,不断增强自我发展能力。

其次,改革人事管理制度。把农业科技领域从事科研的离、退人员的生活基本保障纳入社会保障体系。科技人员实行聘用制,人员一律面向全社会公开招聘,按照劳动合同制,实行动态管理。其余的农业科技机构由企业自主安排,国家只按照技术职称的标准,确认技术资格,聘用与管理完全由科技机构或企业自主实施。

再次,改革农业科研项目与课题实施办法。坚持"课题从生产中来,成果到生产中去",按照"公开、公正、公平"的原则,严格实行课题"公开招标、一视同仁、择优委托",避免项目管理中低水平重复立项的弊端。同时要实施项目完成后的绩效跟踪反馈制度,将其作为对项目奖惩的主要依据。体制改革要考虑农业科研系统和其他行业科研工作的相同性和差异性,既要保持创新系统的先进性,又要保持创新系统的稳定性。

最后,改革农业科技人才激励机制。加强农业科技队伍建设,要建立起人力资

---

[1] 《中共江苏省委江苏省人民政府关于加快淮安苏北重要中心城市建设的意见》(苏发〔2011〕23号)。

本合理使用和人才资源优化配置新机制,克服人才不足与人才闲置同时存在的不正常状况。要调动广大农业科技工作者的积极性,为他们创造一个良好的工作环境和生活氛围,建立一个与农业科技人才工作特点相适应,绩效与收入挂钩的激励机制势在必行。同时要发挥行业协会、农业企业、农户组织的市场需求对科技人员的引导作用。

(3) 重点对策措施

本研究提出,淮安提升农业科技创新能力的具体对策措施,可以概括为"三个战略":体制优化战略、品牌建设战略、成果转化战略。

① 体制优化战略:以完善管理体制为出发点,发挥研发机构、人才和农业企业积极性,以提升农业科技创新能力。

一是深化农业科技机构改革,构建具有淮安特色的农业科技体系。要按照有利于农业技术发展、有利于密切科研与经济结合的原则,充分考虑农业科技地域性、周期性、公益性的特点,稳步推进农业科研机构的结构调整、体制转换、机制完善、人员分流;逐步建立机构布局科学、学科结构合理、队伍精干高效的农业技术研究开发体系;构建适应社会主义市场经济,顺应淮安市情的新型农业科技创新体系。由政府拿出专项资金,择优支持重点机构和单位,逐步发展成具有地方特色的区域性农业科技研究与开发中心,主要围绕地方农业发展具有区域特色和优势的重大科技问题进行联合攻关和技术创新,为地方农业发展提供科技支撑。整合地方科技资源,促进市农科院向区域农业技术科研开发中心转化,在区域农业科技创新体系中充分发挥纽带和龙头作用。

二是以科研项目和课题为纽带,加快农业科技人才队伍建设。要结合各类科技项目的实施,发现、培养和集聚高素质科技创新人才。以科研项目和研究课题为纽带,鼓励和支持创新领军人才带领创新团队,承担重大科技攻关和产业化项目。在政府各类农业和农村科技项目的实施绩效评估中,把创新人才培养作为重要考评指标,造就一批创新能力强的高水平学科带头人和优秀创新人才群体。鼓励高校、科研院所和农业科技企业培养和引进高层次科技人才。

三是以市场机制的作用为基础,完善农业科技企业为主体的农业科技研发投入体制。农业科技创新需要有一定的财力和物力作保障,应充分尊重并运用市场的作用,引导企业特别是农业企业成为农业科技创新的主体和主要受益人,不能完全依赖于政策优惠,或是一味寻求政府更多的投入和支持。要积极吸引外资,争取国际科技合作与援助,建立起以政府投入为主、多渠道并存、多元化的农业科技投入体系。

要充分发挥市场和社会需求对农业科技进步的导向和推动作用,鼓励企业向农业科研和成果开发进行投入。大力支持省、市级农业科技型企业、农民专业合作组织与农业科研院校联合,创建农业科技研发中心,共建农业科研和推广机构。农业科研单位要广开思路,以自己的科研成果通过股份制或利用信贷资金等形式和方式,兴办科技企业,促进科技成果产业化。还要充分挖掘现有政府主导的农业科研院校的创新能力,加强与国内外农业科技的合作与交流。

②品牌建设战略:以品牌建设为核心,推进有淮安特色的现代农业产业化进程,以提升农业科技创新能力。

农业科技创新与现代农业产业化是互为因果的。农业产业化的发展有助于农业科技创新能力的提升。反之亦然。

一是推动特色农产品的品牌化和产业化。目前淮安市共有各级农业龙头企业990家,其中国家级农业龙头企业4家①;省级农业龙头企业36家;市级农业龙头企业169家,数量位居全省前列。建成5个省级现代农业产业园区,25个市级现代农业产业园区。"洪泽湖螃蟹""淮安黄瓜"分获地理标志证明商标、农产品地理标志;"淮安黑猪"被认定为国家级畜禽新品种,成为国内仅有的四个在培育品种基础上进一步改良的新猪种之一;"淮安大米"获得江苏"著名商标"和"名牌产品"称号。

龙头农业企业发展、农业品牌产业化与农业科技创新之间的良性互动作用日益增强。因而,推动品牌产业化建设,对提升农业科技创新能力有相当大的作用。

淮安要在以往成绩和经验的基础上加快推进特色农产品产业化经营,形成从种子供应、农业机械生产保障到食品加工和批发零售的有序链条,实行现代化大生产,如盱眙龙虾已经形成了融产、销、游、尝、品为一体的新的产业体系。要进一步打造"淮安红椒""淮安黑猪""洪泽湖大闸蟹""盱眙龙虾"等地方特色品牌,积极组织淮安黑猪、白马湖青虾、白马湖草鱼申报中国地理标志。推荐一批有潜力、符合条件的畜禽水产品申报中国名牌农产品和江苏名牌农产品。

吸引龙头企业在优势区建设特色农产品生产、加工和出口基地,发挥企业的引领作用,同时扶持建立特色农产品行业协会等中介组织和农民专业合作组织,将农民组织起来进入市场,深化企农联系,延伸产业链条。积极打造"公司＋基地＋协会＋农户""公司＋基地＋农户"以及"订单农业"等各种利益联结模式;开拓特色农产品销售渠道,完善产销衔接,支持发展直销配送、连锁经营、电子商务交易等流通方式;引导企业与科研院所合作,通过企业出课题,龙头企业和科研院所共同攻关、共建研发中心等形式,开展对特色农产品的市场细分和市场定位工作,积极打造淮安优质农产品的品牌;树立并增强特色农产品生产者的品牌意识;鼓励有条件的企业或行业协会注册特色农产品商标;规范特色农产品评比管理工作,加强品牌宣传,发挥品牌效应,提高特色农产品的市场认知度。

二是在品牌化、产业化基础上推动产业集群化。要以现代食品加工业为突破

---

① 这四家龙头企业为:淮安新丰面粉有限公司、江苏民康油脂有限公司、江苏天参有限公司和江苏海隆国际贸易有限公司。

口,实现淮安特色农产品品牌化、产业化基础上的产业集群化。

现代食品加工业是现代农业发展的重要标志。产业本身对科技创新的要求就较高,研发、生产各环节科技运用广泛;产品科技含量也较高。发展现代食品加工业,不仅是现代农业的重要内容,也是提升农业科技创新的重要途径。以江苏淮安双汇食品有限公司为例,该公司是双汇集团目前在国内投资最大的一个集生猪屠宰及肉制品加工、物流、仓储、营销、生猪养殖于一体的综合性食品加工企业。其投产后,对当地乃至周边地区的生猪养殖起到了相当大的带动作用,而其生产过程就是高新技术运用的过程。形象的说法就是"进去是一头猪,出来是火腿肠"。

淮安"十二五规划"提出,到2015年,形成稻米、蔬菜、生猪、家禽和水产5个百亿元级的农业主导产业。从产业形态上分析,这5项农业主导产业,最终都将以食品加工产业形态出现。因而,选择以现代食品加工业为突破口,努力发展产业集群,从而提升农业科技创新能力,对于淮安更有特殊的意义。

随着生活质量的不断提高和健康环保观念的不断增强,人们对健康、安全的关注度越来越高。无公害、绿色、有机农产品市场前景广阔。淮安是著名的生态市,有着丰富的无公害、绿色、有机农产品。到2012年底,淮安市国家地理标志证明商标达到12件,高效农业面积达290万亩,设施农业面积达97万亩,全市各级农业产业化龙头企业发展到990家,累计获得"三品一标"(无公害农产品、绿色食品、有机农产品和农产品地理标志)认证的农产品1 200个,无公害农产品产地面积626万亩,占全市耕地面积的88.3%,为加快现代食品加工业创造了条件。

要进一步优化整合资源,鼓励通过品牌嫁接、资本运作、产业延伸、农业招商等途径,不断壮大国家和省市级龙头企业规模,大力发展相关产品加工业,形成食品加工业的集群效应。其中的重点工作在于,从战略的角度去加强"盱眙龙虾""洪泽湖大闸蟹""淮安大米""淮安红椒""淮阴黄瓜""淮安黑猪"等具有地域特色品牌产品的宣传和推介工作,顺应市场规律,通过授权、特许、加盟、贴牌、标准化等一系列市场手段,将淮安现有的知名农产品生产与销售秩序规范起来,促进产业集聚。

③ 成果转化战略:以成果应用和产业化为导向,加快农业科技成果转化应用,使农业科技创新能力具体落到实处。

农业科技创新成果如果不能与市场相结合,不能与农民致富相结合,不能与农村发展相结合,则任何创新能力的提升都是虚置的、空泛的,最终将成为无源之水、无本之木。因此,农业科技创新成果的落实与运用,也是创新能力提升的一种具体体现。

一是要组织实施一批农业科技成果转化项目。市级科研机构和各区、县要根据提升农业主导产业的需要,注重技术集成创新和配套完善,组织引进和实施一批农业科技成果转化项目,加快推广农业新品种、新技术。市县科技管理部门要建设好《农业科技成果转化项目库》,实行动态管理,并及时向社会发布。要完善农业科技成果转化机制,认真落实技术要素参与收益分配的政策,鼓励科技成果拥有者以技术转让、技术入股等方式转化科技成果。

二是要着力建设一批省、市级现代农业科技园区承载农业科技创新成果。建设农业科技园区,是推进结构调整,繁荣农村经济,构建和谐新农村的现实需要,对于转变经济发展方式,提升农业科技水平,提高农民组织化程度,促进农业增效、农民增收、农村发展具有重要的推动作用。因此,农业科技园区建设对于促进农业科技成果转化与运用、提升农业科技创新能力有重要作用。要明确各类各层次农业园区的功能定位,制定扶持政策,千方百计促进农业园区的提档升级。要以优势特色产业带为基础,重点建设和完善全市主要产业的市级以上现代农业科技示范园区,重点加强市稻麦科技示范园、市蔬菜科技示范园、畜禽生态养殖示范园、渔业科技示范园、地方树木品种展示园等园区建设。大力推进农业结构调整,扩大高效设施农业和高效渔业规模,提高规模畜牧业比重,逐步建成粮油、蔬菜、水产、畜禽、花卉苗木等20个市级以上现代农业科技园区。

三是以农村和农民为服务对象,加快农业科技成果推广服务体系建设。建立适应市场经济新要求的农业技术推广体系。要稳定和强化农技推广机构,充分发挥各级专业农技推广队伍的作用,组织协调好公益性、共性技术的推广工作;积极发展龙头企业、中介服务机构与农户紧密结合的新型农业技术推广模式;通过龙头企业、中介服务机构辐射农村的千家万户。重点搞好农业科技示范区、示范园、示范推广基地和示范户建设,尤其是要重点实施好三类技术示范:其一,科技良种示范。包括应用生物技术等改良、培育的高产、优质新品种,加大植物、种苗的快繁和动物胚胎移植的示范,尽快使高新技术成果商品化。其二,科技中试示范。切实发挥基地的组装配套、成果转化、技术辐射、人才培养的作用,优先创建一批规模化、集约化的高新技术转化应用中试基地。其三,科技产业化示范。创建一批农业新品种、新技术,大幅度提高科技贡献率,推进农业产前、产中、产后协调发展的农业科技产业化示范,开发绿色食品,建立集观光、休闲、旅游为一体的农业科技示范基地等。充分发挥科研院所、涉农高校、农业科技型企业、农民专业合作社、农业科技园区、农村科技超市等在农技推广中的重要作用,引导、鼓励专业人员按市场化运作,初步形成以优势特色农业产业带为主体的科研、推广格局。

另外,还要继续深入实施科技特派员制度。根据区域产业特点,合理选派科技特派员,并在经济薄弱村"一村一员"的基础上,以县为单位组建综合性服务团队,为全域提供科技服务。鼓励科技特派员在基层创业,兴办合办科技企业、科技服务组织,转化推广科技成果;支持科技特派员创建科技示范基地,帮助培育科技示范户;探索科技特派员选派和服务的新机制,深化农业科技项目管理改革。

充分发挥广大农民群众应用农业科技成果的积极性,农村科技致富大户对广大农民产生的影响力最直接、最现实、最强劲。要注重对农业科技致富大户的选择、培养、提高。通过农民身边的典型来吸引周边的农户,通过合适的生产项目和基地形成"聚宝盆"效应。要以各类农业示范园区为主要基地,抓好新技术、新品种推广运用,让农民切实成为科技成果转化的需求实体,不仅使他们成为科技成果的育培骨干,而且使他们成为传播科技星火、扶贫帮困的领头人,形成星火燎原式的裂变效应。在发挥本地老典型示范带动作用的同时,要不断发现和培育一批新的典型,以身边人教育、带动身边人,吸引和凝聚更多的农民投身到依靠科技、发展生产的致富热潮中来。

参考文献

[1] 傅家骥.技术创新学[M].北京:清华大学出版社,1998.
[2] 周叔莲,王伟光.我国高技术行业出口能力影响因素分析[J].宏观经济研究,2003(8).
[3] 周叔莲,王伟光.科技创新与产业结构优化升级[J].管理世界,2001(5).
[4] 舒元,徐现祥.中国经济增长模型的设定:1952—1998[J].经济研究,2002(1).
[5] 姚战琪,夏杰长.资本深化、技术进步对中国就业效应的经验分析[J].世界经济,2005(1).
[6] 中国科技发展战略研究小组.中国区域创新能力报告(2002)[R].北京:经济管理出版社,2003.
[7] 中国科技发展战略研究小组.中国区域创新能力报告(2003)[R].北京:经济管理出版社,2004.
[8] 程国方,黎峰,石贵舟.提升科技进步贡献率的国际经验及启示[J].世界经济与政治论坛,2009(6).
[9] 刘志彪.从后发到先发:关于实施创新驱动战略的理论思考[J].产业经济研究,2011(4).
[10] 洪银兴.科技创新与创新型经济[J].管理世界,2011(7).
[11] 牛若峰.农业产业化:真正的农村产业革命[J].农业经济问题,1998(2).
[12] 朱希刚.我国农业科技进步贡献率测算方法[J].北京:中国农业出版社,1997.
[13] 张桃林.加快科技创新发展现代农业[J].求是,2011(18).
[14] 黄季焜.农业科技投资体制与模式:现状及国际比较[J].管理世界,2000(3).
[15] 钱克明.农业经济与科技发展研究[M].北京:中国农业出版社,2003.
[16] 蔡华,于永彦.金融危机背景下苏北农业科技创新战略探讨[J].科技管理研究,2009(1).
[17] 还红华.强化农业科技创新 加快江苏省高效农业发展[J].江苏农业科学,2009(5).
[18] 彭宇文,吴林海.基于科技研发与成果推广视角的农业科技创新问题研究[J].企业家天地,2006(11).
[19] 黄文准.农业科技创新对农村经济影响的实证研究[J].科技管理研究,2011(12).
[20] 杜金沛.农业科技创新主体的国际比较及其发展的主流趋势[J].科技进步与对策,2011(11).
[21] 闫美玲.农业科技创新资源配置研究——以南京市为例[J].广东农业科学,2009(12).
[22] 方付建.基层农技人员激励体系创新研究——以设立农业科技创新基金为视角[J].中国科技论坛,2009(12).

［23］高布权.论农业科技创新的内涵及其在农业现代化中的功效［J］.农业现代化研究,2008(5).
［24］高万龙.推进农业科技创新 加快发展现代农业［J］.中国科技论坛,2007(8).
［25］高旺盛.坚持走中国特色的循环农业科技创新之路［J］.农业现代化研究,2010(2).
［26］顾淑林,魏勤芳,刘冬梅,等.如何构建我国的农业科技创新体系［J］.中国科技论坛,2007(12).
［27］李阳.财政支持农业科技创新问题研究［J］.农业经济,2010(3).
［28］梁红卫.基于农民专业合作社的农业科技创新及转化［J］.社会科学家,2009(2).
［29］潘斌.论我国农业科技创新体系的建立和完善［J］.农业经济,2007(9).
［30］彭宇文,吴林海.我国农业科技创新问题的研究［J］.农业经济导刊,2007(2).

江苏盱眙建设全面小康社会研究

一、引论

1. 选题背景和意义

十八大报告指出,全面小康社会建设是当前和今后一个时期的重要任务和奋斗目标。中共江苏省委省政府在关于苏北发展的相关文件指出,苏北的全面小康建设事关苏北发展,事关全省小康社会建设能否如期实现。因此,区域小康社会建设将是淮安乃至江苏全面小康社会建设面临的重要且迫切的课题。

经过多年努力,特别是近年来的全力冲刺,江苏盱眙于2013年就能实现小康社会建设的二十五项指标,基本建成小康社会。这一成绩来之不易,自当珍惜。同时,也应清楚地看到,苏南已开始国家层面的现代化示范区建设,苏北同类县区在不断提升小康社会的内在品质,苏中地区在不断积聚向基本现代化迈进的条件。党的十八大报告更是指出,要在2020年前在全国范围内实现小康,有条件的地方,要先行探索基本现代化建设。江苏范围内的全面小康和基本现代化,离不开苏北的全面小康和基本现代化。因此,盱眙在小康社会指标全面实现后,要志存高远,要有立即开展二次"创业"的理想。这一理想,包括既要全面提升小康社会的水平——不但要建成小康,而且要建成更高水平的小康;也要不断创造条件,为踏上基本现代化征程积聚成长因素。

2. 文献综述

从学理上说,为小康社会建设提供理论指导的,主要是区域经济发展理论和小康社会理论。

(1) 区域经济发展阶段理论述评

区域经济由不发达到发达,需要经历一个漫长的过程,区域经济成长过程具有明显的阶段特征。区域经济发展的阶段性是经济发展的客观规律,认识区域经济增长阶段,既是确定未来区域经济发展目标和发展重点的主要环节,也是选择区域经济发展道路的基础和出发点。区域经济发展阶段理论也因而成为小康社会建设的重要理论支撑基础。

一是国外学者的区域经济发展阶段理论。国外的专家学者按经济增长的程度、经济结构的成熟和高级化以及生活质量的改善等标准提出了不同的发展阶段理论。

胡佛-费希尔的区域经济发展阶段理论。美国区域经济学家埃德加·胡佛与约瑟夫·费希尔于1949年指出,任何区域的经济增长都存在"标准阶段次序",都会经历大体相同的过程。由此,他们将区域经济发展划分为五个阶段:自给自足经济阶段、乡村工业崛起阶段、农业生产结构转换阶段、工业化阶段和服务业输出阶段。

罗斯托的区域经济增长阶段理论。20世纪六七十年代,美国经济史学家惠特曼·罗斯托在宏观经济层面上提出,一个国家或区域的经济增长需经历传统社会阶段、起飞准备阶段、起飞阶段、成熟阶段、高额消费阶段和追求生活质量阶段。其中,起飞和追求生活质量是两个关键性的阶段。罗斯托认为,在人类经济增长的六个阶段中,起飞阶段相当于工业化的初期,是一个具有决定性意义的转变时期,是传统社会进入现代社会的分水岭;在追求生活质量阶段,随着物质生活水平进一步提高,耐用消费品的边际效用趋于递减,人们开始追求生活的舒适,开始偏好文化娱乐方面的享受,这一消费倾向的改变对第二产业提出了更高的要求。由此,提供劳务和提高生活质量的服务部门(包括公共投资的教育、卫生保健、住宅建筑、城市和郊区的现代化建设、文化娱乐、社会福利等)替代了生产耐用消费品的部门,成为推动经济增长的新的主导部门。人类不再以有形产品数量的多少来衡量社会的成就,而是以"生活质量"的增进程度作为衡量区域是否成熟的标志。

罗斯托经济增长阶段理论对发展中国家选择发展战略、重点和模式有一定的指导意义。但其理论认为所有国家都遵循同样的发展路径和发展模式,则显得过于绝对化。

约翰·弗里德曼的区域空间成长阶段理论。20世纪60年代,美国著名城市与区域规划学家约翰·弗里德曼提出核心-边缘论。他认为,核心与边缘空间不平衡程度更多地与一个国家或地区的经济、社会和政治发展水平相关。他将区域经济发展分为四个主要阶段:工业化过程以前资源配置时期、核心边缘区时期、工业化成熟时期、空间经济一体化时期。

弗里德曼的区域经济阶段论揭示了经济发展的不平等性必然会在地区间及地区内经济中心和其他地区形成空间不平等关系,这种不平等不仅意味着人均收入和社会方式等发展水平上的差距,更重要的是造成了区域间竞争机会和竞争能力的不平等,这种不平等是处理地区关系所必须正视的重要问题。这种有益的探讨对区域发展理论的研究有着积极的意义。但是,其关于二元区域结构随着区域经济进入持续增长阶段而消失的观点值得进一步探讨。

二是国内学者的区域经济发展阶段理论。国内学者从诸多区域经济发展角度论述了经济发展特性。

区域经济成长阶段论。中国区域经济学家陈栋生等在1993年对区域经济成长阶段进行了研究。他们认为,区域经济的成长是一个渐进的过程,可分为待开发、成长、成熟和衰退等四个阶段。

区域空间结构演变阶段论。中国经济地理学家陆大道等认为,社会经济的空间结构是历史发展的函数,处在不断变化发展中。他提出区域空间结构的演变要经历四个阶段,并且每一阶段有其自身的特点。这四个阶段依次是:农业占绝对优势的阶段、由农业经济向工业化的过渡阶段、工业化中期阶段和工业化后期及后工业化阶段。

区域经济发展阶段论分析了区域主导产业的兴替对区域经济发展所起的重要作用,指出部门关系的变化必然导致就业结构和劳动力配置的相应改变,揭示了生产要素流向所具有的强烈的空间含义,分析了技术创新和制度创新在区域经济发展中所处的核心地位,强调消费需求和生活方式的改变程度是衡量区域经济发展是否成熟的标志。区域经济发展阶段理论为一国或一地区提供了一个长期的可供借鉴的经济发展模式。因而,区域经济阶段理论一产生,就受到发展经济学家和发展中国家政府的普遍重视,并且在区域经济实践中获得了较大的成功。但区域经济发展阶段理论只注重对宏观经济变量的研究而忽视了对微观基础的关注,而且,其中部分观点过于强调普遍性而过于片面化。

(2)小康社会理论研究述评

国内对小康社会的研究从三个方面展开:

一是小康社会基本理论研究。中央文献研究室小康社会研究课题组系统研究了小康目标的提出和小康理论的形成过程。[1] 赵曜深入分析了邓小平的小康社会思想,揭示了小康社会的理论渊源和思想基础。[2] 郑德荣提出科学发展观是全面建设小康社会的重要原则。[3]

二是小康社会的实证研究。李娟研究了吉林省的全面小康社会建设情况。[4] 徐清泉分析了河北省的小康社会建设情况。[5] 林红等分析了福建晋江市的小康建

---

[1] 中央文献研究室小康社会研究课题组:《小康目标的提出和小康社会理论的形成》,载于《党的文献》2010年第1期。
[2] 赵曜:《小康社会思想的形成与发展》,载于《红旗文稿》2010年第11期。
[3] 郑德荣:《科学发展观与全面建设小康社会关系的理性思考》,载于《毛泽东邓小平理论研究》2010年第4期。
[4] 李娟:《吉林省全面建设小康社会进展情况与对策研究》,载于《调研世界》2011年第12期。
[5] 徐清泉:《小康进程稳步推进 难点问题亟待突破》,载于《统计与管理》2012年第3期。

设经验。① 其中较为重要的是"全面建设小康社会统计监测"课题组所做的研究。课题组通过连续提交年度报告,全面分析了中国小康社会进程和实现程度。②

三是小康社会的理论支撑。忻华强、朱伟东揭示了增长极理论与小康社会之间的关系。③ 李晶晶等对江苏全面小康社会的指标体系进行了评价。④ 徐康宁从区域经济协调发展角度阐述了小康社会的全面性特征。⑤

总的来说,对小康社会的研究,较多地侧重于小康社会的基本理论研究,侧重定性分析,侧重宏观研究,而定量化研究、微观研究则落笔较少。这也为本研究提供了学术空间。

3. 研究方法

文献研究法。基于文献研究法,分析国家、江苏和淮安市层面小康社会的政策模式及其实践现状,提出探讨推动盱眙全面建设小康社会的系统分析框架。

实证研究法。基于实证研究法,结合层次分析法,从层次性和开放性角度分析苏南、苏中和苏北不同地域推进全面小康社会建设的现状、潜力及作用机制。

宏观研究与微观分析相结合。从宏观层面,总体分析盱眙全面小康社会建设的历程、成效和面临的新环境、新要求,发现已经取得的成绩,总结盱眙小康社会建设的主要特色,以及仍存在的问题;从微观层面,通过实际典型案例视角,剖析继续推进全面小康社会建设的微观基础和基本条件。

4. 创新之处

如前所述,目前小康社会研究较多的停留在宏观层面的国家、省级这一层次。本研究拟深入探讨江苏盱眙的全面小康社会建设,落脚点在县级小康社会建设,出发点在如何将县级小康建设推向更高水平,从而将有助于丰富学界对小康社会的个案研究。这是内容上可能的创新之处。再则,研究对象盱眙县是笔者生于斯、长于斯之地,掌握材料和数据较为全面、直接、丰富和及时,感受较为直接,感情较为真切。因而,研究途径可能更多倾向于实证性,这一研究途径可能存在创新之处。

---

① 林红、肖庆文、王庆华:《新时期晋江率先建设全面小康社会经验研究》,载于《中共福建省委党校学报》2012 年第 10 期。
② "全面建设小康社会统计监测"课题组:《中国全面建设小康社会进程监测报告 2010》,载于《中国全面建设小康社会进程监测报告 2011》。
③ 忻华强、朱伟东:《增长极理论与全面建设小康社会——对经济落后地区推进区域经济发展的思考》,载于《社会科学》2003 年第 8 期。
④ 李晶晶、梁淼、高明:《江苏全面建设小康社会的指标体系评价及聚类分析》,载于《商业时代》2010 年 9 期。
⑤ 徐康宁:《区域协调发展与全面建设小康社会》,载于《南京社会科学》2010 年第 2 期。

二、小康社会理论与实践的发展

1. 我国文化传统中的小康思想

"小康"一词极富中国色彩,它来源于中国民间和传统文化中的儒家思想。早在《诗经·大雅·民劳》中就有"民亦劳止,汔可小休""民亦劳止,汔可小息""民亦劳止,汔可小康"等同义反复的诗句,意思是人民因服徭役纳赋税已经很劳累了,差不多可以让他们休息一下了。可见,"小康"是指安乐、休息、安宁的意思。战国时期,儒家经典《礼记》中的《礼运》篇,提出了"大同"和"小康"两种社会模式。"大同"是儒家的最高理想社会,在这个社会里,财产公有,人人平等,社会和谐。"大道之行也,天下为公,选贤与能,讲信修睦,故人不独亲其亲,不独子其子,使老有所终,壮有所用,幼有所长,矜、寡、孤、独、废疾者,皆有所养。男有分,女有归。……是故谋闭而不兴,盗窃乱贼而不作,故外户而不闭,是谓大同。""大同"社会指的是传说中的尧舜时代,反映了人们对平等生活与和谐状态的怀念和向往。"小康"则比"大同"低一个层次,是建立在小生产、小农经济和私有制基础上的封建世袭社会,但社会生活稳定,治理有方,国泰民安。"今大道既隐,天下为家。各亲其亲,各子其子,货力为己。大人世及以为礼,城郭沟池以为固。礼义以为纪,以正君臣,以笃父子,以睦兄弟,以和夫妇,以设制度,以立田里,以贤勇知。以功为己,故谋用是作,而兵由此起,禹汤文武成王周公,由此其选也。此六君子者未有不谨于礼者也,以著其义,以考其信。著有过,刑仁讲让,示民有常。如有不由此者,在势者去,众以为殃,是谓小康。"儒家思想家认为,夏商周三代中禹、汤、文、武、周公做到了这一点,而夏商周之后社会混乱,失去了这种状态。

儒家的上述政治理想和社会模式,对后来的中国历史产生了深远影响。在近代史上,洪秀全、康有为、孙中山都把"大同"作为中国理想社会。洪秀全在《原道醒世训》和《天朝田亩制度》中,引述了《礼记·礼运》篇中的大同思想,提出"无处不均匀,无人不饱暖"的口号,并将其具体化,企望在自然经济基础上建立天国式的理想社会。但这些纲领既没有和实际结合,也基本没有在现实中尝试实施过。晚清时康有为通过写作《大同书》系统提出了其政治主张和社会发展愿景,但随即就因其自己的思想变化而烟消云散。辛亥革命前,孙中山在阐述民族主义时,不仅反对一个民族"宰割于上"的民族压迫,主张汉、满、蒙、回、藏"五族平等",同心协力,"使中国进入世界第一文明大国";而且进一步提出世界人类各民族共"致"大同,说:"我五大族种皆爱和平,重人道,若能扩充其自由、平等、博爱之主义于世界人类,则大同盛轨,岂难致乎?"①孙中山的世界大同思想反映了近代中国人民对理想社会的向往和追求。

由于几千年的封建主义统治,旧中国不仅无法实现"大同"世界,甚至"小康"社

---

① 孙中山:《孙中山全集》第二卷。中华书局1982年版,第439页。

会也未达到。

2. 中国特色社会主义理论体系中小康理论的发展

（1）新中国成立后党对小康社会建设的探索

在以毛泽东为主要代表的中国共产党领导下，中国人民通过新民主主义革命，推翻了国民党反动统治，建立了中华人民共和国，并进而建立了社会主义的基本政治、经济、文化制度。这为逐步实现"小康"社会和"大同"世界提供了根本政治前提和制度基础。毛泽东在1949年所写的《论人民民主专政》一文中指出，康有为写了《大同书》，他没有也不可能找到一条到达大同的路。共产党人则找到了这条路，这就是经过人民共和国到达社会主义和共产主义，到达消灭阶级和世界大同。[1]

实现"小康"和大同的目标要在探索中一步一步达成。1964年，我们党提出了"两步走"的发展战略：第一步，建立一个独立的、比较完整的工业体系和国民经济体系；第二步，力争到20世纪末全面实现农业、工业、国防和科学技术的"四个现代化"。

（2）小康社会目标的提出及其内涵

十一届三中全会以后，邓小平通过总结历史经验，提出了从20世纪50年代到21世纪中叶中国处在社会主义初级阶段的科学新论断。这个阶段的奋斗目标就是基本上实现社会主义现代化。

这就把实现现代化的时间推迟了半个世纪，使之更加切合中国实际。他还以战略家的眼光，提出和设计了我国社会主义初级阶段"三步走"的发展战略：第一步，从1981年到1990年，国民生产总值翻一番，解决人民的温饱问题；第二步，从1991年到2000年，国民生产总值再增长一倍，人民生活达到小康水平；第三步，到21世纪中叶，人均国民生产总值达到中等发达国家水平，人民生活比较富裕，基本实现现代化。其中第二步，是邓小平借用了中国传统文化的"小康"概念，古为今用。1979年12月6日和1984年3月25日，邓小平在会见日本两位首相大平正芳和中曾根康弘时先后指出："我们要实现的四个现代化，是中国式的四个现代化。我们的四个现代化的概念，不是像你们那样的现代化的概念，而是'小康之家'。"[2]"翻两番，国民生产总值人均达到八百美元，就是到本世纪末在中国建立一个小康社会。这个小康社会，叫做中国式的现代化。"[3]邓小平还说，小康社会的特点就是不穷不富，日子好过。这样，邓小平就给我国传统文化中的小康思想赋予中国特色社会主义和社会主义现代化的含义。

这是邓小平第一次用"小康"来描述四个现代化的战略目标。

---

[1] 毛泽东：《毛泽东选集》第4卷，人民出版社1991年第2版，第1471页。
[2] 邓小平：《邓小平文选》第2卷，人民出版社1993版，第237页。
[3] 邓小平：《邓小平文选》第3卷，人民出版社1993版，第54页。

小康目标的提出,是以邓小平为核心的第二代中央领导集体,从中国的国情出发,并参考世界发达国家现代化建设的经验,对20世纪50年代以来我们党提出的"要在本世纪末全面实现四个现代化"的目标的重大调整和修改。这一目标的提出,对我们党科学地制订和完善现代化发展的战略,具有十分深远的意义。

"小康"这个概念,描述的是中国传统社会长期处于贫困状态的普通百姓对衣食无忧生活的美好追求。用"小康"来定位一个时期中国现代化建设的战略目标,是把现代社会价值观与传统社会理想结合起来的睿智的创造。它采用世界上通用的衡量一个国家或地区生产水平和生活水平的人均国民生产总值,为一个本来很抽象的社会发展目标概念确定了一个具体的标准。这就使现代化的目标既易于为人民群众所掌握,又便于与世界各国作比照,还能根据各种情况适时做出新的调整,从而成为一个动态的、开放式的发展目标。这个目标有以下几层含义:

"小康"是"四个现代化的最低目标","就是还不富裕,但日子好过","社会存在的问题能比较顺利地解决"。① 邓小平对此解释说:"目标放低一点好,可以超过它。""目标定低一点是为了防止产生急躁情绪,避免又回到'左'的错误上去。"②

"小康"的现代化,是中国式的现代化,"不是西方的现代化"。邓小平强调说:"中国这样的底子,人口这样多,耕地这样少,劳动生产率、财政收支、外贸进出口都不可能一下子大幅度提高,国民收入的增长速度不可能很快。"③

邓小平还坚信,"小康"这种中国式的现代化,虽然"不能同西方比",但是可以依靠社会主义的优越性,使人民的生活得到很大改善。他测算过:如果我们的国民生产总值真正达到每人平均1000美元,那我们的日子比他们2000美元还要好过。"因为我们这里没有剥削阶级,没有剥削制度,国民总收入完全用之于整个社会,相当大一部分直接分配给人民。他们那里贫富悬殊很大,大多数财富是在资本家手上。"④

(3) 小康社会理论的发展

邓小平的上述一系列论述和探索,为全面建设小康社会理论的形成和发展奠定了坚实的理论和实践基础。

1997年,江泽民在党的十五大上提出小康阶段的"新三步走"战略。经过全党和全国人民的努力,我国到2000年已胜利实现"三步走"的前两步战略,总体上步入小康社会。

通过实践,共产党人认识到小康社会也有一个发展和建设的过程。江泽民同志指出:"必须看到,我国正处于并将长期处于社会主义初级阶段,现在达到的小康还是低水平的、不全面的、发展很不平衡的小康,人民日益增长的物质文化需要同

---

① 邓小平:《邓小平年谱(1975—1997)》(下),中央文献出版社2004年版,第1243、1244页。
② 邓小平:《邓小平年谱(1975—1997)》(上),中央文献出版社2004年版,第586页。
③ 邓小平:《邓小平年谱(1975—1997)》(下),中央文献出版社2004年版,第816页。
④ 邓小平:《邓小平文选》第2卷,人民出版社1993年版,第259页。

落后的社会生产之间的矛盾仍然是我国社会的主要矛盾。……巩固和提高目前达到的小康水平,还需要进行长时期的艰苦奋斗。"①同时,江泽民同志明确提出今后20年全面建设小康社会的任务,即:"我国要在本世纪(21世纪)头20年,集中力量,全面建设惠及十几亿人口的更高水平的小康社会,使经济更加发展,民主更加健全,科技更加进步,文化更加繁荣,社会更加和谐,人民生活更加殷实。"建设一个较高水平、较全面、较均衡的全面小康社会,成为全国人民共同的理想和目标。十五大、十六大对小康社会的论述表明我们党对小康社会的认识在不断丰富和深化。

2007年,胡锦涛在党的十七大报告中,在深入总结建设小康社会经验的基础上,提出了实现全面建设小康社会的新的奋斗目标,并从经济、政治、文化、社会和生态文明五个方面提出了一系列新的要求。这些新要求主要体现在:经济建设方面的总体目标是"增强发展协调性,实现经济又好又快发展",并提出人均国内生产总值到2020年比2000年翻两番的新目标;政治建设方面的总目标是"扩大社会主义民主,更好保障人民权益和社会公平正义";文化建设方面的总目标是"加强文化建设,明显提高全民族文明素质";社会建设方面的总目标是"加快发展社会事业,全面改善人民生活";生态环境方面的总目标是"建设生态文明,基本形成节约能源和保护生态环境的产业结构、增长方式、消费模式"②。

这五个方面的新要求表明:我们追求的小康社会,不仅是一个经济目标,更是一个经济、政治、文化、社会全面协调发展的目标;不仅是衡量一个国家富强、民主、文明、和谐的目标,更是衡量人民生活水平、生活质量的目标。这一新的更高要求,使"全面建设"的内容更加完备、内涵更加深刻、特点更加鲜明、描述更加具体、蓝图更加清晰。

在2012年召开的党的十八大上,胡锦涛同志更是代表全党郑重承诺"确保到二〇二〇年实现全面建成小康社会宏伟目标",描绘了未来5—10年全面建成小康社会的目标和任务。从"全面建设"到"全面建成",既是对已有小康社会取得成就的肯定,更是为未来的小康社会设定了明确的目标。

总括上述,从我国传统文化中的朴素小康思想到邓小平同志的小康发展战略,再到江泽民同志的全面建设小康社会和胡锦涛同志的全面建成设小康社会的新要求,其内容一次比一次更充实、更丰富、更具体,更具有中国特色和时代气息。它反映了我们党对人类历史发展规律、对社会主义建设规律的认识不断深化,是对科学社会主义和中国特色社会主义理论体系的重大发展。

3. 江苏省和淮安市对全面建设小康社会的部署要求

(1) 江苏省对全面建设小康社会的部署要求

---

① 《全面建设小康社会,开创中国特色社会主义事业新局面——江泽民在中国共产党第十六次全国代表大会上的报告》,2002年11月8日。

② 《高举中国特色社会主义伟大旗帜 为夺取全面建设小康社会新胜利而奋斗——胡锦涛在中国共产党第十七次全国代表大会上的报告》,2007年10月15日。

在 2003 年召开的中共江苏省委十届五次全会上，省委明确提出，江苏到 2010 年左右，总体上全面建成更高水平的小康社会，建设一个"不含水分的、人民群众得实惠的、老百姓认可的"全面小康社会。其中，2007 年左右，苏南地区总体上全面建成小康社会；2012 年左右，苏中地区总体上全面建成小康社会；2017 年左右，苏北地区总体上全面建成小康社会。由此，省委清晰规划了江苏的奋斗目标和阶段要求。

根据中央对江苏提出的"两个率先"的要求，江苏在充分调研、吸收国家有关部门研究成果、借鉴国际经验、听取专家意见的基础上，在全国率先制定了省一级的全面建设小康社会的综合指标评价体系，并于 2003 年 7 月在省委十届五次全会上通过。这一指标体系包括 4 大类（4 个一级指标）、18 项（18 个二级指标）、25 条（用来计算测量的 25 个单一指标）。这一指标体系对我省全面小康建设起到了重要的导向、考核和激励作用。

2006 年，省委提出，苏北要加快全面建设小康社会进程，确保达到时序进度，有条件的县（市）努力全面达小康。无论是已经达到还是正在争取达到省定全面小康指标的地方，都要按照不含水分、人民群众得实惠、老百姓认可的要求，努力建设一个高水平的全面小康社会。其内涵就是要以县为单位实现全面小康，不能以市域总体达标代替县县全部达标；多数城乡家庭达到全面小康的收入和生活标准，不能以平均数代替大多数；多数老百姓认可全面小康的实际成果，不能以统计数据代替直观感受，切实提高人民群众的幸福感和满意度。①

2011 年，罗志军同志代表省委提出："今后一个时期全省总的奋斗目标是：到 2015 年，全省以县为单位达到省定全面小康指标，全面建成体现党的十七大要求、惠及全省人民的更高水平小康社会，苏南等有条件的地方在巩固全面小康成果基础上率先基本实现现代化，使江苏的发展更科学、社会更和谐、文化更繁荣、生态更文明、人民更幸福；再经过五年的努力，到 2020 年全省基本实现现代化，总体上达到中等发达国家水平。"②从而把中央对江苏的"两个率先"要求具体化、步骤化。小康社会也更紧密地与百姓生活幸福联系起来。

全省 13 个省辖市根据本地的具体情况，相继提出了各自的奋斗目标。其中与省委提出的三大区域实现时间基本一致的有三个市：南京、镇江为 2007 年前，连云港为 2017 年前。其他 10 个市分别提前 1—4 年。其中，苏州、无锡提前 2 年，提出到 2005 年底前全市率先全面建成小康社会；常州提前 1 年，为 2006 年前；苏中三市都有所提前，南通力争到 2009 年，扬州、泰州都提前到 2010 年；在苏北，盐城提前 4 年，2013 年前实现全面小康；徐州提前 3 年，2014 年实现全面小康；淮安提前 1

---

① 《坚持科学发展和谐发展 为率先全面建成小康社会而团结奋斗——李源潮在中国共产党江苏省第十一次代表大会上的报告》，2006 年 11 月 8 日。
② 《全面建成更高水平小康社会 开启基本实现现代化新征程——罗志军在中国共产党江苏省第十二次代表大会上的报告》，2011 年 11 月 6 日。

年,2016 年实现全面小康;基础相对薄弱的宿迁市,原来省定时间是 2020 年,可适当比苏北平均水平晚一些,但也力争到 2017 年左右全面建成小康社会。

（2）淮安市对全面建设小康社会的部署要求

淮安是传统的农业大市,建设小康社会的基础相比苏南、苏中较薄弱,但淮安在建设小康中也不甘为人后。近年来,淮安为小康社会建设做出了有条不紊、循序渐进的部署。2006 年,在中国共产党淮安市第五次代表大会上,淮安提出了"总量翻一番,财政争双百,建成特大市,实干奔小康"的奋斗目标。其还从全力加快产业发展,不断壮大经济总量,努力建设实力淮安;提升城乡建设水平,加快城市化进程,努力建设魅力淮安;加快开放步伐,加大改革力度,努力建设活力淮安;统筹经济社会协调发展,提高群众素质和城乡文明程度,努力建设文化淮安;坚持以人为本,不断提高群众生活水平,努力建设和谐淮安等五个方面对淮安全面小康做出部署。①

2010 年 12 月,在中国共产党淮安市五届五次会议上,淮安市委总结了五年来全面建设小康社会的成绩和经验,剖析了淮安全面建设小康社会的现状后指出:"目前,研发经费支出占 GDP 比重、城市化水平、居民文化娱乐服务支出占家庭消费支出比重等指标,对照标准还有不小的差距。"市委还指出在未来五年建设小康过程,淮安将"面临宏观经济环境比较复杂,各种不确定因素增多,综合实力还不强,乡镇工业基础相对薄弱,高效农业占比还较低,发展方式比较粗放,自身的科技创新能力不足"等问题和挑战。在此基础上,淮安市委集中全市智慧适时提出"总量翻一番,财政超千亿,建成生态市,全面达小康"的"十二五"奋斗目标。②

2011 年《淮安市国民经济和社会发展第十二个五年规划》也明确了淮安全面建设小康社会的目标,即到 2015 年,全市经济总量在 2010 年基础上实现翻番,财政收入突破千亿元大关,在苏北率先建成全国生态市,以县为单位全面建成小康社会,为 2020 年基本实现现代化奠定基础。

三、江苏盱眙小康社会建设发展历程及主要举措

1. 江苏盱眙小康社会建设发展历程

（1）夯实基础阶段（2006—2010）

2003 年 7 月在江苏省委十届五次全会上通过的全面建设小康社会综合指标评价体系中,包括 4 大类（4 个一级指标）、18 项（18 个二级指标）、25 条（用来计算测量的 25 个单一指标）。其中,以"3、2、1"为核心指标,即人均 GDP 超过 3 000 美元、城镇居民人均可支配收入超过 2 000 美元,农村居民人均纯收入超过 1 000

---

① 《增创新优势 谋求新跨越 为建设全面小康新淮安而努力奋斗——丁解民在中国共产党淮安市第五次代表大会上的报告》,2006 年 8 月 28 日。

② 《奋战十二五 全面达小康 为建设美丽富庶新淮安而努力奋斗——刘永忠在中国共产党淮安市第五次代表大会第五次会议上的报告》,2010 年 12 月 28 日。

美元(此三项数值后分别调整为人民币计算标准,依次为 24 000 元、16 000 元和 8 000 元)。

2006 年,在中国共产党淮安市第五次代表大会上,淮安提出了"总量翻一番,财政争双百,建成特大市,实干奔小康"的奋斗目标。应该说,这时候对于包括盱眙在内的苏北大多数县或县级市而言,小康建设还只是一种愿景,其历程仍很漫长。当时盱眙经济社会发展尽管取得很大进步,但离小康社会的阶段性要求仍相差很远。以前述标志人民富裕的三个核心指标来分析:

人均地区生产总值方面,省委十届五次全会确定的《江苏省全面建设小康社会主要指标》所确定的目标值为 24 000 元,2006 年时盱眙此项指标为 9 988 元。与苏南昆山相差不可以道里计,与苏中板块的姜堰市相比,也有近 8 000 元的差距。与苏北的邳州市基本在同一起跑线上(见表1)。

城镇居民人均可支配收入方面,因统计数据缺乏的原因,尚难以武断地对盱眙当时这一数值做出分析。但经济学理论已经指出,这一数值与人均地区生产总值有正相关关系,人均地区生产总值高,则意味着城镇居民人均可支配收入也会高,反之亦然。因此,2006 年和 2007 年的城镇居民人均可支配收入这一指标应该也低于目标值。

农村居民人均纯收入方面,目标值为 8 000 元,盱眙 2006 年时的数值为 4 463 元,只相当于昆山的 50%,远低于姜堰市,也低于邳州市。而且,在淮安的南部三县中也处于后面。2007 年,这两项数值有了增长,但仍处于较低水平上(见表2)。

这一时期,盱眙小康社会建设的重点仍在追求量的扩张上面,要为小康社会奠定必要的物质基础。正因为盱眙是在较低的水平上开始小康社会进程,这一时期其取得的进步也是明显的。2009 年,人均地区生产总值从 2008 年的 14 606 元攀升至 20 347 元,增幅近 40%(见表1)。2008 年城镇居民人均可支配收入也被纳入到《江苏统计年鉴》中,并从 13 041 元增长至 2009 年的 14 710 元(见表2)。农村居民人均纯收入从 2008 年的 5 774 元攀升至 6 429 元,增幅为 10%(见表3)。

虽然离省定指标还有较大差距,但毕竟这一时期既夯实了小康社会的基础,也积累了小康社会建设的经验。

表 1 人均地区生产总值(2006—2009)

2006 年			2007 年		
位次	县(市)名称	绝对数(元)	位次	县(市)名称	绝对数(元)
1	昆山市	141 064	1	昆山市	171 068
23	姜堰市	17 944	22	姜堰市	22 658
31	金湖县	12 815	32	洪泽县	14 969

续表

2006 年			2007 年		
位次	县(市)名称	绝对数(元)	位次	县(市)名称	绝对数(元)
33	洪泽县	12 607	34	金湖县	14 967
37	盱眙县	9 988	37	盱眙县	11 776
41	邳州市	9 104	40	邳州市	10 560
48	涟水县	6 995	49	涟水县	8 245
2008 年			2009 年		
位次	县(市)名称	绝对数(元)	位次	县(市)名称	绝对数(元)
1	昆山市	218 984	1	昆山市	135 361
23	姜堰市	25 912	22	姜堰市	34 395
31	洪泽县	18 761	30	洪泽县	26 422
32	金湖县	18 631	31	金湖县	25 086
37	盱眙县	14 606	37	邳州市	20 616
39	邳州市	12 936	39	盱眙县	20 347
49	涟水县	10 267	47	涟水县	15 612

(数据来源:2006—2009 年《江苏统计年鉴》)

表 2　农村居民人均纯收入(2006—2009)

2006 年			2007 年		
位次	县(市)名称	绝对数(元)	位次	县(市)名称	绝对数(元)
2	昆山市	9 410	2	昆山市	10 615
25	姜堰市	5 549	25	姜堰市	6 304
34	邳州市	5 088	34	邳州市	5 770
37	金湖县	4 814	36	洪泽县	5 450
38	洪泽县	4 805	38	金湖县	5 432
43	盱眙县	4 463	42	盱眙县	5 079
50	涟水县	4 010	50	涟水县	4 589
2008 年			2009 年		
位次	县(市)名称	绝对数(元)	位次	县(市)名称	绝对数(元)
2	昆山市	11 934	2	昆山市	13 133

续表

2008 年			2009 年		
位次	县(市)名称	绝对数(元)	位次	县(市)名称	绝对数(元)
26	姜堰市	7 171	24	姜堰市	8 003
35	邳州市	6 526	34	邳州市	7 267
36	洪泽县	6 197	35	洪泽县	6 918
38	金湖县	6 109	37	金湖县	6 790
41	盱眙县	5 774	40	盱眙县	6 429
50	涟水县	5 193	49	涟水县	5 813

(数据来源:2006—2009 年《江苏统计年鉴》)

表3 城镇居民人均可支配收入(2008—2009)

2008 年			2009 年		
位次	县(市)名称	绝对数(元)	位次	县(市)名称	绝对数(元)
3	昆山市	24 808	2	昆山市	27 609
21	姜堰市	16 223	20	姜堰市	18 147
29	金湖县	13 203	30	盱眙县	14 710
31	盱眙县	13 041	31	金湖县	14 655
33	洪泽县	12 792	32	洪泽县	14 417
35	邳州市	11 923	34	邳州市	13 536
45	涟水县	10 571	44	涟水县	11 935

(数据来源:2008—2009 年《江苏统计年鉴》)

(2) 重大突破阶段(2010—2011)

"十一五"末和"十二五"开局之年,盱眙经济社会取得了长足进步,小康社会建设实现了重大突破。全面小康对于盱眙76万群众来说不再是可望而不可即的愿景。

做出这一判断的依据有三:

一是人均地区生产总值远超小康指标的门槛线。2010 年,这一数值达到了23 926元,距24 000 元标准只有一步之遥。2011 年,更是实现了实质性跨越,大步迈过了小康的主要门槛(见表4)。

表 4 人均地区生产总值(2010—2011)

2010 年			2011 年		
位次	县(市)名称	绝对数(元)	位次	县(市)名称	绝对数(元)
1	昆山市	142 185	2	昆山市	147 186
20	姜堰市	41 606	18	姜堰市	49 915
29	洪泽县	31 643	27	洪泽县	40 684
31	金湖县	30 212	30	金湖县	37 463
37	邳州市	25 186	36	邳州市	30 972
38	盱眙县	23 926	39	盱眙县	29 160
48	涟水县	18 445	48	涟水县	22 793

(数据来源:2010—2011 年《江苏统计年鉴》)

二是城镇居民人均可支配收入达到指标要求。2010 年这一数值为 16 799 元。相比另两个核心指标,这一指标最先到达小康门槛线。2011 年则实现了 17%的增长,达到 19 690 元(见表 5)。

表 5 城镇居民人均可支配收入(2010—2011)

2010 年			2011 年		
位次	县(市)名称	绝对数(元)	位次	县(市)名称	绝对数(元)
2	昆山市	30 923	2	昆山市	35 190
20	姜堰市	20 352	20	姜堰市	23 746
29	盱眙县	16 799	28	盱眙县	19 690
30	金湖县	16 730	29	金湖县	19 535
31	洪泽县	16 464	30	洪泽县	19 219
33	邳州市	15 384	32	邳州市	18 083
43	涟水县	13 666	42	涟水县	16 018

(数据来源:2010—2011 年《江苏统计年鉴》)

三是农村居民人均纯收入首次实现达标。2010 年这一数值离 8 000 元指标还有一点点距离,2011 年则实现了 19%的增长,达到 8 807 元(见表 6)。

表6 农村居民人均纯收入(2010—2011)

2010 年			2011 年		
位次	县(市)名称	绝对数(元)	位次	县(市)名称	绝对数(元)
2	昆山市	14 824	2	昆山市	17 374
24	姜堰市	9 131	23	姜堰市	10 802
33	邳州市	8 331	32	邳州市	9 931
34	洪泽县	7 943	33	洪泽县	9 532
36	金湖县	7 782	34	金湖县	9 336
39	盱眙县	7 382	38	盱眙县	8 807
48	涟水县	6 691	47	涟水县	8 043

(数据来源:2010—2011 年《江苏统计年鉴》)

(3) 全面冲刺阶段(2012—2013)

全面冲刺阶段有两个关键节点:

一是江苏省委主要领导同志对盱眙小康和人民福祉的殷切希望。2012 年 3 月 26 日江苏省委主要领导同志到盱眙调研。盱眙县委汇报了以下情况:全面小康体系 25 个指标中盱眙县有 22 个指标达到省定标准。当年新达标的分别是:人均地区生产总值 29 158 元(24 000 元,括号内为指标数。下同)、城市化水平 46.2%(45%)、农村居民人均纯收入 8 807 元(8 000 元)、农村人均住房面积 40.1 m²(40 m²)、居民文教娱乐服务支出占家庭消费支出比重 18.2%(18%)、百户家庭电脑拥有量 40.1 台(40 台)。并且汇报了三个尚未达到指标,分别是:R&D 经费支出占 GDP 比重小康值为 1%,盱眙县为 0.9%,差 0.1 个百分点;城镇劳动保障三大保险覆盖面小康值为 95%,盱眙县为 93.3%,差 1.7 个百分点;二、三产业增加值占 GDP 比重小康值为 92%,盱眙县为 81.3%,距目标值差距较大(该项指标非一票否决指标,且为经济薄弱地区共性问题)。[①]

江苏省委主要领导对盱眙的小康建设进程给予了充分肯定,并鼓励说:"对盱眙今年达小康充满信心。"这也表明江苏省委对盱眙全县干群下达了动员令,从而揭开了盱眙全面冲刺的序幕。

二是江苏省级机关全面建设小康社会进程监测统计责任部门的认可。2012 年 12 月 7 日盱眙县全面建设小康社会(南京)汇报会上,淮安市委、盱眙县委汇报了盱眙全面小康建设的进展。全面小康 4 大类 18 项 25 个指标中,已有 24 个指标自测达标,且初步得到省对口部门认可,预计全面小康实现程度达 99.7%,有望在

---

① 材料来源:2012 年 3 月 26 日盱眙县委向江苏省委罗志军书记的书面汇报。

全市率先通过小康验收。江苏省统计局领导代表省级机关十三家对口责任部门指出，盱眙的全面小康建设是苏北地区跨越发展的样板、协调发展的样板、持续发展的样板、绿色发展的样板，群众认可度、满意度比较高，盱眙将是十八大之后首批小康县。

2. 江苏盱眙小康社会建设阶段性成就

截至 2013 年初，对照省定县级全面小康标准，盱眙县全面小康社会建设总体完成情况为：在纳入统计的 18 项共 25 个数量指标中，24 个指标达标，其中 6 个核心指标（江苏省全面建设小康社会综合指标评价体系中设立了 6 个一票否决性指标，分别是：人均地区生产总值、城镇居民人均可支配收入、农村居民人均纯收入、城镇劳动保障三大保险覆盖率、环境质量综合指数、新农保参保率）全面超小康标准，综合实现程度超过 99%（见附录 1：盱眙县全面小康社会进程测算表）。指标达标数和综合实现程度均在淮安市排名前列。盱眙已接近达到全面小康社会标准。其具体体现在：

（1）新达标指标 3 个。从 2012 年监测的情况看，有 24 个指标达标，在上年基础上新增 3 个，分别是：城镇劳动保障三大保险覆盖率平均达 95.7%（其中养老保险覆盖面为 95.2%，医疗保险覆盖面为 96.1%，失业保险覆盖面 95.8%）；城市化水平达 45.3%；R&D 经费支出占 GDP 比重达 1.0%。

（2）核心指标全部达标。从 2012 年监测的情况看，具有一票否决权的 6 个核心指标全部达超小康标准，分别是：人均 GDP 实现 34 267 元；城镇居民人均可支配收入为 22 230 元；农村居民人均纯收入为 10 031 元；城镇劳动保障三大保险各自覆盖率达 95.7%；环境质量综合指数为 92.6 分；新农保参保率达 100%。

（3）未达标指标在向目标值迈进。从 2012 年监测的情况看，二、三产业增加值占 GDP 比重为 81.8%，与目标值 92% 的标准相比，存在差距。但需指出的是，此指标非一票否决性指标，且为经济薄弱地区共性问题，从趋势上看该指标也正向标准值接近。

3. 盱眙全面小康社会建设主要举措和基本经验

（1）全面小康社会建设的主要举措

江苏在全国率先制定的全面小康社会指标体系，具体包括经济发展、生活水平、社会发展和生态环境 4 大类 18 项 25 个指标。盱眙为建设全面小康社会而采取的举措也主要围绕这 4 个方面开展。概括地说，盱眙县建设全面小康社会的主要举措可归结为"实力、幸福、和谐、绿色"小康。

① 以建设实力小康为途径，实现经济发展指标，其具体包括三方面：

首先，以重特大项目作为工业发展突破口。重视大型工业项目对地方经济社会发展的带动作用，为重特大项目的引进和培育提供良好环境。列统企业是重特大项目的具体体现,至 2012 年全县列统企业总数达 337 户,总量全市第一。仅 2012 年就新批列统企业 88 户。

其次,以现代高效农业作为农业发展新方式。加大对三农资金的支持力度,"十一五"期间投入农业资金总计达 12 亿元。2011 年年度投入农业资金首次突破了 3 亿元,2012 年全年投入农业资金 3.78 亿元。新增高效种植业面积 28.8 万亩,种植业绿色食品、无公害农产品产地认定面积覆盖率超过 97%,全省第二。建设高标准粮田 2.6 万亩,创建粮食作物高产万亩示范片 20 个,新增高效渔业面积 1.4 万亩,龙虾高效生态养殖面积达 15.1 万亩,累计建成县级以上现代农业园区 160 个。市级以上农业龙头企业发展到 23 家,农业现代化进程监测得分突破 80 分,位于苏北前列。

第三,以高端服务业作为服务业新增长点。有 3 个项目进入省现代服务业"十百千"行动计划,入选数全市第一。启动金融中心建设,全县进驻金融中心的银行机构累计达到 12 家。成立盱眙旅游协会,规范行业管理,天泉湖旅游度假区获批苏北首个省级旅游度假区,旅游品牌不断提升,助推服务业加快发展。服务业增加值 2012 年已达到 84.9 亿元,服务业对 GDP 的贡献份额明显提高。

② 以建设幸福小康为途径,实现生活水平指标。

首先,提高帮扶额度和标准。通过实施各类民生实事项目,让小康社会真正"看得见,摸得着"。"十一五"及以后两年累计投入资金 8.4 亿元,使全县 470 万人次受益。提高补助标准,城乡低保标准城市每人每月提高到 380 元、农村提高到 260 元;孤儿基本生活费最低养育标准散居每人每月提高到 760 元,集中供养提高到 1 265 元;各类优抚对象抚恤补助标准平均增幅 15% 以上,高于全国平均水平。

其次,把农村贫困农户脱贫纳入小康建设范围中。经济薄弱村和低收入农户能否增收和脱贫,不仅关系到小康社会生活水平指标能否达标,更重要的关系到党和政府对群众的承诺。

为此,盱眙县设立各类帮扶资金达 5 162.23 万元,发放扶贫小额贷款 1 亿元,实施帮扶项目 98 个。在这 98 个项目中,产业项目 61 个,占 62.2%,从而有效摆脱了"脱贫靠给钱,无钱就返贫"的扶贫怪圈。实现农村低收入人口脱贫 3 万人,9 个经济薄弱村基本达新"八有"目标,惠及低收入农户 8 683 户。而且,农户脱贫之后,巩固率较为稳定,这也是产业脱贫机制的效果。

③ 以建设和谐小康为途径,实现社会发展指标。

首先,加快社会基本保障体系全覆盖。以农保换城保,免收滞纳金等诸多优惠政策,扩大三大社会保险覆盖面,吸纳更多的城乡居民参加城镇职工社会保险,2012 年底全县城镇劳动保障三大保险覆盖面达 95.7%。加强就业指导,在全省首创村企对接劳务合作,为 7 223 人提供了就业岗位,城镇登记失业率控制在 2.7% 之内。

其次,加大教育事业投入幅度。教育投入大幅增加,县本级财政对教育投入占比居全省各县区第一。教育优先成为盱眙人的共识。投入2.8亿元的江苏省盱眙中学新校区建成启用,其办学条件位居苏北前列。投入3.6亿元建成全省领先的现代化职教园区,县职教集团被省政府批准为苏北地区唯一一家县级技师学院。

目前,教育公平实现程度大大提高,进城务工人员子女入学均享受城镇居民子女同等待遇。教育公平真正使小康社会成果与群众切身利益和实际感受结合起来。

第三,不折不扣贯彻国家和省医疗卫生体制改革举措,承担起县级政府公共卫生职能。巩固基本药物制度改革成果,乡镇卫生院和村卫生室全部实行药品零差率销售,门诊次均费用下降28%,住院次均费用下降17%。提高公共卫生服务水平,全县近7万名60岁以上老人享受免费健康体检,2.9万名农村妇女享受"两癌"免费筛查;新型农村合作医疗运行平稳,个人年度最高补偿标准提高到18万元,县乡两级政策补偿比达75%,实际补偿比达62%。

另外,全体市民充分享有小康社会所必需的文化环境。县内文化馆、图书馆等12个公益性文化场馆全部免费开放。开展文化"三送"活动,累计送戏100场、送电影3 024场、送图书2.5万册,受益人次达百万以上;全体市民充分享有小康社会所必需的安全环境。刑事案件发案率同比下降11.3%。矛盾纠纷调解成功率提升到99.5%,涉法涉诉信访案件化解率提升到95%,群众对社会治安的满意度不断提高。

④ 以建设绿色小康为途径,实现生态环境指标。

首先,彰显城乡规划特色。在全省率先提出大景区规划理念,完成全县城乡空间特色提升规划和抗震防灾规划编制,启动穆店、古桑、维桥、淮河四个乡镇总规划及城市特色空间、色彩天际线规划编制,对全县715个农民集中居住点进行规划论证,进一步增强城市"起伏感、韵律感、灵动感"。完成"一路一桥一环"规划,实施城市"纳湖跨河"战略,中等城市框架基本形成。

其次,改善城乡基础设施。完善城乡交通网络,淮河南路、大庆路改造全面完成,城区主干道全部实现黑色化。金马高速盱眙段加快推进,淮河三桥启动建设,新建农村公路70公里、农桥85座。完成城东大沟改造,铺设污水管网34公里、天然气管网125公里,城乡给排水和垃圾处理等问题得到较好解决,城乡基础设施不断完善。游泳馆、瑞康医院、城南小学综合楼、宝积山生态停车场等重点工程相继建成使用。

第三,优化城乡环境。实施"净化、亮化、硬化、绿化"四化工程,城市监管力度不断加强。着力优化生态环境,完成667个村庄环境整治,9个乡镇通过国家级生态乡镇复核。城乡面貌有了较大改观,"显山、露水、透绿"的宜居、宜业魅力进一步彰显。

(2) 全面小康社会建设的基本经验

可以说,盱眙是在比较薄弱的基础上起步,开始全面小康社会建设这一宏伟工程的,取得了较为突出的成就,同时也收获了一些有益的经验:

一是抓重点。把全面小康建设作为全局工作的统揽,成立由县委主要领导挂帅、县政府主要领导任指挥长的全面建设小康社会推进工作指挥部,定期研究小康建设的工作部署,协调解决小康进程中的重大问题,把全面小康目标具体化、项目化,一项项对照,一项项落实。

二是分阶段。从县域全面建设小康社会的实际出发,建立正常推进工作例会制度和会办制度,每月由县委县政府领导召开小康工作例会,每旬由县分管领导召集相关责任部门针对小康推进中存在的问题专题会议。各责任单位都制定了年度小康推进目标,并将目标分解落实到每个季度,根据工作进度,由县小康办定期对全面小康社会建设的重点、难点工作开展督查,保障各项工作有力有序推进。

三是重质量。在建设标准上向目标的上限看齐,向群众高认可度、高满意率看齐,向先进县(市)看齐。同时,不惟小康指标奔小康,进一步前延后伸,送服务到基层,努力为群众排忧解难,提高老百姓的生活水平,注重老百姓的感受和评价,努力建设一个高质量、高水准的全面小康。

四是重跟踪。及时动态掌握小康进程情况,按照既定的实现时序,扎扎实实加以推进。对已成指标进一步抓巩固提升,保持良好发展态势。对可成指标抓序时推进,立足于早、立足于快,一步不落地抓紧实施,争取尽可能地提前实现。特别是对有难度的指标,做到目标不变、标准不降,逐一进行分解、量化,把各项目标、责任落实到单位和人头,时间量化到阶段和节点,定期进行汇总分析,研究对策,确保各项工作顺利推进。

总括起来说,盱眙小康社会建设成效显著。在这一过程中,积累了一些有益的经验。这些经验可提炼为:重点论、过程论、质量管理论和目标控制论。

四、江苏盱眙全面建成小康社会后面临的挑战

2013年,盱眙面临一项大考:迎接江苏省全面小康社会验收和民意调查。鉴于盱眙业已取得的成就(全面小康社会25项监测指标中24项已达标,仅二、三产业增加值占GDP比重指标为81.8%,距目标值大于等于92%,相差10.2%。但此项指标为非一票否决性指标),这场大考盱眙取得了较为不错的成绩,也即迈进全面建成小康社会的门槛。

但是,对于盱眙来说,这还只是部分意义上的成功,面临的新要求还很高。

1. 江苏全面小康社会建设水平不断提高对盱眙提出严要求

人均地区生产总值方面,2010年为23 926元,2011年为29 160元,2012年为34 267元。虽然呈现稳步增长态势,但仍低于江苏平均水平。2012年江苏人均地

区生产总值为 68 347 元。① 比较而论,盱眙只达到省均水平的 50%。

城镇居民人均可支配收入方面,2010 年盱眙这一数值为 16 799 元,2011 年为 19 690 元,2012 年为 22 230 元,也低于江苏省平均水平,2012 年,江苏城镇居民人均可支配收入达到 2.96 万元,且增长率为 12.6%。②

农村居民人均纯收入方面,2010 年盱眙这一数值还不到 8 000 元,2011 年则实现了 19%的增长,达到 8 807 元。2012 年为 10 031 元。但 2012 年江苏省平均为 1.22 万元,与 2011 年相比增幅为 13.2%。③ 也就是说,不仅绝对数低于省平均水平,且增长速度也低于全省增幅。

再以象征创新潜力的研发投入举例。2012 年江苏全社会研究与发展(R&D)活动经费 1 230 亿元,占地区生产总值的 2.3%。④ 而盱眙则堪堪达到 1.0%的指标门槛而已。

况且,这仅是与全省平均水平相比。如与县域已全部达小康的苏南地区比较,则差距更大。众所周知,苏南县级地区早已实现全面小康水平,且部分有条件地区已率先开启现代化征程。

2013 年 3 月份,淮安市领导到盱眙调研经济社会发展情况。针对盱眙建设全面小康目标实现以后,如何定位下一阶段发展目标和方向,他代表市委提出,4 月份对全面小康的考核验收,是一个重大的发展转折,盱眙下一阶段的奋斗目标和努力方向是"苏北争第一、全国进百强、小康高标准、开启新征程",开启跨越发展,率先基本现代化的新征程是下一步发展的总目标。⑤ 这也对盱眙全面小康社会提出了更严格的要求。

2. 同类型城市小康社会建设进展对盱眙提出新要求

2013 年 3 月,江苏省民调中心对 2012 年度达到省定全面小康认定条件的邳州、新沂、赣榆、东海、洪泽、盱眙、金湖、阜宁、射阳 9 个县,进行了百姓认可度电话调查,评分均超过了 60 分。⑥ 这也表明,正在争取全面小康达标的兄弟县取得的进展与盱眙齐平。

再者,以淮安南部三县相比较,盱眙与金湖、洪泽在全面小康的核心指标上互有千秋,各擅胜场。前表 3、表 5 说明,城镇居民人均可支配收入盱眙、金湖及洪泽呈你追我赶的胶着局面,而人均地区生产总值和农村居民人均纯收入方面该两县态势优于盱眙,且增速也与盱眙相接近。

---

① 见《2012 年江苏省国民经济和社会发展统计公报》。
② 见《2013 年江苏省政府工作报告》。
③ 见《2013 年江苏省政府工作报告》。
④ 见《2012 年江苏省国民经济和社会发展统计公报》。
⑤ 《苏北争第一 全国进百强 小康高标准 开启新征程》,《盱眙日报》2013 年 3 月 29 日。
⑥ 《江苏九县(市)通过小康民意测评》,《新华日报》2013 年 3 月 19 日第 2 版。

总之,纵向比,盱眙小康建设成就卓著;但横向比,盱眙不足以故步自封,裹足不前。

3. 江苏"两个率先"战略目标对盱眙提出高要求

2011年11月召开的江苏省第十二次党代会提出到2020年全省率先基本实现现代化,并讨论通过了"基本实现现代化指标体系(试行)"。这一体系涵盖4大类30项可测量指标。

以小康指标体系中6项核心指标作参照,"基本实现现代化指标体系(试行)"确定:人均地区生产总值目标值10万元以上(2012年盱眙为34 267元);城镇居民人均可支配收入目标值5.5万元以上(2012年盱眙为22 230元);农村居民人均纯收入目标值2.3万元以上(2012年盱眙为10 031元)。基本社会保障三大保险指标方面,确定城乡基本养老保险覆盖率确定目标值为98%以上;城乡基本医疗保险覆盖率确定目标值为98%以上;失业保险覆盖率确定目标值98%以上;(2012年盱眙城镇劳动保障三大保险各自覆盖率达95.7%)。同时,原小康指标体系中的环境质量综合指数和新农保参保率不再单独测量,而代之以要求更高、目的性更强的减排标准、单位能耗标准、空气水源及绿化标准,同时对研发投入、文化产品等提出了具体的量化指标。

比较可知,现阶段盱眙,实际上包括整个苏北,离现代化指标体系还很遥远。全面建成小康社会也只是向基本现代化迈进了一小步。当然,这并不是否认事物发展必然会经过一个又一个的阶段,当前的成绩既是前个阶段的结果,也是一个阶段的基础。

五、加快建成更高水平小康社会的对策建议

如前所述,即使达到全面建成小康社会的标准,但与发达地区比,与全省平均水平比,与兄弟县区比,特别是与群众对更美好生活的向往所提出的要求相比,目前取得的成绩只是建成更高水平小康社会的起点,而不是终点。为此,我们还需做更多的工作,付出加倍的努力。从理论上也需澄清建成更高水平小康的目标、动力、保障,并据此提出对策。

1. 建成更高水平小康社会的目标

建设小康社会,建设不同水平的小康社会乃至于建设现代化,目的是什么?这是新的征途开始前首先必须明确的问题。笔者坚持认为,小康社会本身不是目的论,而只是过程、手段、途径。物质上的富裕也不是终极目的。更高水平小康社会是要实现人的现代化。著名经济学家洪银兴教授指出,现代化最终是由人来推动

的,人的素质没达到现代水准,也就不可能有现代化。① 诺贝尔经济学奖得主缪尔达尔也曾提出:"测验一个国家的先进程度,就看它利用现代技术到什么程度。现代技术不是得到和使用一种工具问题。现代技术跟随现代思想而出现。你不能以古代思想去掌握现代工具。"② 显然,推动人的现代化才是更高水平小康的目的,才是真正实现现代化。

2. 建成更高水平小康社会的动力

根据发展经济学中的经济起飞理论,一个国家或地域在实现起飞以后(相当于目前的全面小康),创新过程不再是杂乱无章的,它成了社会生活中有规则、制度化从而也是可驾驭的一部分。束缚经济发展的阻力最终被克服,增长成为正常的条件。经济进入自我持续增长的阶段,这意味着起飞和起飞后的基本动力是不一样的,前者是靠投资和不断增加投资推动,后者靠创新驱动。这反映经济发展方式的转变。美国著名经济学家库兹涅茨曾将科技创新与现代经济增长特征紧密相连。他说:"知识和技术的创新是任何重大经济增长的前提。但是在现代的经济增长中,这种创新的频率显然快多了,并且为速度更高的总体增长提供了基础。"③ 因此,盱眙全面建成小康社会之后,建设更高水平小康,必然要更多地以科技创新为经济社会发展的动力。另外,2012年盱眙县被省科技厅认定为"创新型试点县",因此,依靠科技创新也是盱眙工作的实际需要。

3. 建成更高水平小康社会的保障

(1) 机制保障

建成更高水平小康社会,需要有科学合理、运转高效的机制做保障。盱眙在建设全面小康社会过程中,探索了行之有效的工作机制,即:党委统揽、政府牵头、全民发动、对口分工、专人负责。这一机制应可以继续运行于新的任务中。同时,针对新的要求和目标,还应更加注重企业家队伍、高层次人才队伍、外来建设者队伍协同机制建设。

(2) 环境保障

为建成更高水平小康社会,需要引入更多外来资本和项目。这实质上是一种竞争。盱眙的竞争优势在何处? 从以往的基础看,盱眙有区位优势、资源优势、影响力优势(龙虾使盱眙受关注度极大提升)。仅有这些还不足以为新任务奠定坚实的基础,还应注重以环境作为保障。

这里说的环境包括两个方面:一是投资创业环境。应根据国家和省市的安排,

---

① 洪银兴:《现代化理论和区域率先基本现代化》,载于《经济学动态》2012年第3期。
② 缪尔达尔:《亚洲的戏剧》,转引自海因茨·阿恩特《经济发展思想史》,商务印书馆1999年版,第201页。
③ 库兹涅茨:《现代经济增长》,转引自布莱克《比较现代化》。上海译文出版社1996年版,第281页。

坚决梳理简化行政审批事项和环节,充分地尊重市场自身的调节作用。政府更多地在法治环境、运行规范、公共职能上发挥作用。二是生产生活环境。盱眙有得天独厚的山水资源。但出于众所周知的原因,应更加注重塑造安全的生产环境、安全的生活环境。这也将为盱眙在竞争中胜出提供更多的机会。

4. 建成更高水平小康社会的基本路径

全面达小康之后,盱眙下一步应做什么,应如何做?其基本路径可能应着力于以下诸方面:

(1) 坚持特色发展,建设综合竞争力更强的小康

坚持工业强县不动摇,强化靠开放、靠科技、靠人才的"三靠"理念,以凹土新材料、新能源和高端装备制造业为主导,矢志突破重特大项目,形成具有较强区域竞争力和辐射带动力的县域特色经济板块。坚持城市建设与服务业互促共进,坚定不移推进特色城市化进程。推动旅游业转型升级,大力发展养生养老、康体健身、文化创意等产业,加快从观光游向休闲度假等复合新业态过渡。着力提升现代农业,确保"十二五"末率先实现农业基本现代化。

(2) 增进民生福祉,建设群众幸福感更足的小康

全力实施"强农惠农、住房保障、交通通达、教育兴基、文化育民、居民健康、低保提标、养老助残、无线便民、效能提升"十大类40项民生实事,确保民生事业投入增幅高于公共财政预算收入同期增幅。落实居民收入倍增计划。突出农民、企业职工、中低收入者和困难家庭,拓宽就业、创业、投资、社保和帮扶"五大增收渠道",力争实现民生改善与经济发展、幸福指数与发展水平"两个同步提升"。2013年,力争实现城镇居民人均可支配收入26 100元,农村居民人均纯收入11 800元,确保城镇登记失业率控制在2.5%以内。强化基本公共服务,加快构建终身教育、就业服务、社会保障、基本医疗卫生、住房保障和养老服务六大基本公共服务体系,城乡低保标准城市每人每月提高到420元、农村提高到280元,力争实现社会保障广覆盖。力争城镇劳动保障三大保险覆盖面超过97%,新农合参保率稳定在98%以上,紧贴民生需求,办好各类实事,确保全年民生投入占财政预算支出65%以上。让盱眙人民更早、更多、更深地分享和体验到小康建设的成果。

(3) 创新社会管理,建设社会和谐度更高的小康

加强组织创新,推进技术创新。推广应用先进技术手段,建立完善的社会管理信息系统,及时反馈"四不"信息,实现网格化管理、流程化指挥、集成化处理。完善信息收集、分析研判、及时响应三大机制,提升信息员队伍的能力,鼓励既当信息员,又当调解员、指挥员,提高矛盾源头化解处置水平。突出民众导向,每一件重大事情、每一项重大工程的实施都要遵循百姓意愿。高度关注群众来信来访,完善涉法涉诉非正常信访案件公开听证制度,保证处理结果能代表和反映更多的群众声

音。深化社区管理创新,积极推广基层组织、物业管理、业主委员会和治安联防"四位一体"的小区管理模式,努力形成家家参与社会管理创新、户户主动化解矛盾、人人追求安乐和谐的局面。

(4)塑造生态文明,建设发展协调性更好的小康

实施蓝天、净土、清水工程,把排污总量作为新建项目审批的"总闸门",禁止新上不符合国家产业政策的项目。加大资金投入,鼓励社会、民间资本投入环境基础设施,力争2013年环保投入不低于GDP 3.5%。加强城市和开发区污水处理厂管理,规范乡镇污水处理厂运行,确保污水处理设施正常运转率95%以上。推进工程减排、结构减排和管理减排,确保主要污染物排放总量净消减率全市领先。完善公众参与机制,倡导绿色消费理念,加强生态环境建设,确保完成992个自然村庄的环境美化任务,植树造林600万株,绿化大地、美化家园,按照更高水平小康社会要求来建设美丽盱眙。

综上,江苏盱眙在全面建成更高水平的小康社会进程中已取得长足进步,成效显著。2013年4月24日,盱眙经评定验收,被确定为已建成小康社会。今后的工作重点是建设水平更高的小康社会。其战略支点则在于新型工业化、农业现代化和现代服务业的发展,关键点在于增强科技在经济社会发展中的作用。

参考文献

[1] 吴宏.电子商务原理与实务[M].北京:人民出版社,2005.
[2] 吴宏.政府信息管理与电子政务[M].北京:人民日报出版社,2008.
[3] 吴敬琏.当代中国经济改革[M].上海:上海远东出版社,2004.
[4] 中国现代化战略研究课题组.中国现代化报告2010——世界现代化概览[M].北京:北京大学出版社,2010.
[5] 梁小民.宏观经济学纵横谈[M].北京:生活·读书·新知三联书店,2002.
[6] 林毅夫,蔡昉,李周.中国的奇迹:发展战略与经济改革[M].上海:上海三联出版社,1996.
[7] 洪银兴.现代化理论和区域率先基本现代化[J].经济学动态,2012(3).
[8] 蔡昉,林毅夫.中国经济[M].北京:中国财政经济出版社,2003.
[9] 高鸿业.西方经济学(宏观部分)[M].北京:中国人民大学出版社,2001.
[10] 布兰查德.宏观经济学[M].北京:清华大学出版社,2004.
[11] 巴罗.宏观经济学[M].北京:中国人民大学出版社,2001.
[12] 查尔斯·琼斯.经济增长导论[M].北京:北京大学出版社,2002.
[13] 布赖恩·斯诺登.现代宏观经济增长指南——各思想流派比较研究引论[M].北京:商务印书馆,1998.
[14] N.格里高利·曼昆.宏观经济学[M].5版.北京:中国人民大学出版社,2005.
[15] 海韦尔·G.琼斯.现代经济增长理论导引[M].北京:商务印书馆,1999.
[16] 西蒙·库兹涅茨.现代经济增长[M].北京:北京经济学院出版社,1989.

[17] W. W. 罗斯托. 从起飞进入持续增长的经济学[M]. 成都:四川人民出版社,1988.
[18] 威廉·伊斯特利. 在经济增长的迷雾中求索[M]. 北京:中信出版社,2005.
[19] W. W. 罗斯托. 经济增长的阶段:非共产党宣言[M]. 北京:中国社会科学出版社,2001.
[20] 陆大道,等. 中国区域发展的理论与实践[M]. 北京:科学出版社,2003.
[21] 陈栋生. 中国区域经济新论[M]. 北京:经济科学出版社,2004.
[22] 安虎森. 区域经济学通论[M]. 北京:经济科学出版社,2004.

附录1：盱眙县全面建设小康社会进程测算表

指标名称	单位	目标值	2012年实现值	2011年实现值	达标情况 2012年	达标情况 2011年	2012年实现值减目标值
一、经济发展							
1. 人均地区生产总值	元	≥24 000	34 267	29 160	达标	达标	10 267
2. 二、三产业增加值占GDP比重	%	≥92	81.8	81.3	未达标	未达标	−10.2
3. 城市化水平	%	45	45.3	44.8	达标	未达标	0.3
4. 城镇登记失业率	%	<5	2.7	2.5	达标	达标	2.3
二、生活水平							
5. 居民收入							
(1) 城镇居民人均可支配收入	元	≥16 000	22 230	19 690	达标	达标	6 230
(2) 农村居民人均纯收入	元	≥8 000	10 031	8 807	达标	达标	2 031
6. 居民住房							
(1) 城镇人均住房建筑面积	m²	30	36.1	35.4	达标	达标	6.1
(2) 农村人均钢筋、砖木结构住房面积	m²	40	40.2	40.1	达标	达标	0.2
7. 居民出行							
(1) 农村行政村通灰黑公路（或航道）比重	%	100	100.0	100.0	达标	达标	0.0
(2) 城镇人均拥有道路面积	m²	12	17.6	17.3	达标	达标	5.6
8. 居民信息化普及程度							
(1) 百户家庭电话拥有量	部	200	266.8	272.1	达标	达标	66.8
城镇			279.0	266.0			
农村			256.7	277.0			
(2) 百户家庭电脑拥有量	台	40	46.7	40.0	达标	达标	6.7
城镇			77.0	72.0			
农村			21.7	14.0			

续表

指标名称	单位	目标值	2012年实现值	2011年实现值	达标情况 2012年	达标情况 2011年	2012年实现值减目标值
9. 居民文教娱乐服务支出占家庭消费支出比重	%	18	18.3	18.2	达标	达标	0.3
城镇			18.2	18.1			
农村			18.3	18.2			
10. 恩格尔系数	%	<40	35.7	37.0	达标	达标	4.3
城镇			31.5	34.1			
农村			39.1	39.4			
三、社会发展							
11. R&D经费支出占GDP比重	%	≥1	1.0	0.9	达标	未达标	0.0
12. 初中毕业生升学率	%	≥90	96.2	96.1	达标	达标	6.2
13. 卫生服务体系健全率	%	≥90	100.0	100.0	达标	达标	10.0
14. 社会保障							
(1) 城镇劳动保障三大保险各自覆盖面	%	≥95	95.7	92.3	达标	未达标	0.7
城镇基本养老保险	%	≥95	95.2	93.4	达标	未达标	0.2
城镇失业保险	%	≥95	95.8	93.0	达标	未达标	0.8
城镇基本医疗保险	%	≥95	96.1	90.4	达标	未达标	1.1
(2) 新型农村合作医疗覆盖面	%	≥85	100.0	100.0	达标	达标	15.0
15. 人民群众对社会治安的满意率	%	90	96.5	92.0	达标	达标	6.5
16. 城乡村(居)民依法自治							
(1) 城镇社区居委会依法自治达标率	%	90	100.0	100.0	达标	达标	10.0
(2) 农村村委会依法自治达标率	%	95	100.0	100.0	达标	达标	5.0
四、生态环境							
17. 绿化水平							
(1) 城市绿化覆盖率	%	40	41.8	41.7	达标	达标	1.8
(2) 森林覆盖率	%	20	28.3	27.9	达标	达标	8.3
18. 环境质量综合指数	分	80	92.6	93.3	达标	达标	12.6

(数据来源:《盱眙县全面建设小康社会进程监测报告》,盱眙县统计局2013年3月27日)

附录2 江苏基本实现现代化指标体系

1. 人均地区生产总值:确定目标值10万元以上。
2. 服务业增加值占GDP比重:确定目标值53%。
3. 消费对经济增长贡献率:确定目标值53%以上。
4. 城市化水平:确定目标值68%以上。
5. 现代农业发展水平:确定目标值90%以上。
6. 研发经费支出占GDP比重:确定目标值2.8%以上。
7. 高新技术产业产值占规模以上工业产值比重:确定目标值45%以上。
8. 自主品牌企业增加值占GDP比重:确定目标值15%以上。
9. 万人发明专利拥有量:确定目标值12件以上。
10. 人均预期寿命:确定目标值78岁以上。
11. 居民收入水平:城镇居民人均可支配收入确定目标值5.5万元以上,农村居民人均纯收入确定目标值2.3万元以上。
12. 居民住房水平:确定目标值为城市95%,农村80%以上。
13. 每千人国际互联网用户数:确定目标值1000个以上。
14. 基本社会保障:城乡基本养老保险覆盖率确定目标值为98%以上;城乡基本医疗保险覆盖率确定目标值为98%以上;失业保险覆盖率确定目标值98%以上;城镇保障性住房供给率确定目标值98%以上;每千名老人拥有机构养老床位数确定目标值30张以上。
15. 每千人拥有医生数:确定目标值2.3人以上。
16. 公共交通服务水平:城市居民公共交通出行分担率确定目标值26%以上;镇村公交开通率确定目标值为100%。
17. 主要劳动年龄人口平均受教育年限:确定目标值12.2年以上。
18. 人力资源水平:每万劳动力中研发人员数确定目标值为100人年以上。
19. 基尼系数:确定目标值0.4以下。
20. 党风廉政建设满意度:确定目标值80%以上。
21. 法治和平安建设水平:法治建设满意度确定目标值90%以上;公众安全感确定目标值90%以上。

22. 和谐社区建设水平：城市、农村和谐社区建设达标率确定目标值分别为98％、95％以上。

23. 文化产业增加值占 GDP 比重：确定目标值6％以上。

24. 人均拥有公共文化体育设施面积：确定目标值2.8平方米以上。

25. 单位 GDP 能耗：确定目标值为0.5吨标准煤/万元以下。

26. 主要污染物排放强度：单位 GDP 化学需氧量排放强度确定目标值2.0以下；单位 GDP 二氧化硫排放强度确定目标值1.2以下；单位 GDP 氨氮排放强度确定目标值0.2以下；单位 GDP 氮氧化物排放强度确定目标值1.5以下。

27. 空气质量优良天数比例：确定目标值95％以上。

28. Ⅲ类以上地表水比例：确定目标值60％以上。

29. 绿化水平：林木覆盖率确定目标值23％以上；城镇绿化覆盖率确定目标值40％以上。

30. 村庄环境整治达标率：确定目标值95％以上。

淮安市家庭农场创新机制研究[①]

一、研究背景

1. 研究的目的及意义

"三农"问题在中国至关重要。通过农地流转促进土地规模化经营是化解"三农"问题的一条重要路径。党的十六届三中全会指出：农户在承包期内可依法、自愿、有偿流转土地承包经营权，逐步发展适度规模经营。自此我国拉开了农业规模化、产业化、现代化的序幕。2008年党的十七届三中全会通过的《中共中央关于推进农村改革发展若干重大问题的决定》明确指出，允许农民以多种形式流转土地承包经营权，有条件的地方可以发展专业大户、家庭农场、农民专业合作社等规模经营主体。此后，农地流转、农地规模化在全国大范围开展。家庭农场等创新农业经营体制建设在探索中不断推进。2013年中央一号文件再次明确提出，要在依法自愿有偿原则的基础上，引导农村土地承包经营权有序流转，鼓励和支持承包土地向专业大户、家庭农场、农民合作社流转，发展多种形式的适度规模经营。这既是对在土地允许流转之后所涌现的家庭农场等对现代农业促进作用的一种肯定，也是对未来中国农业发展方向做出的一种合理安排。

从江苏全省角度来看，家庭农场仍处于自然发展阶段，政府还未就家庭农场的发展做出专门的政策安排。从苏北角度来看，目前，包括淮安在内的苏北在不遗余力地发展现代农业，以期推动农村小康社会建设进程，弥合城乡差距。家庭农场这一新生事物如雨后春笋般增长，对农业结构调整与升级和农民增收作用明显。但农民迫切希望相关政策能配套、优惠政策能落实。基层政府殷切盼望能尽快明晰家庭农场发展政策，尽快出台培育家庭农场的标准和办法。这些呼声普遍而迫切。

本课题旨在研究如何发展壮大淮安乃至江苏范围内的家庭农场。上述呼声和需要使得本研究成为必要和必需。本课题将为决策咨询提供材料服务和对策准

---

① 本文系江苏省软科学课题（项目编号：BR2013031）报告。

备,推动政策措施的科学制定。这是本研究政策意义所在;同时,学界对江苏,特别是对苏北部分农业比重还比较大的城市的家庭农场研究目前仍然不够深入。本课题将以淮安为典型研究苏北家庭农场问题,在已有研究基础上更深入探析家庭农场问题,澄清一些似是而非的观点,拓展一点未被挖掘的领域,进而为学界的跟进和持续关注打好基础。这也使本研究具有理论意义。

2. 主要研究内容与方法

(1) 研究内容

本研究拟以淮安为分析对象,研究如何发展苏北家庭农场。首先,通过文献和国内外经验事实研究,论证家庭农场在现代农业、农村小康社会建设和城镇化中的作用。其次,以淮安为例,研究苏北家庭农场发展脉络和经验事实:①梳理淮安培育家庭农场的主要举措;②在此基础上,揭示出淮安家庭农场的重要特征、存在潜力;③阐述淮安家庭农场发展面临的制约因素和存在矛盾,揭示其原因。同时进一步说明培育推进家庭农场对于苏北的典型意义和样本作用。本部分将开展案例研究,分析家庭农场的产生路径和发展模式,提炼出地方初步培育家庭农场的步骤方法及其效应。第三,论述家庭农场发展的战略定位、总体思路、指导原则和创新机制的主要内容。第四,在上述基础上,提出进一步推动苏北家庭农场建设的具体操作性政策建议。

(2) 研究方法

① 基于文献研究法,分析土地规范流转背景下家庭农场发展的基本模式及其实践现状,提出探讨推动淮安乃至苏北家庭农场发展的系统分析框架。

② 采用邀请座谈、田间走访、调研相关管理部门等具体形式,了解淮安家庭农场发展举措、成效及面临的制约等。

③ 宏观研究与微观分析相结合。从宏观层面,总体分析淮安家庭农场在农业发展和农村小康建设中所起的作用和影响路径。同时根据其历史发展情况,发现已经取得的成绩,总结淮安家庭农场的主要特色,以及仍存在的问题;从微观层面,通过实际典型案例视角,剖析发展家庭农场的微观基础和基本条件。

(3) 主要观点

① 家庭农场是土地流转政策、工业化发展阶段的产物,对现代农业和农村发展有积极作用,但须靠政策引导和扶持。

② 工商业资本和城市居民有可能参与到家庭农场发展进程中来,须分别予以引导和规范。

③ 苏北家庭农场的发展将经过高效农业(如经济类作物、苗木果林种植业)、养殖业到粮食种植业的发展阶段。这一过程中家庭农场的经营模式将会有所不同,如农业龙头企业+家庭农场模式、家庭农场联合模式、专业合作社+家庭农场模式等。

④家庭农场的发展与农民素质提高、抗风险能力的提高是相互促进的过程。

⑤家庭农场是创新的农业经营主体,也是独立承担风险与收益的市场主体,与其他市场主体并无本质性不同。各市场主体间是竞争与合作的关系。政策应予以扶持,但不应违背市场优胜劣汰规律。

3. 主要创新点和应用前景

本研究主要创新点:

(1)提炼出淮安市发展家庭农场的基本经验和主要特征,并指出,由于工商管理部门率先介入,淮安家庭农场在起步时就具有明确定义和统一标准。

(2)主张在推进苏北发展家庭农场中,可充分发挥政府职能,开展家庭农场"双登记行动"和示范农场"双培育"行动。

(3)主张在苏北家庭农场培育中,纳入退出机制。通过考核、复查、抽检,将不从事农业生产、损害生态或食品安全的农场,依法依规予以退出。

报告将以总报告和摘要形式提交。力争得到淮安市委、市政府领导的批示,并在市委市政府决策中得到采纳和体现;具体政策建议得到淮安市相关职能部门采纳,成果运用于淮安家庭农场,并为江苏省制定家庭农场培育办法打好基础。

二、淮安市家庭农场发展现状

1. 淮安市培育家庭农场的举措及其成效

(1)确定家庭农场定义及标准

① 确定家庭农场内涵。2013年中央1号文件提出,鼓励和支持承包土地向专业大户、家庭农场、农民合作社流转。"家庭农场"的概念首次出现在中央一号文件中。按照农业部的解释,家庭农场是指以家庭成员为主要劳动力,从事农业规模化、集约化、商品化生产经营,并以农业收入为家庭主要收入来源的新型农业经营主体。[①] 但在政策操作层面,家庭农场内涵界定在各地并不十分统一。

培育家庭农场,最先要做好的工作就是为家庭农场确定一把尺子,要明晰地提出家庭农场的内涵。在摸索中,淮安提出,较为准确把握家庭农场的定义要把握"三个突出":突出"家庭"两个字,家庭农场是以家庭成员为主要劳动力;突出"农场"两个字,农业经营的场所,也就是说行业要以农业生产为主要产业;突出"规模"两个字,要达到一定的规模,即规模化、集约化、商品化生产经营。

② 确定家庭农场门槛。经过多轮调研,借鉴省外家庭农场发展较早地区的经验,淮安市明确提出申请登记的家庭农场应具备一定的土地经营规模。从事农作

---

① 《农业部农村经济体制与经营管理司解读中央1号文件》,中央政府门户网站(www.gov.cn),2013年2月4日。

物种植的,土地经营规模原则上应为 100 亩以上;从事牲畜、家禽饲养、水产养殖的,土地经营规模原则上应在 50 亩以上。

③ 确定家庭农场注册登记基本规范。江苏淮安初步推行家庭农场的一个突出特点是,家庭农场的定义确认和标准设立由工商管理部门进行,即通过工商登记,确立家庭农场独立主体资格。家庭农场在淮安甫一出现,就具有明确统一的标准内涵和认定程序,因而并不存在定义混乱和主体混乱问题。工商管理部门要求,在设立登记时,除按家庭经营的个体工商户登记或以家庭财产出资的个人独资企业登记规范提交材料外,还须提交地方政府或村委会出具的土地承包合同或流转合同的原件和复印件。家庭农场申请设立登记,其承包或流转的土地应当符合《中华人民共和国土地管理法》《中华人民共和国农村土地承包法》《中华人民共和国物权法》的相关规定,其从事的农业生产经营活动应当符合当地政府的农业发展规划、产业布局和环境保护等方面要求。

此外,对家庭农场登记的主体类型、名称形式、业务范围等,淮安市均做出统一要求。

(2) 家庭农场培育举措

家庭农场是新生事物。浙江慈溪、上海松江、湖北武汉、安徽郎溪等地先行探索的模式并不一致。淮安对家庭农场的培育,最先由工商行政管理部门推进。2013 年 4 月 17 日,淮安市工商行政管理局在江苏省率先出台《关于充分发挥工商职能、促进家庭农场发展的实施意见(试行)》,大幅放宽市场准入门槛,培育家庭农场这一新型农业经营主体。该《意见》共二十条,可概括为"四放宽""三规范""两减免""一覆盖"等创新举措[①]。

"四放宽",即放宽企业资本准入门槛,凡设立注册资本在 10 万元以下的公司制家庭农场(一人公司除外),可以申请免缴首期注册资本,而设立个体工商户或个人独资企业形式的家庭农场则不受出资额限制;放宽企业名称登记条件,申请者可以用自己的姓名作为字号并允许组织形式中带有"家庭农场"字样,名称构成可有两种组成形式,一种是无行业表述,一种是可以把行业表述和家庭农场相结合;放宽企业经营范围和方式,对法律、行政法规和国务院规定必须取得前置审批,并且需具备生产经营条件后才能取得许可证或资质证的,可办理不含须前置审批的经营范围的营业执照,待完成筹建并取得相关许可证、资质证或批准文件后,再核准具体的经营范围;放宽企业住所登记条件,可提交所在地村民委员会出具的、证明合法使用权的场所登记为家庭农场的住所或经营场所。

"三规范",即规范土地承包或流转期限,合同承包期或流转期须五年以上;规范土地经营规模,从事农作物种植的,土地经营规模原则上应为 100 亩以上,从事牲畜、

---

① 见淮安市工商局关于印发《关于充分发挥工商职能促进家庭农场发展的实施意见(试行)》的通知(苏淮工商注〔2013〕3 号)。

家禽饲养、水产养殖的,土地经营规模原则上应在50亩以上;规范农村土地流转合同,工商部门建立农村土地承包经营权流转合同监管服务中心,加强涉农合同监管。

"两减免",即对家庭农场实行"两免"优惠,办理登记时免收登记费和工本费。

"一覆盖",即加强对家庭农场设立登记、营销规划、发展壮大全过程的"一条龙"服务,消除家庭农场的发展困惑和实际困难。

（3）家庭农场在推动"三农"发展中的作用明显

① 推动了农业商品化的进程。家庭农场改变了农村各家各户主要靠人工作业这一传统的生产模式,转向农业规模化、集约化、商品化、生产机械化的现代农业生产模式,增强了农业信息的采集能力、决策能力、抵御风险能力、博弈市场能力和保障盈利能力。家庭农场的出现,有助于提高农业的整体效益,有助于生产与市场的对接,克服了小生产与大市场的矛盾,提高了农业生产、流通、消费全过程的组织化程度。从淮安市最先申请登记注册的一批家庭农场来看,对经营状况持乐观态度的4家,表示经营状况一般的4家(见表1)。盱眙县官滩以江稻麦种植家庭农场、盱眙马坝佳盛果蔬种植家庭农场、盱眙县维桥永华玉米种植家庭农场等负责人均反映:家庭农场通过规模化、集约化和商品化发展,目前经营状况很好,不愁销路。

表1 淮安首批家庭农场调查

序号	名称	经营户反映的问题
1	清浦区张海波家庭农场	经营一般。村委做了工作,土地承包没问题;融资贷款困难,手续多而繁;税收不多
2	盱眙县以江稻麦种植家庭农场	经营很好。土地流转没有问题;主要是资金方面有困难,想扩大规模
3	盱眙县佳盛果蔬种植家庭农场	经营很好。个人信用度高,融资贷款没有困难;希望政府能够出台相关优惠政策,特别是农业方面的优惠政策
4	盱眙县莫凡稻麦种植家庭农场	经营一般。土地价格贵,不集中;融资贷款困难,手续多而繁
5	金湖县康庄家庭农场	经营很好。土地流转没有问题,很多农民主动要求出让土地;贷款困难,担保手续多;税收不多
6	金湖县耕耘家庭农场	经营一般。土地承包700—800元/亩,土地成片流转困难;正常参加保险、税收不多;融资贷款困难,手续多而繁;希望帮助解决一台烘干机
7	洪泽县学军家庭农场	经营一般。土地承包900—1000元/亩,融资贷款手续多而繁;急需政策支持、资金保障
8	盱眙县永华玉米种植家庭农场	生意很好,不愁销路。土地承包800多元/亩,不集中;急需资金支持

(资料来源于作者的调研、收集、整理)

进一步的调查表明,登记成家庭农场后,农场主在工商管理部门的引导下,对商标登记兴趣浓厚,有的已注册了商标(如淮阴区五里镇计生西瓜种植家庭农场注册了"翠玉"牌西瓜商标,盱眙县马坝镇佳盛果蔬种植家庭农场注册了"盱马"牌商标)。并且,有较多农场主希望自己的产品成为无公害农产品、绿色食品、有机农产品,拥有农产品地理标志。

② 增加了农民收入。随着农业现代化的发展,农业机械化基础设施条件已明显改善,这为用更少的劳力提供更多产品提供了物质条件。随着各县区城市化、工业化进程而来的,是大量青壮年农民工进城打工或转向第二、第三产业。农业生产不再是农民的唯一生活来源,将自己不再耕作的土地流转出去且获得一份土地租金,成为一种可能的选择。土地流转具备了客观条件。以盱眙率先在工商行政管理部门注册的 9 户农场为例,9 户家庭农场共流转土地 5 696 亩,按平均每户转出 20 亩计算,可流转 285 户,每亩平均按 700 元价格流转,流转资金达 398.7 万元,每户仅土地流转就可收入 1.4 万。在土地流转后,农场又反哺农业工人。最先登记的这 9 家家庭农场需用工 420 多人次。在乡的老年和妇女劳动力农闲时打理农田、农忙时抢收抢种,打工每年至少可以获得 1.5 万元,其家庭青壮年劳动力到外地打工每年至少可获得 3—4 万元。这样一来,全家每年总收入可达到 7—8 万元。

家庭农场主自身收入增长也比较乐观。以淮安市涟水县桂芳家庭农场为例,其每年可轮流种植包菜、花菜、葱、菠菜、青刀豆、毛豆等 4—6 茬,绿色蔬菜可远销东南亚。其年总产值约 295 万元,全年纯收入 40 万元,为其他专业大户及周边农户起到了示范带头作用。登记成家庭农场后,其对商标注册、高效农业等也更加关注。

表 2 涟水县桂芳家庭农场经营状况

品种	包菜	花菜	葱	菠菜	青刀豆	毛豆
亩数	80	60	160	140	130	120
产量(吨)	800	240	1600	420	130	90
产值(万元)	32	24	160	30	26	22
总产值:295 万元					纯收入:40 万元	

(资料来源于作者的调研、收集、整理)

③ 进一步促进土地资源的优化配置。家庭农场模式往往要涉及土地流转和集中,而在土地流转和集中的过程中,必须严格遵循双方自愿和平等互惠的原则。在这种模式中,土地归村民集体所有的性质是不变的,向外承包土地的一方在合同到期后可以收回土地。因而,家庭农场模式并不会伤害农民和村集体的利益,反而

可以进一步激发农民的积极性、释放农业的潜力。土地流转的途径是通畅的。淮安市规定,种植业和养殖业类型的家庭农场在登记时,要分别达到100亩和50亩。比较而言,淮安关于家庭农场的标准要略高于大多已制定家庭农场登记认定办法的其他地区。实践表明,家庭农场流转来的土地,基本能实行连片经营,规模经营。集中后的土地产出亩均要比单户经营产出普遍高出10%—20%,经营收入的增长幅度还要略高一点。

2. 淮安市家庭农场发展的主要特点

(1) 全市家庭农场数量增长迅猛,领先江苏

2013年3月5日,淮安市金湖县工商部门向该县陈桥镇新丰村六组农民顾爱国颁发了"金湖县康庄家庭农场"个体工商户营业执照,其成为淮安市首个持照经营的家庭农场;截至2013年5月10日,淮安市共计发展家庭农场76户,注册资金8646.6万元,两项指标绝对值列全省第一,较位列第二的泰州多出48户。2013年4月24日成立的淮安开心农作物种植家庭农场有限公司是我省第一个公司制家庭农场;截至2013年8月7日,淮安市共计发展家庭农场209户,注册资金1.77亿元,分别占全省总数的26.3%和22.9%,两项指标继续位列全省第一。

(2) 家庭农场形态多样,分布广泛

从家庭农场经营形态上看,近210家农场经营范围涵盖了粮食种植业(小麦、稻谷)、养殖业(淡水鱼类、虾类、蟹类)、农业观光休闲业(垂钓、采摘、农家乐餐饮)、苗木花卉种植业、蔬果种植业、药材种植业等诸多门类(详见二维码中"淮安家庭农场名录")。家庭农场主要有个体工商户和企业两种登记形式。从注册资金看,两种主要登记形式中,注册资金从几万元到上千万元不等。

从家庭农场分布范围上看,这些农场基本涵盖了淮安所有的县域及设有乡镇的区。作为传统农业大县的涟水县、洪泽县、盱眙县、金湖县有着发展家庭农场得天独厚的条件,该四县发展的家庭农场的数量占全市家庭农场总数的70%。而淮安区、淮阴区及清浦区由于农村腹地广大,也有较多数量的家庭农场。唯一没有家庭农场的是清河区,其原因在于清河区是主城区,已基本完成城市化,没有耕地。

(3) 家庭农场发展类型多样,来源广泛

2013年4月27日,江苏省工商局发布了《关于充分发挥工商注册登记职能做好家庭农场登记工作的意见》(苏工商注〔2013〕163号),作为促进家庭农场发展的纲领性文件,家庭农场可以有多种发展类型,如个体工商户、个人独资企业、合伙企业和有限责任公司。

目前,淮安市家庭农场主体类型分为个体工商户、独资企业和公司制企业,截至2013年8月7日,发展户数分别为个体工商户115户、独资企业93户、有限公司1户。除了还没有合伙企业类型,其他三个类型都有所发展,其中以个体工商户

和独资企业为主(详见二维码中"淮安家庭农场名录")。

淮安家庭农场发展之所以迅猛,形态之所以丰富,类型之所以多样,原因是家庭农场的生成路径多样化。下面分别以具体的个案,来说明家庭农场生成路径:

① 由以前的种养殖大户演变成家庭农场。

盱眙县维桥乡德珍稻麦种植家庭农场的农场主蒋文珍原是种粮大户,通过政府和农经工作人员的引导,在自身的努力下,其不断扩大经营规模。2011年起,其在维桥乡桥东村杨东组租赁土地,投入固定资产40余万元,购置农机具10台套,集中连片开展土地整理,发展规模农业生产,迅速建成了经营面积650亩、种植优质稻麦的家庭家场。

再比如,盱眙县官滩镇三墩村草坊组农民丁以江以前就是种粮大户。家庭农场这一新概念出来之前,他就多年承包规模上百亩的土地,是远近闻名的种粮能手。2013年3月1日与村委会签订土地流转协议,从该组58户农户手中流转土地810亩。3月14日从盱眙县工商管理局三河分局领取了家庭农场营业执照,成为盱眙县首家在工商部门登记注册的家庭农场。

② 回乡创业人员创建家庭农场。

近几年来,淮安各县区都有不少在外创业的人士,纷纷回乡,在当地政府引导下,利用当地土地、水面资源丰富的特点,自觉发展农业规模化经营。如盱眙县马坝镇佳盛果蔬种植家庭农场负责人刘群是退伍军人,有一定的创业经验和资金。2012年回乡承包本镇高桥村、塘坝村部分农户260亩土地发展果蔬种植,组建了自己的家庭农场。

诸多生成路径中上述两种是主体。

③ 通过开垦荒地等土地资源产生家庭农场。

2008年,盱眙县明祖陵镇村民王忠剑与明祖陵镇政府签订荒滩承包协议,承包了本镇兴隆滩圩区土地1 200亩,大搞荒滩资源开发,投资600多万元,建设生产生活用房及仓库约1 500平方米,建设抽水机站1座,购买大功率750拖拉机、小型烘干机、收割机、插秧机等农机具若干,做到耕、种、收生产一条龙,较好实现了农业规模化、集约化、机械化生产,经济效益很好,在此过程中完成了资本积累。中央鼓励发展家庭农场的消息一经传出,他即多方咨询,登记成立了莫凡稻麦种植家庭农场。

与其他家庭农场的诞生不同的是,这一类农场并不需经过村组—农户流转土地,而是直接与乡镇政府签订对荒山、荒坡、荒滩、荒塘、无主地的承包合同。这类合同往往租金低、时限长、涉及土地面积大,但整治所承包的地域投入也很大。

淮安区的惠新家庭农场也是这一类型。

④ 政府部门扶持催生家庭农场。

淮阴区五里镇计生西瓜种植家庭农场之所以冠名为计生,是因为区计划生育部门与五里镇为对口帮扶关系。区计划生育部门非常关心支持五里镇的发展。2013年中央1号文件精神为两个单位之间的合作提供了新契机。区计生部门牵头,跑落实、跑咨询、跑手续,最终促成了淮阴区五里镇计生西瓜种植家庭农场的产生。虽然注册资金只有20万元,但由于有政府部门协助,办事程序熟,政策吃得透,市场信息广,因此,农场运营状况稳定,市场销路畅通。而且,由于有政府部门的点对点扶持帮助,家庭农场常见的困难如融资难、政策不熟悉等,对于这一类农场来说,解决的难度也相应降低。

此外,2013年中央1号文件出台后,很多人(从法理上说,分为企业法人和自然人)对家庭农场这一新概念颇为关注,并希望能有机会到农村设立自己的农场;但囿于政策所限,城市居民不具备到农村开辟农场的条件,以企业形式体现的城市工商资本也面临较严格的进入门槛。因而,有亲友在乡务农的部分城市居民通过提供资金、信息、设备和人脉关系,以农村亲友的名义成立家庭农场;或者,有工商资本背景的资金绕道进入家庭农场,在个别家庭农场的资本构成中,占有一定比例。当然,上述两种资本来源并不会具体体现出来,而是以"暗股"存在并会按股本分红。这些形式均是一种隐形的委托代理关系,但这一方式规避了政策门槛,绕过了农场设立主体必须是农村户籍的限制。

3. 存在问题及其原因分析

(1) 资金需求与金融产品及服务滞后之间存在矛盾

家庭农场在土地流转、规模扩张、资源高效利用以及营销方面都需要资金支持,但"融资难"是当前制约家庭农场发展的主要瓶颈。这一矛盾具体体现在以下几方面:

① 家庭农场大额资金需求与对农户贷款额度之间存在矛盾。目前,一般性的农村商业银行对农户小额贷款最高2万元,对具有一定规模的家庭农场且3户联保情况下授信额度控制在10万元之内。以种植类家庭农场为例,一般经营面积都在百亩以上,亩均流转费多在700—1000元之间,仅此一项资金就在7万元以上;大棚、禾苗、农资费用,亩均也在千元以上;再有后期的人工费用、收割费用等。因此,普通贷款额度显然难以满足农场资金需求。许多渴求资金的家庭农场无奈只能在银行贷款之外寻求民间融资。如涟水县玉芹粮食种植家庭农场在创办之初因土地整理、农机购置等需要资金近80万元,在银行无法满足其资金需求的情况下民间借贷近50万元(俗称"小会钱",即高利贷。年利息普遍在15%~30%之间,有的甚至更高)。

② 家庭农场中长期融资需求与一般贷款期限之间存在矛盾。目前,农村商业银行对农户主要发放1年及以内的短期贷款。与以往农户主要以短期融资需求为主相比,家庭农场对融资期限的要求更加多元化:既有季节性较强的短期融资需

求,也有较大规模的中长期融资需求。调查显示,短期融资主要用于购买种子、树苗、肥料等生产资料,期限一般在 6—10 个月,具有明显季节性特征,以春秋为需求旺季。长期融资主要用于租用及整理土地、购置农业机械等长期投资,期限一般在 1—3 年。近两年是家庭农场初创及快速发展期,家庭农场扩大生产规模、进行长期投资的意愿较强,资金需求旺盛。以淮安市最大人口县涟水为例,到 2013 年 7 月末,该县 42 户家庭农场 226.2 万元贷款全部为 1 年及以内的短期贷款,多数家庭农场存在"短贷长用"现象,在资金周转不畅时普遍出现资金拖欠问题。

③ 家庭农场低成本融资需求与高成本融资现状之间存在矛盾。家庭农场从事种植养殖业,仍具有农业弱质产业的特点,经营利润总体较低。近年来,人工成本、农业生产资料价格上涨较快,农产品市场价格波动较大,加剧了家庭农场经营压力。据调查,在正常年景下,种植业家庭农场资产利润率在 8%～15%左右,水域养殖业在 15%左右。同时,家庭农场面临较大的生产风险与市场风险,在年景差时可能亏损。高成本融资势必影响农场利润和生存空间。因而,农场主相当希望能以较低利息融资。以洪泽县岔河镇何六家庭农场为例,该家庭农场流转土地 790 亩,贷款 20 万元,需要还贷款利息 2 万元左右。而他的亩均纯利润为 600 元左右,需要偿还银行贷款利息折合亩均 25 元,已经占亩均利润的 4.2%。另一方面,就现有农村商业银行、国有商业银行业务而言,对种植养殖大户贷款利率在 10%～15%左右,明显高于同等经营规模的企业贷款利率。免息、贴息贷款也基本覆盖不到他们。

④ 家庭农场信贷需求与金融机构金融产品创新之间存在矛盾。目前,金融机构缺乏专门面向家庭农场的信贷管理办法,对其发放贷款一般参照农户贷款的做法,主要发放小额农户贷款、联保互保贷款,而且贷款主体均为家庭农场主本人,而非家庭农场本身。没有专门针对家庭农场的信贷产品。另一方面,对大额的联保互保贷款,联保、互保户之间缺乏相互信任,绝大多数贷款户不愿意选择联保互保方式。据对涟水 42 户家庭农场贷款调查显示,81%以上的家庭农场主不愿意选择联保互保方式贷款。而且,家庭农场与农户金融需求存在较大差异,对家庭农场参照农户贷款管理必然导致其部分金融需求难以满足。

⑤ 对农业保险的社会需求与农业保险水平之间存在矛盾。尽管种植大户、养殖大户对农业保险产品的需求强烈,但由于农业生产经营风险大,保险赔付率高,涉及面太广,商业保险公司开展农业保险的积极性较低,导致农业保险险种较少,且产品设计不够合理,化解风险作用较小。如目前种植业险种主要是小麦、玉米、棉花三大作物,养猪业仅有能繁母猪险。再则,对于金融机构来说,即使开发出了针对农村的融资产品与服务,也必然会关心资金安全,希望能对贷款加以保险。但目前针对涉农贷款本身的保险品种单一且产品设计不够合理,难以从保险途径提高涉农贷款安全性,影响了银行信贷投放积极性。

融资难,最主要原因在于家庭农场主条件与贷款"四要素"不适应。首先抵押物难找。商业银行一般只接受权属明确、价值稳定、能够顺利出售的抵押产品。家庭农场所拥有土地为农村耕地,现行的《物权法》和《担保法》明确规定,耕地、宅基地等集体所有的土地使用权不得抵押,这使得农地农房抵押贷款缺乏必要的法律依据。虽然家庭农场与政府或村委会签订了土地长期租赁合同,但土地承包金是按年支付,且无相应的评估抵押担保机构,致使土地经营权也很难进行抵押。由于缺乏有效担保抵押物,许多家庭农场主要依靠联保互保方式获得贷款,融资规模较小,不能满足生产经营需要。其次担保人难寻。家庭农场是新兴事物,担保人为其担保时有所顾忌,不愿予以担保。何况一般来说商业银行在实际操作中也有不成文规定,家庭农场贷款需要有公务员或事业单位职工担保,且每个公务员担保上限为10万元(教师等担保上限还要低)。这也意味着,如需贷100万元,则需找上10名公务员。这几乎是不可能完成的事情。再次职业不稳定。银行倾向挑选有稳定工作、稳定收入的贷款群体,而家庭农场主以务农为职业,受自然、政策、市场等因素影响较大,工作、收入都不稳定。最后财务制度不健全。家庭农场是以家庭成员为主要参与人的单位,家庭内部人员"算小账""内部算账",不对外公布,没有建立相对完善的财务管理制度,所以出现家庭农场"贷款难"现象。

洪泽县祥泰家庭农场主就描述了自己"贷款难"经历。由于需要支付土地流转和购买新农业机械资金,进一步做好秋种工作,他向银行申请300万的农业贷款资金,但是由于没有有效房产作为抵押和没有30个公务员(1人对应担保10万元)作为担保人,所以其当年就没有解决好农业贷款问题。

另外一些因素也催生了融资难,如贷款手续复杂。由于超过农户小额信用贷款的额度,银行一般都要经过实地调研、抵押品评估和上报审批等近数十道信贷程序;因此,在农忙特别是"双抢"时期,部分需求资金的农场主不愿等候银行的层层手续,或因用款时间紧迫,而转向效率更高、利率更高的民间借贷。

(2) 政策需求与政策具体落实之间存在矛盾

家庭农场对政策的需求分为几个方面:

① 希望落实补贴政策。目前各种类型的家庭农场在全国各地已存在多年,但如何定义却未给出统一标准,影响到如何界定、如何扶持、如何引入登记制度等问题。在享受国家各项惠农补贴政策时家庭农场身份地位均不明朗,如良种补贴、农资综合补贴、粮食直补等惠农补贴政策,目前均补贴给农民,实际从事农业经营的家庭农场无法享受。江苏等省份比较早地推行了"一折通"惠农政策,直补到农民的现金补贴会直接打到账户上。有的家庭农场主就提出来,随着土地流转,按道理应把直补给原农户的那一部分钱补贴给他们。

② 希望出台扶持政策。家庭农场是农村新型经营主体,需要像对其他农村经营主体一样扶持。访谈中一些农场主提出,他们了解到中央文件精神鼓励涉农项

目向家庭农场等倾斜,也知道,金融、财政、税收、保险等方面扶持政策也都会相继跟进。但他们又往往以"乡里人""农村人"自居,担心政策来了自己不知道,担心不懂如何去办手续和跑各种各样的程序,还担心政策被"有关系的人"捷足先登。

③ 希望细化配套政策。除了宏观层面的政策,微观操作层面的政策配套也未跟进。这主要体现在农田水利建设和基础设施建设上面临一些问题。家庭农场主希望这些问题也能受到关注。

首先,土地流转后,分散耕作的田地趋向集中,原先的机耕道、人行便道、分界的田垄有的就没有必要存在了。但面积丈量、土地四至重新确权都需要村镇政府和国土部门跟进,否则就会因承包地四至状况变更而产生纠纷或留下日后冲突的隐患。

其次,规模经营后,农业机械作业水平快速提升,经营主体需要建设农机库;农业投入品规模提高,需要建设生产资料仓库;农产品收获后,需要建设粮库;谷物晾晒烘干需要机房;休闲观光农业需要房屋等,这些都涉及用地。但国家的土地政策是,基本农田保护区不允许建设永久性建筑,这就给家庭农场的发展带来了政策性障碍。国土管理部门如何在国家政策框架内,提供政策配套,这个问题尚未提上议程。

第三,土地集中耕作,对水利设施的要求也相应提高,农田灌溉不能仅指望自然降雨。农场会从河流、沟渠、水塘等水源处引入水流,会请人打机井。但目前这些事大多都需行政许可,手续繁琐,且衍生费用,同时还会涉及与相邻地块承包人的水源分配问题。

存在这对矛盾的主因在于:通常国家层面的政策特别是涉及资金、物资补贴优惠方面的政策,是个总盘子,要在各省区间分配细化。财政部门要跟进划拨。之后省级政府要依据自身实际定配套措施。这一过程本身要经过较多程序。况且,家庭农场又是新生事物,从国家到地方再到基层会经过一轮又一轮调研摸底的过程。因而存在政策落实上的滞后现象。

(3) 社会化服务需求与社会化服务体系之间存在矛盾

① 农场农机化需求与农机社会化服务之间存在矛盾。土地流转意味着农户经营的土地大面积增加,机械化耕作是顺理成章的事。农户家庭一般只能自己备有小型农机,如小型拖拉机、小水泵等,大型农机和大型水利设施价格昂贵,自身难以承担。但是,农机专业化合作组织发展相对来说是滞后的。而且,由于农业生产的季节性较强,即使有农机专业合作组织解决了大型农机具的供应问题,农忙季节大家都抢着用,大型农机必然供不应求,只能是谁出价高谁用,这又增加了耕作成本。

② 农场信息需求与社会化信息提供之间存在矛盾。不论家庭农场经营状况如何,他们都想了解,哪些地方需求他们的产品;别的农场在经营什么,质量如何,

都销往何处；也希望到别的农场甚至外地的农场实地考察学习，以获得一些先进经验和卓有成效的做法。但目前，农场主之间缺少横向联合，缺乏信息交流，更缺少权威的农产品供需信息发布平台。

③ 农场科技需求与农业科技服务体系之间存在矛盾。淮安是农业科技服务体系建设较为完善的地区。但农业科技服务体系市场化服务能力并不强，还没有建立专门为家庭农场服务的机制与管道。相当多的家庭农场主对先进农业科技有需求。从事种植业的，有的希望改良土壤，有的希望在良种选择、施肥、灌溉等方面得到指导；从事养殖业，有的希望在饲养技术上得到帮助，有的希望在鱼类病虫防治上得到指导。其他诸如园艺种植、中药材种植业农场，也有类似需求。农场主希望的是，能够以较低的价格，方便快捷地从农业科技服务市场中购买到这些服务，而不是被动地等候科技服务部门上门。

这对矛盾在某种程度上制约了家庭农场。导致矛盾存在的因素也客观存在，即：家庭农场是新生事物，与原有的各种社会化服务体制机制有一个磨合的过程；社会化涉农服务体系还未能实现对这一新生事物的覆盖；同时，鉴于家庭农场的配套政策措施尚未跟进，各类市场化运作的涉农服务机构及企业虽面临新的市场机会，但也要经过一个学习过程。

此外，农场主对商标注册、产品认证、农产品质量回溯体系建设、品牌管理等都有较多需求，但限于自身文化素质、成长背景及客观条件等，一时还难以满足。

(4) 土地流转近期现行价格与土地长远预期价格之间存在矛盾

目前，淮安各县区家庭农场流转土地的费用大多在 600—800 元/亩（极个别近郊土地也能到 1 000 元/亩以上）。但由于城市化、工业化进程的推进，土地资源稀缺性特征益发凸显，加之物价上涨因素，家庭农场经营成功的财富效应因素，不论是城镇近郊还是偏僻地方，土地租金上涨是必然趋势。但农业收益存在边际效应，不可能跟随土地租金上涨的幅度，因地租高而退出家庭农场经营，或要求提高土地流转费的现象可能都会出现。实际上现在已出现了这样的苗头，个别地方土地流出方看到家庭农场的财富效应，要求改签合同，提高土地流转费。

这一现象的出现是必然的。就土地流转而言，土地流出方与流入方是市场平等主体，对租金价格的商量是一种契约行为。要价高，不会被接受；出价低，也不会被接受。最终价格是双方衡量的结果。这一现象之后的原因对于政策含义显而易见：政府要确保土地流转规范，但无须硬性规定具体价格。

三、进一步培育淮安家庭农场的发展思路

党的十六届三中全会、十七届三中全会为培育家庭农场拉开了序幕，2013 年中央 1 号文件为进一步培育壮大家庭农场吹响了号角。包括淮安在内的家庭农场实践则充分证明了家庭农场的生命力和对现代农业的意义。保持淮安家庭农场领

先发展的态势也对壮大家庭农场规模提出了要求。为此,应针对淮安家庭农场发展中面临的制约和矛盾,提出针对性的办法,稳步推进家庭农场建设。

1. 战略定位和总体思路

党的十六届三中全会指出:农户在承包期内可依法、自愿、有偿流转土地承包经营权,完善流转办法,逐步发展适度规模经营。由此,拉开了我国农业规模化、产业化、现代化的序幕。2008年,党的十七届三中全会更进一步推动了农地规模化的全方位、深层次发展,全会通过的《中共中央关于推进农村改革发展若干重大问题的决定》指出:要稳定和完善农村基本经营制度,赋予农民更加充分而有保障的土地承包经营权,现有土地承包关系要保持稳定并长久不变;加强土地承包经营权流转管理和服务,建立健全土地承包经营权流转市场,按照依法、自愿、有偿的原则,允许农民以转包、出租、转让、互换、股份合作等形式流转土地承包经营权,发展多种形式的适度规模经营,有条件的地方可以发展专业大户、家庭农场、农民专业合作社等规模经营主体。此后,农地流转、农地规模化在全国大范围开展。家庭农场等创新农业经营体制建设在探索中不断推进。2013年在《中共中央国务院关于加快发展现代农业进一步增强农村发展活力的若干意见》(中发〔2013〕1号)中,中央再次明确提出,要在依法自愿有偿原则的基础上,引导农村土地承包经营权有序流转,鼓励和支持承包土地向专业大户、家庭农场、农民合作社流转,发展多种形式的适度规模经营。这既是对土地允许流转之后所涌现的家庭农场等对现代农业促进作用的一种肯定,也是对未来中国农业发展方向、实施路径、经营主体、经营体制所做出的一种安排。上海、浙江、吉林、湖北、安徽等部分地方的实践表明,家庭农场丰富了农业经营主体,创新了农业经营体制。家庭农场的提出既顺应了当前我国农业发展的新趋势,也破解了我国未来农业经营主体的稳定性和持续性难题;既坚持了农业家庭生产经营的特性,又通过适度规模经营达到了促进农业增效、农民增收的目的;既适应了城镇化的发展要求,又为现代农业发展探索出了新的实施路径。

淮安是江苏的农业重点城市。发展家庭农场,加快现代农业建设步伐,对淮安更具有重要意义。因此,淮安更应又好又快地推进家庭农场培育。

(1) 指导思想和战略定位

应以党的十八大和2013年中央1号文件精神为指引,按照创新农业经营体制、激发农村发展活力的总体要求,坚持规范流转、农民自愿、市场主导、家庭自营、科技引领为基本原则,紧紧围绕提高农业综合生产能力、促进农民增收、实现城乡发展一体化,以家庭承包经营为基础,以推进农业经营方式转变为主线,以深化农村改革为动力,以土地流转为依托,以政府政策扶持服务为保障,培育发展家庭农场,逐步实现农业生产经营集约化、专业化、组织化、社会化,提高农业综合效益,加快农业生产经营方式转变,推动现代农业不断发展。争取"十二五"末在粮食、蔬菜、渔业、畜牧、果业等农业产业领域培育一批产业特色鲜明、运作管理规范、社会效益好、带动作用大的家庭农场。力争在家庭农场促进现代农业发展方面,继续保持苏北领先的局面,成为江苏省家庭农场示范发展城市,并为苏北其他地区家庭农场的发展提供经验借鉴。

(2) 总体思路

应借鉴家庭农场发展较好地区的先进经验,根据淮安实际和现有基础,采取以下总体思路,整体推进家庭农场。

① 规范流转。发展家庭农场,不能脱离我国现行基本农田制度,不能超越农业发展阶段。要结合正在进行的农村土地承包经营权确权登记颁证工作,在规范中流转土地。要做到不确权,不流转;要尊重农民意愿,坚持依法自愿有偿流转。从承包户或集体经济组织手中流转土地的,应在签订土地承包经营权流转合同后,向原承包农户或拥有土地流转权的集体经济组织支付土地流转费。

② 家庭经营。世界农业发展经验和我国农业发展历史表明,家庭是农业生产的基本主体。必须坚持以农户为主体培育发展家庭农场,主要依靠家庭劳动力从事农业生产经营活动,以家庭为单位进行生产经营核算。家庭经营必须坚持四条底线:应由农村户籍家庭组织管理家庭农场经营活动;不应从事农业生产范围之外的经营活动;不得将所经营的土地再转包、转租或以其他形式给第三方经营;除季节性、临时性聘用短期用工外,不得常年雇用外来劳动力从事家庭农场的生产经营活动。

③ 市场优先。2008年,党的十七届三中全会报告指出,家庭农场是农业规模经营主体。经过工商注册登记,家庭农场已是独立的市场法人主体,对承包合同细节的拟定、经营范围的选择、销售的策略、成本利润的核算、市场风险的承担等,都将按照独立的市场经营主体来思考。因此,不应对家庭农场的具体经营加以不符合市场经济的指导。尤其在确定土地流转费环节,应充分尊重土地转出方与转入方的意愿,尊重其议价过程,不应硬性规定固定的价格。

④ 稳步培育。2013年中央1号文件出台后,好多地方都有加快发展家庭农场的迫切愿望,在实践中不顾地方实际和农民意愿,强行"拉郎配"、盲目制定家庭农场数量指标的现象并不鲜见。尽管淮安家庭农场起步基础较好,但土地规模经营、规范流转是一个长期的发展过程。因此,应稳步发展。要因地制宜,分类指导。要充分尊重农民意愿,根据本地区农村劳动力转移状况、农村生产力发展水平、农业生产区域特色以及家庭农场经营类别,合理确定家庭农场的适度规模和发展目标,坚持成熟一个发展一个,防止片面追求数量和规模,稳步推进家庭农场持续健康发展;要积极引导,择优扶持。政府在推进家庭农场发展中,要鼓励有一定规模的专业大户成立家庭农场,推动其提升经营中的科技含量,推动其面向市场。从中择优

培育出一批示范家庭农场,来引领辐射其他家庭农场。

2. 发展目标

努力培育一大批家庭农场,使家庭农场成为农村的重要生产经营主体。在区县级示范家庭农场基础上,认定扶持一批市级示范家庭农场,基本建立市和区(县)级示范家庭农场体系。2013年,制定家庭农场扶持政策细则,启动家庭农场培育发展工作;到2015年,家庭农场数量占农业规模经营的比重达到30%以上,在农、林、牧、渔等行业培育出示范家庭农场,其占家庭农场数量达到30%以上。

3. 现阶段家庭农场培育工作的重点内容

(1) 开展家庭农场双统筹行动

围绕淮安城乡一体化和全市各类农业产业振兴规划,结合农业专业村、专业乡(镇)、"一村一品"建设,规划家庭农场发展区域、产业布局和重点经营内容,将家庭农场的发展与各类城镇规划、土地利用规划、农业产业化布局等统筹起来;围绕正在开展的农村土地承包确权工作,将家庭农场的培育与土地确权化、主体清晰化、流转规范化统筹起来。

(2) 开展家庭农场双登记行动

2013年,淮安市工商行政管理局和淮安市委农工部先后出台了《关于充分发挥工商职能 促进家庭农场发展的实施意见(试行)的通知》和《淮安市家庭农场认定管理办法(试行)》,为规范家庭农场发展打下了坚实的制度基础。在培育推进家庭农场过程中,要开展"双登记"行动:鼓励符合条件的家庭农场既到工商行政管理部门注册登记,取得相应市场主体资格;也到地方党委农工部登记,便于接受指导和享受惠农政策。

(3) 开展家庭农场双培训行动

家庭农场需要各种人才。家庭农场主对于提升自身能力有着强烈需求。要以提高科技文化素质为重点,加强对家庭农场经营人员的培训,着力培养一批高素质新型农场主和经营管理人才,增强家庭农场发展后劲。课程设置、地点时间安排应符合农场需求,有针对性。各县区政府和有条件的乡镇要制定家庭农场经营者培训计划,依托农校、职业培训学校、技术院校免费培训家庭农场经营者;同时,要结合网络化信息化建设,通过农户的手机、家用电脑等,开设手机农校、电脑农校,提供家庭农场课程,帮助农户提高市场意识和经营能力。

(4) 开展示范家庭农场双培育行动

要开展示范家庭农场认定工作,制定家庭农场示范场评定标准,加快建立示范家庭农场名录制度。农业主管部门要引导家庭农场在知识技能水平、经营管理能力、物质装备条件、生产发展规模、生产经营效益等方面发挥示范带动作用。既选择有条件的县(区),作为整体推进培育发展家庭农场的试点示范,也在主要从事粮食种植类,经济效益好、科技含量高、品牌有声誉的家庭农场中进行家庭农场示范场评定。通过家庭农场示范场的示范带动效应,促进家庭农场规范管理、高效经营、提升水平,实现农场自主经营、自我积累和科学发展。

四、创新淮安家庭农场培育机制的具体政策建议

1. 组织领导

(1) 建立工作机制

要把培育发展家庭农场作为创新农业经营体制机制,壮大新型农业经营主体的重要抓手。切实加强组织领导,建立健全长效工作机制。各级党委农工部及各级政府农业行政主管部门为家庭农场牵头部门,主持建立培育发展家庭农场的部门联席会议制度。鉴于淮安家庭农场在最初推行时是由工商管理部门率先跟进的,应当明确由工商管理部门作为业务指导部门,与负责具体拟定细化政策、执行政策的农业行政主管部门明确分工。联席会议应涵盖财政、工商、国土、税务、金融、保险等相关部门,形成合力,建立从家庭农场认定到注册登记、从示范农场评定到资金扶持联合推进的工作机制,共同推进家庭农场发展;牵头部门应会同相关参与部门,定期开会,认真研究并及时制定相关政策,努力解决家庭农场在发展中遇到的问题;还要将家庭农场的培育数量和质量,纳入对部门的考核机制中,扎实推进家庭农场的培育发展工作。

(2) 强化指导服务

要充分发挥农村基本经营制度的优越性,把家庭经营的优势与统一经营的优势结合起来,因地制宜,分类指导,坚持农民自愿,多形式、多类型发展,但要杜绝形式主义,防止一哄而上,防止片面追求数量和规模。要因地制宜,有序推进,务求实效。要充分利用工商管理已初具雏形的登记信息系统,建立完善家庭农场统计管理体系。农业主管部门应考虑包括家庭农场在内的农村规模农户生产经营需求,结合工商部门、税务部门,在现有县区行政审批中心内开设服务咨询窗口,方便贴近指导。

(3) 加强政策宣传

要充分利用各种媒体和途径,大力宣传扶持发展家庭农场的相关政策和发展中的好经验、好做法、好典型,为家庭农场发展营造良好氛围和环境。特别是要将惠农政策、家庭农场扶持政策宣传到具体农场,做到让农场知晓政策内容,知晓办事程序。

2. 家庭农场培育机制创新的主要内容

要在进一步完善现有各类涉农服务体系、机制的基础上,创新家庭农场培育体制机制。其主要应包括以下内容:

(1) 建立准入和退出机制

淮安市现有的关于规范家庭农场发展的两个政策性文件详细列出了家庭农场注册登记的条件,对家庭农场申请注册登记的基本前提、起始规模、人员构成、经营范围、雇工要求、流转条件、申报程序等一一予以明确。但还没有对家庭农场的退出条件做出详细规定。考虑到家庭农场的长远规范发展,应借鉴上海松江地区的经验,建立退出机制。

退出机制应包括以下内容:家庭农场经营者取得家庭农场经营权后,不直接参加农业生产和管理,常年雇用其他劳动力的;家庭农场经营者将经营土地转包、转租,或者有瞒报、虚报经营面积等行为的;家庭农场经营者不注重农产品安全,违规使用种子、违禁农药、对人体有害的制剂;不注重生态安全,导致承包地肥力下降,影响可持续发展的;家庭农场经营者无正当理由不履行协议,故意拒交、拖欠土地流转费的。凡出现上述情况之一的,应由家庭农场主管部门会同相关执法主体,在调查取证后,取消其家庭农场经营者资格。

(2) 探索建立利益联结机制

鼓励以家庭农场为基本成员横向联合,自主创办新型农民合作社。重点支持粮食种植类家庭农场成立以农技农机融合作业服务为基础的农民合作社。推动以农村土地承包经营权、水面经营权或林权作价入股建立家庭合作农场。培育一批与城市社区、农产品交易市场、零售商场合作实行直供直销的家庭农场;引导家庭农场与其他经营主体,如农民合作社、农业产业化龙头企业等联合与合作,采取订单生产、股份合作、农超对接、利润返还等多种形式,建立紧密型的利益联结机制。特别是要探索构建"农户+家庭农场+合作社+农业龙头企业"的"四位一体"新型农业经营主体发展体系,积极推进以龙头企业为核心、合作社为纽带、家庭农场为骨干、广大农户为基础的产业组织体系建设,促进要素优化配置、产业融合发展。实现家庭农场与其他农产品经营主体的优势互补、互利共赢。

(3) 完善农业社会化服务体系

家庭农场是农业经营主体创新的形式之一,是新生事物。目前农业社会化服务体系还没有将其纳入其中。因此,公益性基层农技推广服务体系建设应覆盖对家庭农场的服务。区域性农业科技服务机构、新型农技推广服务单位应跟进服务家庭农场;还要支持各类农业科研教育单位、涉农企业、农业产业化经营组织、供销组织、邮政物流企业、农民合作经济组织(协会)、金融保险机构等参与经营性社会服务体系建设,为家庭农场提供高效便捷的产前、产中、产后服务。包括向家庭农场提供优质高产品种引进、动植物疫病防控、农产品加工贮藏、质量检测检验、标准化生产技术、农资供应、测土配方、农机化、资产评估和市场营销等服务;另外,要加强土地流转服务体系建设,促进土地流转服务体系与农业社会化服务体系衔接。以县(市、区)、乡(镇)为重点建立健全土地流转有形市场,开展土地流转供求信息、合同签订、价格指导、纠纷调解等服务,引导农户依法、自愿、有偿、平稳地向家庭农场流转土地。

(4) 推进涉农信息化体系建设

要适应现代农业发展需要，充分利用现代网络技术，把家庭农场纳入农民合作社信息化建设工程和物联网建设工程。开展家庭农场网络服务平台建设、信息采集和家庭农场个性化网站建设等。加强网络平台、信息采集、硬件配置、站点建立和家庭农场信息员队伍等基础建设。整合有关方面的技术、信息、基础设施等资源，合力推进家庭农场信息化建设。在市和区县两级农业信息政务网站增加家庭农场版块或内容，并能链接至省级农业信息网络。鼓励各农场利用互联网全面推荐其优质产品。提供网上销售服务平台，推广农产品电子商务应用，引导农民运用现代电子商务平台和物流平台，力争实现网上交易，让家庭农场农产品更好地走向国内和国际市场。

3. 家庭农场培育机制创新的具体政策措施

发展家庭农场是农业和农村经济发展的必然选择，是农业发展集约化、规模化和现代化的重要载体。为加快培育和发展家庭农场，现提出如下建议。

(1) 完善家庭农场制度环境

① 进一步规范农村土地承包经营权有序流转。健全土地流转县镇村三级服务平台，建立县区级土地经营权纠纷调解仲裁中心，为供求双方提供政策咨询、信息登记、合同签订、价格评估、纠纷调处等服务；建立土地股份合作社，形成土地流转有形市场；结合农田基本建设，完善田间配套设施，引导农户自愿开展承包地互利互换，促进土地连片集中适度规模经营和流转关系稳定；推广土地流转格式化合同，统一土地流转形式、程序、基本要求、权利义务、期限区间等。

② 完善现有家庭农场登记注册办法。淮安市在全省较早制定了家庭农场的登记注册办法。市工商行政管理部门和市委农工部提出了家庭农场的认定标准、申请程序等。为了进一步促进家庭农场稳步规范地发展，建议根据地方产业发展水平和生产要求，以知识技能水平、物质装备条件、生产发展规模、生产经营效益等为主要内容，完善家庭农场认定标准，建立认定程序和档案管理制度。其包括两项完善工作：一是进一步明确家庭农场的法律地位、认定标准等相关内容，明确家庭农场独立法人主体和承贷主体地位。二是完善家庭农场的准入机制和退出机制，严格准入门槛和监管制度，对认定的家庭农场进行动态管理。获得审核认定的家庭农场，符合登记条件的，可到县工商部门申领营业执照，通过登记注册确认家庭农场的合法主体地位。以年为单位定期对家庭农场考核，或不定期对家庭农场抽检，对不符合标准、不从事与农业有关的生产经营活动、擅自转包出让牟利的，依法予以中止承包关系。

(2) 在现有政策范围内创新针对家庭农场的金融产品和服务

前述表明,融资难是制约家庭农场发展的重大问题。因此,在制定淮安乃至全省性家庭农场培育政策时,应予以重点解决。

① 完善农村融资抵押担保办法。建议借鉴外地改革经验,突破土地融资障碍,试点农村集体土地使用权或承包经营权抵押融资。健全农村土地产权登记、流转制度,明确土地权属,建立科学的土地承包经营权抵押、流转、处置的具体操作程序。同时政府部门应加快农村土地产权确认登记,建立完善农地交易流转市场,发展农村土地产权价值评估机构,为土地金融创新创造条件。允许家庭农场以大型农用设施、流转土地经营权、宅基地使用权等抵押贷款;支持和引导农业担保机构优先为家庭农场提供担保贷款;建立政策性农业综合担保公司,用于家庭农场和社会化服务组织贷款担保。

② 加快家庭农场金融产品和服务机制创新。金融部门应根据家庭农场等新型农业经营主体的特点,制定专门面向家庭农场的信贷管理办法,规定家庭农场可获得的贷款额度和贷款期限;应对家庭农场贷款合理定价,在有效覆盖风险和成本的前提下适度降低家庭农场融资成本。根据家庭农场的生产经营特点,创新家庭农场担保抵押方式和融资方式,通过引进、嫁接、拓展等渠道实现金融产品创新,如对农机专业户开办农机具抵押;对规模化、产业化程度较高的家庭农场开办供应链融资,创新农业订单融资;开展家庭农场信用等级评定,对资信状况良好、信用等级高的家庭农场给予一定的授信额度,并给予利率优惠;特别是要加大基础设施和固定资产投资方面的金融支持力度,帮助家庭农场尽快做大做强。

③ 构建完善政策性和商业性相结合的农业保险体系。政府部门应通过税收减免、财政贴补等措施,鼓励商业性保险公司扩大农业保险覆盖面,创新商业性农业保险险种,做到单独投保、单独开单、单独理赔,加大农业保险理赔力度。大力发展政策性农业保险。通过设立政策性农业保险公司等形式,扩大政策性农业保险覆盖面,在商业保险不愿介入的领域提供政策性保险服务,降低家庭农场等农业经营主体的经营风险。鼓励家庭农场参与各类农业保险,将家庭农场参保情况纳入到示范家庭农场评定标准中。

④ 建立金融支持家庭农场的政策扶持体系。充分发挥财政资金对信贷资金流向的杠杆引导作用,对支持家庭农场力度较大的金融机构实施激励扶持政策,激发金融支持的积极性。同时积极引导和鼓励社会资本投入到家庭农场的建设发展中来,提升家庭农场的规模化、现代化经营水平。

(3) 落实国家及江苏省涉农财税政策,创新市级财税扶持政策

吉林省延边自治州的家庭农场发展成就和对当地农业升级转型的促进作用有目共睹。学界曾把延边发展培育家庭农场的经验概括为"延边模式"。其主要包括:土地必须流转得好,能够达到适度规模经营的耕地面积;有能够经营规模耕地的能人;地方政府有较大力度支持家庭农场发展的融资、保险、补贴等政策;有较完

备的农业科技、生产资料、农机等产前产中产后服务体系。① 以上四点集中反映在延边地区家庭农场的建设和发展过程中。

延边模式表明,地方政府的政策扶持特别是资金支持,对家庭农场的健康发展有举足轻重的作用。

2013年中央1号文件精神要求,各地要继续增加农业补贴资金规模,新增补贴向主产区和优势产区集中,向专业大户、家庭农场、农民合作社等新型生产经营主体倾斜,使家庭农场享有与专业大户、农民合作社等经营主体同等的财政扶持政策。

要充分利用国家、省对农业的各项优惠政策,关键是落实现有政策,使之与家庭农场无缝对接。加大对家庭农场的扶持力度,应采取直接补助、以奖代补、贷款贴息等方式,支持家庭农场开展农产品质量安全认证、农业生产基础设施建设、农机购置补贴、种苗繁育、加工储运、市场营销等。2013年江苏省强农惠农富农主要政策中涉及农业生产的财政补贴主要包括粮食直补和农资综合补贴,良种补贴,畜牧良种补贴,农机具购置补贴,农业保险补贴,渔业柴油补贴,测土配方施肥、土壤有机质提升补助政策。补贴的形式为现金补贴和物化补贴。建议由市统筹,基层农经部门和财政部门参与,全面摸排补贴直补到户的情况,依据土地流转现状将补贴转移到现承包人账户上。或者,在家庭农场登记注册时,了解承包协议内容,根据契约精神和市场导向原则,提倡流转双方将国家直补到户的各类补贴纳入流转费议价范围内。税务部门应及时跟进,提供点对点服务,依据家庭农场登记时的主体形式(以家庭经营注册的个体工商户,以家庭财产出资注册的个人独资企业,及个别的农民专业合作社或有限公司),依政策分别予以减免税。

在市级层面上,还可以建立财政专项资金,对示范家庭农场和各类主要种植粮食蔬菜油料等的农场予以奖励。这一方面可借鉴青岛市的做法:一是划定种植范围为种植粮、棉、油、蔬菜为主业的专业大户和家庭农场。二是明确规定不予以奖励的经营主体和经营形式,包括:利用村集体机动地、"四荒"地和采取"反租倒包"形式获取承包土地进行规模经营的;规模种植果园、林地和苗木、花卉、茶叶等园艺作物的;农民专业合作社,土地股份合作社;农业公司、龙头企业,以及其他工商资本和城镇居民直接参与生产经营的规模经营主体。三是奖励资金定向在农场基础设施建设、购置农产品加工设备、建设标准化生产基地等方面使用。财政资金奖励补助应采取先建后补形式。

具体可采取的落实形式包括:在乡镇村组两级,公开补贴资助政策、申请程序等;在县区行政审批中心或政务大厅,专设服务窗口,提供政策咨询与服务。

---

① 张磊:《家庭农场的实践探索——延边家庭农场模式调研》,《中国科学报》2013年9月2日第4版。

(4) 贯彻落实设施农用地政策

《国土资源部 农业部关于完善设施农用地管理有关问题的通知》(国土资发〔2010〕155号)文件中,对因农业生产需要,直接用于养殖的畜禽舍、工厂化作物栽培或水产养殖的生产设施用地及其相应的附属设施用地,农村宅基地以外的晾晒场等农业设施用地,等等,均作出了明确的定义,提出了明确的管理办法。但在江苏省层面和淮安市级层面,还未对农村规模经营主体因生产经营需要在农用地上兴建设施的问题作出相应规定或给出操作性办法。调研中,众多受访者提出,无论是烘干晾晒储藏等生产行为,还是观光休闲垂钓等经营行为,都对兴建临时性用房有需求。淮安应顺应家庭农场的发展要求,根据当地实际,在市级层面上制定淮安市设施农用地管理相关办法,对家庭农场所需的农产品加工场地等建设用地,在符合土地利用规划、城市建设规划和农业相关规划的前提下,由当地政府予以优先安排,按规定办理用地有关手续。淮安应当借鉴南京市等地区设施农用地管理的有关做法,明确规定:"凡未使用建筑材料硬化地面或虽使用建筑材料但未破坏土地并易于复垦的畜禽舍、温室大棚和附属绿化隔离等用地,以及农村道路、农田水利用地,均可以作为设施农用地办理用地手续。"以区分农业生产经营行为和借地牟利行为。

(5) 构建配套组合政策

① 将家庭农场纳入涉农支持政策体系。涉农项目要覆盖到家庭农场,并向家庭农场等规模经营主体倾斜。要支持家庭农场基础设施建设,完善农村公共基础设施建设规划,统筹支持家庭农场发展。农业综合开发土地治理、土地整治、农田水利建设、"一事一议"等项目,应向家庭农场倾斜,分期分批推进家庭农场田、水、路、林等综合整治。要支持鼓励符合条件的家庭农场申报实施农业产业化、农业综合开发、农业科技入户、农技推广、农业标准化等涉农项目。

② 将家庭农场纳入农产品产量安全建设体系。引导家庭农场加强农产品质量安全建设。指导帮助家庭农场开展农业投入品经营使用、标准化生产、生产记录档案、农产品自律检测、产品包装标识、合格产品准出、质量安全追溯等工作。鼓励家庭农场在种植业使用绿色防控新技术,在养殖业使用生态养殖新技术,开展种养结合生态建设,促进循环经济发展。支持鼓励有条件的家庭农场开展无公害农产品、绿色食品、有机食品、农产品地理标志"三品一标"的申报认证和注册商标。借鉴湖北武汉市对科技含量高的家庭农场进行财政专项直接奖励的办法,对淮安家庭农场当年通过农产品"三品一标"认证的,可给予单项奖励。将家庭农场纳入农产品质量可追溯体系,以倒逼机制推动家庭农场注重产品质量安全,不断提升产品质量。

③ 将家庭农场纳入农业社会化服务体系。公益性农业科技服务机构应把家庭农场作为重要服务对象,指导家庭农场应用优质高产品种和标准化生产技术,开

展病虫害统防统治、测土配方和农机化等技术系列服务,利用市场机制引导各类涉农市场组织为家庭农场提供服务。

④ 将家庭农场纳入职业培训服务体系。淮安市部分县区已经开始探索为家庭农场提供培训课程,包括政策辅导、业务辅导、组织实地观摩等。应鼓励各类农校、职教中心、技师学院、职业技术学院等依据专业优势,开展对家庭农场的职业技能、创业能力、农业实用技术、经营能力等的培训。

⑤ 将家庭农场纳入农业科技服务体系。要引导家庭农场提高科技含量和高科技使用率。家庭农场等农业规模经营主体应是农业科技运用的重要力量。现实中家庭农场也有掌握运用农业科技的需求。特别是那些承包期限较长的农场,有内在动力掌握和运用科技去提高土地肥力、种植高附加值作物。建议由农业主管部门牵头,协调农科院系统、农技推广部门、畜牧部门、动植物疫病防控部门,与家庭农场建立点对点服务信息咨询网络。

⑥ 扶持家庭农场打造完整生产销售链。在尊重市场规律的基础上,由工商部门牵头,帮助成立家庭农场联合体,如各类协会、合作社等。鼓励以联合体的形式与上游各农资销售企业集体议价,建立农资定向销售网络;引导农业龙头企业、大型超市以"订单农业""定向采购""田间采购"等形式与家庭农场等建立密切合作关系,帮助家庭农场等规模经营主体夯实销售环节与市场紧密联系的基础;在物流环节,继续推广农产品、绿色产品通道,使家庭农场产品与其他农业经营主体的产品一样,方便快捷地进入城市。

科技创新促进淮安全面小康社会建设对策研究①

"科技"是科学技术的简称。科技创新就是创立或创造新的科学技术,它包括科学创新和技术创新两个方面。科学创新是创造新知识的行为,是通过科学研究获得新的基础科学和技术知识的过程。其任务是认识未来世界,认识事物的本质,其成果表现形式是新发现、新观点和新理论。技术创新是创造新技术的行为,是通过新技术创造新商品,满足社会对商品的需求的过程,新发现、新工艺、新方法和开拓新市场是其成果的主要形式。就两者的相互关系而言,科学创新是技术创新的推动力量,是技术创新的源头和先导;技术创新则为科学创新提供必要的支撑和市场拉动力,是新知识实现其使用价值的最终形式。前者属科学研究范畴,后者是技术在经济活动中的应用,属技术经济活动。本研究中科技创新更多侧重于技术创新方面。

当今世界,经济发展的一个明显趋势就是科学技术发展日新月异,科学技术以难以意料的速度与潜力,日益演变成为经济增长与社会发展的支配力量。科技创新已经成为促进经济发展的源泉和转变经济增长方式的关键,从而也成为推动经济社会发展的重要力量。

当前,江苏淮安最重要的任务是在经济社会跨越发展中建成全面小康社会。为此,思考如何通过科技创新来促进经济社会发展,对于淮安全面小康社会建设更显得迫切和必要。

一、科技创新促进经济社会发展的文献回顾

1. 国外对科技创新与经济社会发展作用的研究

对于科技创新在经济增长中的作用,英国古典经济学家斯密早在1766年就认识到经济增长源于劳动分工、资本积累和科技进步。其后李嘉图也意识到科技进步在经济持续增长中是不可缺少的。1912年美国经济学家熊彼特在《经济发展理

---

① 本文系江苏省社科基金项目《科技创新促进淮安全面小康社会建设对策研究》(12XZB033)课题报告。

论》中提出"创新理论"和经济发展理论,对经济学产生了重大影响。他认为"创新"就是建立一种新的生产函数,把一种从来没有过的关于生产要素和生产条件的新组合引入生产体系。发明与创新是支持经济长期增长的原动力。1957年美国学者索洛在《技术变化和总量生产函数》中提出了全要素生产率分析方法,并确立了技术进步决定经济增长的观点。他所提出的"索洛余数"也引发了经济学家对科技创新在经济增长中作用的深入研究。

在索洛等研究的基础上,罗默、卢卡斯、杨小凯和诺斯等经济学家们分别从技术变化、人力资本积累、制度变迁、分工演进的角度,陈述了科技创新与经济社会发展的关系。这些理论被人们归结为新经济增长理论。因为他们把技术进步作为内生变量进行考察,所以又称内生经济增长理论。其主要形式表现为以下四种类型:

(1) 内生技术进步增长模型

1986年罗默首先将技术变革内生化,建立了内生技术变革的长期增长模型。他认为知识积累导致的技术变革是经济长期增长的原动力,知识作为一个独立因素,不仅能使自身的收益递增,而且能使资本和劳动等要素的投入也产生递增收益,使整个经济的规模收益递增。同时由于知识具有溢出效应,从而形成一个知识溢出—要素收益递增—厂商的知识投资—效应放大的良性循环,进而为长期稳定的经济增长提供了保证。

(2) 人力资本积累增长模型

1988年卢卡斯将人力资本作为一个独立因子纳入经济增长模型,认为只有专业化的人力资本积累才是产出增长的真正源泉。同时,增加专业化的人力资本包括教育、培训即"内在效应"和边干边学即"外在效应"两种途径。

制度变迁的经济增长模型。1968年诺斯开拓性地把制度因素内生于经济增长模型,他认为即使在技术没有发生变化的情况下,通过制度创新或变迁亦能提高生产率和实现经济增长。因此,对经济增长起决定作用的是制度因素及其创新,而在制度因素中产权制度的作用最为重要,导致制度变化的诱因和动力是产权的界定与变化。由于国家在制度创新中具有不可替代的作用,因此政府通过推行制度上的创新使产权结构更有效率是实现经济增长的有效途径。

(3) 劳动分工演进增长模型

1999年杨小凯把产权和交易成本等新制度经济学的分析范畴引入对劳动分工演进的研究,提出了一个交易成本降低和劳动分工演进相互促进的经济增长模型。

总之,新经济增长理论认为知识积累是经济增长的原因,也是经济增长的结果,二者是循环互动、相互作用的。知识积累共有物化为技术的知识积累,存在于劳动者的知识(人力资本)积累,随劳动分工演进而产生的知识积累以及蕴含于制度变迁的知识积累等四种方式。它们是有机联系的,技术进步依赖于人力资本,人力资本依赖于劳动分工,劳动分工又依赖于制度变迁。

在对科技创新促进经济增长进行理论研究的同时,国外学者还运用实际经济数据进行了实证分析,以此为相关经济增长理论提供经验支持和实践证据,这些成果指出了研发活动与企业发展的正相关关系。还有些学者致力于测算科技进步对经济增长的贡献份额,并丰富了对全要素生产率增长的认识。

对于区域科技创新与区域经济社会发展的关系,多年来国外学者也进行了较多研究。其中较有影响的是法国的佩鲁在1950年首次提出的增长极概念,认为经济发展的主要动力是技术进步与创新。创新集中于那些规模较大、增长速度较快、与其他部门的相互关联效应较强的产业中,具有这些特征的产业被称为推进型产业。这种推进型产业就起着增长极的作用。因此,应选择特定的地理空间作为增长极,以带动经济发展。2008年诺贝尔经济学奖获得者美国的克鲁格曼认为,如果新技术、新产品和新工艺信息在地区内部更容易流动和获得,那么该区域的产业集聚就会更容易形成。他还曾指出亚洲经济发展模式侧重于数量扩张,轻技术创新。所谓的"亚洲奇迹"是"建立在浮沙之上,迟早幻灭"。仅靠大投入而不进行技术创新和提高效率的做法,容易形成泡沫经济,迟早要进入大规模调整;英国学者库克1992年率先提出区域创新体系概念,指出区域创新是区域成功地利用新知识,而区域创新能力就是区域成功地利用新知识的能力。还有研究指出区域创新离不开一个良好的创新环境,而创新环境既包括政府提供的服务也包括民间自发形成的社会环境。

2. 国内对科技创新与经济社会发展作用的研究

在基本理论方面,傅家骥于1986年指出技术创新是企业家抓住市场的潜在盈利机会,以获取商业利益为目标,重新组织生产条件和要素,建立起效能更强、效率更高和费用更低的生产经营系统,从而推出新的产品、新的生产(工艺)方法,开辟新的市场,获得新的原材料或半成品供给来源或建立企业的新的组织。它是包括科技、组织、商业和金融一系列活动的综合过程。

国内对科技创新与经济社会发展作用的研究主要集中在三个方面:

(1) 研发对经济发展的作用

对于研发与出口之间的关系,武博于2002年定性分析了我国企业的研发与国际竞争力关系。2003年周叔莲等实证表明我国政府研发资金投入对高技术产业的出口能力有显著影响。王国顺等于2005年发现我国电子及通信设备制造业的研发产出对国际竞争力的影响大于研发投入。

(2) 全要素生产率及科技进步贡献率测算

史清琪于1985年首先开展了科技进步的研究。李京文等于1993与1996年研究发现,1953年—1995年我国经济增长中有85.98%靠要素投入(其中资本投入贡献更是高达 68.52%）。2002 年舒元、夏杰长等研究得出"1952—1998 年我国经济增长引擎并不是技术进步"的观点。2005 年姚战琪等通过对中国不同时期的各种要素变动对经济增长的贡献估计得出"改革后中国经济增长主要靠要素投入的增加来推动（其中投资增长最为重要）"的结论。何枫于 2004 年对我国各地区技术效率变迁进行了测算，结果表明全国技术效率水平呈稳步上升趋势但地区差异很大。岳书敬等于 2005 年研究表明，科技创新是促进全要素生产率增长的主要因素但省际技术效率差距在扩大。

（3）区域科技创新

官建成等于 2003 年阐述了区域创新系统的研究框架、测度指标体系以及研究内容。甄峰等于 2000 年建立了包括知识创新、技术创新、管理与制度创新以及宏观经济、社会环境在内的区域创新能力评价体系。目前，权威性较高和影响力较广的是中国科技发展战略研究小组自 2001 年起发布的《中国区域创新能力报告》，该报告建立了包括知识创造能力、知识获取能力、企业创新能力、创新环境以及创新绩效在内的区域创新能力评价体系。

二、科技创新在淮安全面小康社会建设中的作用

科技创新与经济发展的关系，古典经济理论和新古典经济理论对之都有大量专门的论述。科技创新能够推动一个区域经济社会发展，成为人们的共识。在淮安全面建设小康社会进程中，科技创新的重要性不言而喻。但在微观上，还需从淮安市区域经济社会发展的角度，进一步审视科技创新与地方经济社会发展的互动关系。通过科技创新与淮安社会发展之间的定性分析、历史考察和实证研究，揭示科技创新与淮安经济社会发展之间内在联系和发展变动趋势，从而为加快淮安全面建设小康社会进程寻找新的发展动力和发展途径。

1. 科技创新成为淮安产业结构优化的支撑和动力

影响产业结构变动的因素有很多，产业结构演进的影响因素主要有：需求结构、资源供给结构、国际经济关系、科技技术进步、政府的有关政策，以及政治的、文化的、社会的等各种因素。其中科技进步是推动产业结构变动最活跃、最积极的因素。

根据产业经济学的理论，技术进步对产业结构的影响首先表现在技术进步影响需求结构，从而导致产业结构的变化。需求结构对产业结构的影响是直接的和最基本的，因为没有社会需求的产业根本就不可能存在。但是，需求结构却受到科学技术进步的制约：即使有科学合理的需求，只要技术上还不可能制造出产品以满足这种需求，新的产业就不可能出现。然而技术上一旦有了重大突破，就会极大地刺激新的需求，推动新产业的形成和发展。例如，石油精炼技术和高

分子化学合成技术的发明,使得能源工业和化学工业发生了很大的变化,从而使石油需求量大增,几乎改变了整个世界的需求结构,进而使产业结构也发生了巨变。因此,在需求结构发生实质性变化之前,必须先有某些技术突破或革命。没有技术进步做先导,需求结构对产业结构的影响将是缓慢的渐变。需求结构变化是产业结构变化与技术进步之间的一个中间环节。科技进步能够降低产品成本,使资源消耗强度下降,可替代资源增加,市场扩大,消费品升级换代,进而使得需求随之发生变化。

其次,技术进步影响供给结构,从而直接导致产业结构的变化。技术进步的结果是社会劳动生产率的提高,从而导致产业分工的加深和产业经济的发展。技术进步促进产业结构变化的机理是:当某一产业的产品需求价格弹性较小时,技术进步使得其产出大量增加,而生产部门的收益即有所下降。在这种情况下,该产业的某些生产要素就会流向其他产业。相反,当某一产业的产品需求价格弹性较大时,技术进步使得其产出大量增加,也提高该部门的收益。于是,生产要素就会有一部分从其他产业流向该产业。新的要素流入又促进了该产业部门的发展并加快了需求价格弹性小的产业部门的衰退及其效益水平的提高。

从淮安市三次产业的内部变动看,第一产业呈现稳步下降的走势,1996—2011年,整个第一产业占地区生产总值比例由39.8%下降至13.2%,表现出明显的随工业化程度的提高和经济发展水平的提升,第一产业占比随人均收入水平的提高而不断趋于下降的发展规律(见表1)。发展至2011年,第一产业占比13.2%的结构中,农林牧渔各业在地区生产总值中所占比例依次是9.1%、0.3%、2.3%、1.3%,服务业贡献了其余的0.2%。呈现出"农牧渔林"的次序。第二产业占比2001年后一直在40%~50%之间高位运行。随着淮安市各县区招商引资力度的加大,以及淮安市重点引进台资、外资,2001年以后,外来资本在制造业投资的增加,导致了第二产业占比始终保持在这一区间。从第二产业内部看,规模以上工业企业中轻工业与重工业的比例,1996年以来,呈现重工业比例不断提高的趋势。2011年规模企业轻工业产值占比40.5%,重工业为59.5%(见表2),呈现典型的"霍夫曼定理"现象,即重工业化的倾向。①

---

① 1931年,德国权威学者霍夫曼根据20多个国家的资料,对制造业中消费资料工业与生产资料工业的比例进行了研究。这个比例即霍夫曼比例。由此他把工业化分为四个阶段:第一阶段,消费资料工业一统天下,霍夫曼比例约为5;第二阶段,生产资料工业发展提速,但相对消费资料工业,仍显不足,霍夫曼比例约为2.5;第三阶段,生产资料工业与消费资料工业旗鼓相当,霍夫曼比例约为1;第四阶段,生产资料工业领先增长,霍夫曼比例小于1,标志着进入重工业化阶段。霍夫曼通过设定霍夫曼比例,对各国工业化过程中消费品和资本品工业(即重工业)的相对地位变化作了统计分析,得到的结论是,各国工业化无论开始于何时,一般具有相同的趋势,即随着一国工业化的进展,霍夫曼比例呈现出不断下降的趋势,这就是著名的"霍夫曼定理"。

表1 三大产业占GDP比重

年份	地区生产总值(亿元)	第一产业占比	第二产业占比	第三产业占比
1996	173.2	39.8%	33.7%	26.4%
2001	329.02	28.7%	41.2%	30.1%
2006	651.06	19.0%	46.9%	34.1%
2007	765.23	17.1%	48.1%	34.8%
2008	915.83	16.1%	47.6%	36.3%
2009	1121.75	15.2%	48.3%	36.5%
2010	1388.07	14.1%	46.6%	39.3%
2011	1690	13.2%	47.0%	39.8%

表2 规模以上工业企业轻重工业比例

工业分类	1996	2001	2008	2009	2010	2011
轻工业	55.8%	52.98%	34.67%	37.46%	43.6%	40.5%
重工业	44.2%	47.02%	65.33%	62.54%	56.4%	59.5%

与第一、第二产业相比,第三产业发展走势相对平缓。自达到30.1%后,近十年几乎以每年一个百分点的速率攀升。至2011年升至39.8%,不但低于江苏平均42.2%的水平,也低于全国平均水平43.4%。从国际上看,不仅远远低于世界平均64%的水平,而且低于低收入国家45%的水平。按照国际新兴科技城市的评价指标,第三产业占GDP比重目标值为60%,淮安显然有较大距离,甚至还低于不允许值40%。从横向比较,在苏北五市中,这一比例也并不突出。从第三产业内部结构看,商业、房地产业占重要地位,与发达国家金融保险、不动产和商业服务业比重占领先地位的结构相比,淮安市的第三产业内部结构层次仍属低水平。

2. 科技创新推动淮安高新技术产业起步

20世纪80年代以来,以信息技术为核心的新一轮科技革命推动人类社会经济形态从工业经济转向知识经济,以知识和技术创新为基础的高新技术产业成为区域新的经济发展动力和主导产业,技术要素在经济发展中的贡献迅速上升,区域经济竞争优势也越来越明显地表现为地方科技进步程度及其产业化的能力。由于高新技术产业属于知识和技术密集型产业,具有对知识和技术创新高度依赖、边际效率递增、产品周期短暂等特点,进而产生了与传统产业不同的区位要求,并形成了新的产业空间。淮安地处我国经济最为发达的长三角中心边缘,具有良好的工业基础,交通便捷,自然条件和生活条件优越,拥有良好的创新环境,因而,也成为国内外先进技术和产业转移与扩散的重点区域。淮安市研发队伍逐渐壮大,研发活动日益频繁,研发水平和成果转化率不断提升。高新技术产业从无到有,渐渐起步,在低起点上体现出增速较快的特点。

(1) 1996年,科技队伍已初具规模

全市共有科研机构137个,其中县及县以上全民所有制独立科研机构16个;大中型工业企业拥有科技开发机构72个;民营科技企业153个。全市共有各类专业技术人员8.53万人,其中工程技术人员7998人。

科学研究与开发成效显著,全市共获科技进步成果奖69项,其中一等奖1项、二等奖9项、三等奖16项、四等奖43项;专利申请78项。全市共组织火炬、星火、农业攻关、成果推广等各类计划项目123项,已投产或达产的有64项,项目总投入1.5亿元,新增产值2.97亿元,新增利税5142.56万元。星火产业带建设突出以项目为龙头,组织实施启动项目27项,其中国家级火炬计划项目1项,省火炬项目4项,国家级星火计划6项,省级星火计划16项,项目总数比1995年增加1.25倍,项目整体水平提高一个档次,积极组织申报并获批准下达星火计划项目20项,其中申报国家级星火计划6项;争取省财政星火项目贴息资金132万元,列苏北四市第二位;围绕星火产业带建设组织申报了2个星火技术密集区和4个农业科技示范园区,重点启动了淮安、洪泽、金湖等3个园区建设,着力培育了特种水产养殖加工、涤纶化纤丝及其织物、盐化工、仪器仪表等区域性支柱产业。围绕科技兴农和"两专一基",推广适用农业新技术、新品种15项,推广面积832.08万亩,培育试验示范基地4个;拟定出"九五"农业科技要办的55件实事和10项农业科技攻关项目。

科技队伍不断扩大。年末各类专业技术人员(不含非公有经济)达9.48万人,比上年增长4.5%。全市有科研机构25个,其中县以上全民所有制独立科研机构11个。大中型工业企业拥有科技开发机构32个。全市民营科技企业达41个。

(2) 发展至2001年,淮安科研开发成效显著

全市获市级以上科技进步奖64项,其中省奖2项。全市专利申请170件,其中公开授权103件。组织实施省级以上各类科技计划项目64项,获省资助经费551万元,组织实施市级各类科技计划项目200余项。获省星火、火炬贴息19项,贴息资金181万元,软件应用开发项目获国家财政部资助30万元。

科技示范引导经济发展的力度加大。全市有14项产品被认定为省级高新技术产品,有7家企业被认定为高新技术企业。农业技术创新步伐加快,农业科技园区建设得到加强,星火带建设取得新的进展。金湖石油化工机械,淮阴区、洪泽县盐化工,楚州区纺织工业,盱眙县建材、药材先后被省科技厅确认为星火带支柱产业。

(3) 2006年,科技事业取得新进展

全年认定国家级高新技术企业2家、省级高新技术企业6家、省级高新技术产

品18项。组织实施省以上火炬计划项目9项,星火计划项目39项,重大科技转化项目获国家、省级认定各1项。新批准设立省级工程技术中心1家、市级工程技术中心4家。全年专利申请1 344项。

(4) 2007年,全市高新技术产业产值实现历史性突破

首次跨上百亿元级台阶,达100.55亿元(2007—2011年高新技术产业产值见图1);通过国家高新技术企业认定1家,省高新技术企业7家,省高新技术产品17个;5个项目获国家科技型中小企业技术创新基金项目立项,4个项目获省重大科技成果转化项目立项,组织申报省以上火炬18项、星火计划87项;新批准设立省高新技术研究重点实验室1家、省工程技术研究中心1家、市工程技术研究中心5家;全年申请专利1 995项。

(5) 2008年,科技创新加快发展

成功举办2008淮安科技洽谈会,全社会研发投入9.74亿元,高新技术产业产值140.61亿元(见图1),比上年增长39.8%;新通过认定高新技术企业18家,高新技术产品27个;3个项目获国家中小企业创新基金项目立项,3个项目获国家重点新产品项目立项,16个项目获国家火炬计划项目立项,23个项目获国家星火计划项目立项,2个项目获省重大科技成果转化项目立项;新批准设立省高新技术研究重点实验室1家、省工程技术研究中心4家、省公共服务平台项目1家;全年申请专利2 727项。

(6) 2009年,科技创新支撑作用不断凸显

成功举办2009淮安科技洽谈会活动,签约实施产学研合作项目448项。新获批建设省级重大研发机构1家、省级企业院士工作站4家、省级工程技术研究中心3家、市级工程技术研究中心17家;新获批省级科技企业孵化器5个,市高新技术创新中心成功获得国家级创新中心认定。组织实施国家级各类科技计划项目23项、省级各类科技计划项目99项,其中国家科技型中小企业创新基金项目11项、国家农业科技成果转化资金项目2项、省重大科技成果转化资金项目4项。全市实现高新技术产业产值245.83亿元,比上年增长74.83%(见图1),占规模以上工业总产值15.4%,比上年提高4.2个百分点;新通过认定高新技术企业52家(其中国家重点高新技术企业2家、省高新技术企业10家),新通过认定高新技术产品69个(其中省级23个)。全年完成专利申请3 449件,比上年增长26.5%,其中发明专利申请422件,同比增长27.9%;完成专利授权1 011件,同比增长127.2%。金湖石油机械产业正式获批国家火炬计划特色产业基地。

(7) 2010年,科技创新平台建设获得重要进展

成功举办了2010淮安科技洽谈会活动,签约实施产学研合作项目443项;新获批省级高技术重点实验室1个、省级企业院士工作站4个、省级工程技术研究中心13个、省级科技公共服务平台1个、市级工程技术研究中心17家;新获批省级

科技企业孵化器4个,市高新技术创新中心被科技部认定为首批"大学生科技创业见习基地试点单位";获认定省级农业科技型企业9个、省级科技型农民专业合作社9个。组织实施省级以上各类科技计划项目200多项,其中国家科技型中小企业创新基金项目获批15项、国家科技富民强县项目1项、省重大科技成果转化资金项目3项;全市实现高新技术产业产值479.17亿元(见图1),比上年增长94.92%,占规模工业总产值比重达20.0%,比上年提高4.6个百分点,新通过认定高新技术企业49家(其中享受税收优惠政策的高新技术企业9家),新通过认定高新技术产品94个(其中省级31个);全年完成专利申请4921件,同比增长42.68%,其中发明专利申请636件,同比增长50.71%;完成专利授权1170件,同比增长15.73%;获批"2010年度企业知识产权管理标准化示范创建单位"23家,6家企业被评为"2010年度企业知识产权管理标准化示范创建工作先进企业"。

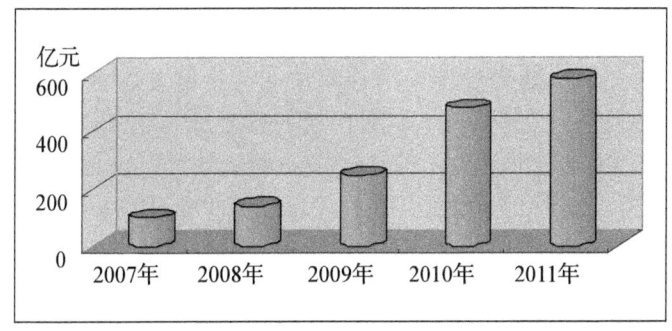

图1 淮安市2007—2011年高新技术产业产值增长趋势

(8) 2011年,科技创新在地方经济社会发展中的作用不断增强

全年专利申请6 497件,比上年增长46.69%;专利授权1 819件,比上年增长60.12%,发明专利申请884件,同比增长65.54%。全年新开发市级以上新产品1 024个,其中市级高新技术产品69个、省级25个。全年实现高新技术产业产值580.7亿元,比上年增长21.2%(见图1)。全市新增省级高新技术企业7家,新认定市级高新技术企业49家,全市创新型企业400家,其中领军创新型企业10家。全市省级以上孵化器孵化面积超过80万平方米。

成功组织第十届淮安科技洽谈会,签订产学研合作协议435个。新设立知名高校院所重大产学研创新机构5个,其中省级3个。组织签订"大院名校"科技合作交流项目52项,与清华大学开展校地合作研发项目20个。新增省级企业研究院、高技术研究重点实验室、科技公共服务平台各1个;新获认定省级工程技术研究中心13个、市级工程技术研究中心37个。新增本土大中型企业研发机构6户;新认定省级现代农业科技园1个。全年引进高层次科技人才76名,其中博士23人,有8人入选"江苏省'双创'人才引进计划",6人入选江苏"企业博士集聚计划"。

(9) 2012年,科技创新与区域经济社会的融合有了新的突破

2012年11月17日,经省政府同意,江苏淮阴经济开发区正式更名为江苏省淮安高新技术产业开发区,标志着淮安市有了首家省级高新技术开发区,科技创新与地方经济社会发展的整合有了突破性进展。省级高新技术开发区也将为淮安市其他县区走科技与经济社会融合之路做出样板和示范。

江苏省淮安高新技术产业开发区的前身是江苏淮阴经济开发区。近年来,开发区努力以科技创新作为经济发展的内生动力,以加快转变经济发展方式为主线,不断完善体制机制,着力加强自主创新,积极集聚创新资源和高层次人才,加快科技研发和先进科技成果转化,在食品加工等传统产业的基础上,逐步形成了新能源、新材料、新装备、电子信息等高新技术产业。2011年,开发区实现高新技术产业产值61.8亿元,占工业总产值的23%;区内企业实现研发投入6.1亿元,占销售额的2.3%;申报专利350件,建成省级工程中心3家、技术中心1家、博士后工作站2家、院士工作站2家;建成淮安市首家功能性聚氨酯新材料公共技术服务平台;拥有省、市级高新技术企业18家,省民营科技企业9家,市级以上高新产品48个。与此同时,利用省级淮阴区科技创业中心(孵化器)平台,逐步形成了以经济开发区为中心的孵化创新服务网络,并在开发区下属的淮阴软件科技产业园内建成省级科技成果转化服务中心。淮阴软件科技产业园现已被省科技厅认定为省级软件园。

延续最近几年的增长趋势,2012年1月至6月份,淮安市高新技术产业产值达443.45亿元,较往年同期增幅有了较明显的攀升。

高新技术经济正成为淮安经济中最有活力、最有潜力的新兴经济,与外资经济、民营经济一起构成淮安市经济的三大支柱之一。

3. 通过用信息化技术改造传统产业,科技创新提高了淮安传统产业产品的技术含量和技术层次

科技进步对产业结构优化的重要表现形式是科技创新对传统产业的渗透机制,即将新技术嫁接或者植入传统产业部门,提高其产品的技术含量以及产品的技术层次,相对提高单位产量或者实现产品的升级换代,实现企业产品的档次升级。信息化促使传统制造业广泛应用信息技术推动产业结构升级,信息技术既是针对特定工序的专业技术,又是适应于各种环境的通用技术,因而具有广泛的适用性和极强的渗透性。

淮安的制造产业起步较早,形成了烟草、机械、纺织、食品、医药、建材等工业基础。"十五"期间,淮安市明确提出了以信息化改造传统制造业的战略,以此作为全面提升制造业技术水平的基本手段和提升制造业自主创新能力、实现产业结构升

级和跨越发展的重要支撑。2001年12月25日,淮安市委主要领导在中共淮安市委四届二次全体(扩大)会议上提出,"十五"期间实施工业强市战略,加快工业化进程,是淮安市国民经济发展的重中之重。要突出以信息化带动工业化,提升市属工业层次,坚持观念创新、制度创新、技术创新、管理创新,坚持抓大活小攻难配套,加大投入力度,增加科技含量,提高整体水平,使工业成为投入增幅最大、发展速度最快、经济效益最好的产业。

围绕加快新型工业化进程,淮安市以实施制造业信息化工程为突破口,目的是要促进传统产业的高新技术化和高新技术的产业化。淮安通过不断加快技术创新步伐,提高企业核心竞争力,为实现高新技术产业化夯实企业技术创新的基础,大力开发高新产品。

"十五"期间,全市共开发新产品1951项,其中重点新产品414项,认定省高新技术产品90项,市高新技术产品125项。这一时期,高新技术企业从2000年前的4家增长到省级33家、市级66家。高新技术产业产值也有了较快增长,2005年底达47亿元以上,增幅达52%;"十一五"规划在科学发展观指导下,以投入为支撑,全面推进全市工业化进程。其基本路径是:以骨干企业、重点产品为依托,巩固传统支柱产业的竞争优势;以大招商、招大商为手段,发展新支柱;以信息化带动工业化,加大技术创新力度,走新型工业化道路。实施"以信息化带动工业化、推进工业现代化"的战略,坚持引进先进技术与消化吸收相结合,提高自主创新能力,增强企业核心竞争力。改造提升传统产业,大力推进高新技术产业化。采用信息、高效节能与环保、生物工程、新材料等高新技术,优化生产要素,提高技术水平;通过引进国内外先进技术和设备,使传统产业从质上有所提高。抓好高新技术的引进、消化、创新,有重点地开发高新技术产品,并加快形成产业化、规模化,实现局部领域的突破和跨越式发展,逐步形成高新技术产业的群体优势。强化企业主体意识,提高R&D支出的比例。加快构建产学研一体化的研发体系,把产学研联合拓展到企业技术创新的全过程,实现技术、产业和人才资本的优化组合,促进技术成果迅速向生产力转化。充分发挥各类科技中介机构的作用,为企业提供信息、技术、认证、融资等方面的优质服务。加大新品开发,依托技术创新,开发一批高技术含量、高市场容量、高附加值的"三高"产品,形成一批高技术产品群,带动各行业产品技术水平的提高与升级。鼓励企业自主创新,完善技术创新机制,提高新产品的自主开发能力,努力形成一批拥有自主知识产权的核心技术和核心产品,为抢占市场先机创造条件。主动适应市场需求,借助外智、外力,研究新技术,开发新产品。

"十二五"伊始,淮安明确提出,信息技术是经济增长的"倍增器"、发展方式的"转换器"和产业升级的"助推器"。加快两化融合不仅是提升企业创新能力、促进产品升级的基础工程,而且是调整优化工业经济结构、构建现代产业体系的重要抓手。要着实开展"两化融合"重点企业、园区的试点示范工作,树立一批试点示范企业,培养一批"两化融合"示范试验区,构建省、市、县三级共同推进的企业示范工作机制。鼓励扶持第三方信息化服务平台建设,大力推动重点行业骨干企业分离内部信息技术开发部门,面向全行业提供专业化、社会化服务,支持有条件的生产制造企业向信息服务专业化和生产服务一体化方向发展。①

靠开放、靠科技、靠人才的"三靠"战略,是淮安实现科学跨越发展的必然选择。尤其是科技进步,已成为提升产业层次水平、促进经济转型升级的主导力量。在2012年淮安出台的《关于加快实体经济健康发展的九条意见》中,作为推动实体经济转型升级的核心动力,企业科技创新被提上重要位置。"淮九条"专门提出,支持企业建设研发机构,对企业建成国家级、省级企业技术中心和工程技术研究中心的,分别奖励企业200万元、30万元,对建成国家级、省级企业技术服务平台的,分别奖励100万元、30万元;通过对企业研发费以按比例加计、扣除、摊销等措施,鼓励和引导企业增加研发投入,力争"十二五"企业研发投入比"十一五"翻一番,大中型企业研发投入占销售收入的比重达到1%以上;鼓励和引导企业加强新产品研发、加快产业化,提升竞争力。对企业优秀新产品产业化项目给予资金支持。对符合条件的自主创新产品,实行政府首购与订购制度。对获得国家级新产品、省优秀新产品奖、市级优秀新产品的,每个分别一次性奖励50万元、20万元、5万元。②

信息化技术不仅改造传统产品、制造业的技术装备、传统工艺流程和传统制造业组织,而且还改造传统营销系统。其对提高传统制造业的自动化和智能化程度,增强传统制造业的产品研制和开发能力,对改造传统制造业,推动产业结构优化升级,发挥着巨大作用。

4. 科技创新加快淮安传统农业向现代农业转变的步伐

淮安在历史上就是农业大市,以淮安农科院为代表的农业科技力量在全省占有一席之地。近数十年来,农业科技从实施单一的农业科技项目到建设科技示范基地,发展到建立更大规模的现代化示范园,农业科技项目的规模不断扩大,实施质量不断提高,综合示范的能力不断加强,科技对农业的贡献不断提升。

从学理上分析,科技在推动淮安农业产业结构不断优化中的作用十分明显。科技进步使劳动生产率提高,劳动力发生转移,促使产业结构发生变化。一般说来,劳动生产率提高快的部门总会游离出一部分劳动力,分流到产品需求上升的新兴产业部门或者服务部门,使劳动力在产业部门间的分配比例发生变化。劳动生产率提高的速度越快,劳动力转移的速度也就越快。进入新世纪以来,淮安农业产业结构总体呈现不断优化的趋势。从农、林、牧、渔业产值的变化来看,以传统粮食种植

---

① 淮经信企信〔2012〕3号关于转发省经信委等五部门《关于加快推进全省信息化与工业化深度融合的实施意见》的通知。

② 中共淮安市委淮安市人民政府《关于加快实体经济健康发展的九条意见》。

业为主的农业产值虽然绝对值在增长；但一方面是包括农业在内的第一产业在整个三产中占比不断下降，另一方面，第一产业内部的产业结构也在变化。2001年，农林牧渔产值分别为61.99亿元、2.40亿元、16.01亿元、13.83亿元。之后，农业产值占比快速下降，而林、牧、渔业产值占比也同时逐渐下降。2011年，尽管农、林、牧、渔业产值分别增长到154.42亿元、5.17亿元、38.76亿元和21.17亿元，但其占地区生产总值的比率却依次降至9.1%、0.3%、2.3%和1.3%（见表3）。此外，农林牧渔服务业占比也相应下降。可见，在科技进步作用下，单位劳动生产率提高推动了产值的提升，降低了传统农业种粮业比重，进而推动农业产业结构优化的作用十分明显。

表3 农、林、牧、渔业产值占地区生产总值比率

各产业产值占比	2001	2002	2003	2008	2009	2010	2011
农业	18.84%	17.55%	14.82%	10.6%	10.2%	9.7%	9.1%
林业	0.73%	0.69%	0.68%	0.4%	0.4%	0.3%	0.3%
畜牧业	4.87%	4.58%	4.28%	3.1%	2.8%	2.4%	2.3%
渔业	4.20%	3.98%	3.29%	1.6%	1.6%	0.3%	1.3%
国内生产总值(亿元)	329.02	375.02	420.64	915.83	1 121.75	1 388.07	1 690

5. 科技创新促进淮安社会事业和谐发展

自"十五"规划以来，淮安市围绕生态环境、人口与健康、循环经济、新农村建设、信息化建设等全市社会发展中的重点、热点和难点问题，加大了对社会公共服务科技事业的投入，大力加强社会发展领域科技进步与创新，科技的运用助推了全市社会事业的健康发展。

在科技促进信息社会建设方面，科技加快了信息技术的应用。建设了便捷高效、资源充分利用与共享的信息服务体系，基本实现了经济社会活动网络化和数字化。电子政务、电子商务及网络金融、保险等信息服务技术得到广泛应用，各行各业管理信息化和服务网络化水平逐步提高，办公自动化稳步推进。

在科技保障公共安全方面，加大了公共安全的科技支持。以食品安全、社会安全、生产安全、卫生健康为重点，解决重大技术问题，开发和提供科技监测及预警手段，努力打造民生科技。

在科技促进民生建设方面，启动"出生缺陷干预工程"，提高出生人口素质，婴儿死亡率降至千分之四以下；重大疾病预防和治疗技术取得进步，控制能力进一步增强，全市人口预期寿命达78.8岁。开展农村居民和城镇社区诊疗先进适用技术的集成示范，提高公共卫生突发事件防范技术能力。

在科技保障生态环境方面，生态建设、环境保护与循环经济科技进步得到重视。针对人民群众最为关心的生态环境问题，以水污染科技治理和节能减排为重

点,在水环境治理、社会事业领域节能减排、新农村建设、可持续发展实验区建设等方面组织实施一批环境治理与生态建设科技示范工程。

从2002年初启动创建卫生城市,到2007年在苏北率先创成国家级卫生城市,再到2011顺利通过国家卫生城市复审"大考"。2008年,借助创建国家环保模范城的契机,淮安又开展了对生态环境的治理。科学技术和高科技装备在生态治理中得到大量运用,保障和促进了生态环境优化。市区及大多数县区的建制镇建成了污水处理厂。空气质量自动监测站、地表水和饮用水源地水质自动监测站、工业污染源远程监控点相继建成,城区生活垃圾资源化利用率和工业固废综合利用率不断提高。市区水质达到了国家Ⅱ类水的标准。环境管理的科技含量不断扩大。

2010年根据淮安市人民政府申请和江苏省环境保护厅推荐,经国家环境保护模范城市考核组考核验收、环境保护部公示和审议,淮安市已经达到国家环境保护模范城市考核指标要求,环境保护部授予了淮安"国家环境保护模范城市"称号。淮安所提出的"三看"(看天蓝不蓝,水绿不绿,老百姓口袋鼓不鼓)理念已深入人心,并成为衡量人与自然、人与人关系和谐程度的重要标尺。

三、科技创新在促进淮安经济社会发展中的亮点和特点

1. 科技创新在促进淮安经济社会发展中的亮点

(1) 科技创新所需的人力资源基础领先于苏北

信息环境和人力资源基础是构成科技进步环境的重要人力和物质保障。信息环境主要依赖于信息基础设施的平均分配,以及人们对信息的购买及使用的数量和质量。科技创新的关键在于信息的可获得性和方便快捷程度。简言之,就是两个网的使用,即电脑互联网及移动终端互联网。信息环境有助于科技创新所需的信息流动和传递。就科技进步环境所需的人力资源基础分析,淮安有些独特的条件。体现"人力资源基础"的重要参考因素"每万人口中中专及以上在校生数",淮安已连续多年比较稳定地处于苏北较为领先的水平。

表4 苏北五市每万人口中中专及以上在校生数 (单位:人/万人)

城市	2011	2010	2009	2008
徐州市	208	204	197	210
连云港市	187	200	200	182
淮安市	243	293	292	224
盐城市	129	136	126	107
宿迁市	228	266	238	226

(数据来源:江苏省科学技术厅、江苏省统计局2008—2011年江苏省科技统计公报)

任取一年为例,如以 2009 年为分析比较对象,在淮安每万人口中,中专及以上在校生数为 292 人,远超苏北其他省辖市,几乎接近于徐州和盐城两市的总和。也高于当年苏南无锡市(286 人)。由此可见,淮安人力资源基础比较雄厚(见表 4)。

(2)科技创新产出增长迅猛,高新产业国际化程度领先苏北

科技创新产出的重要体现是高新技术市场化和产业化,是高新技术实现销售突破。前述已表明,淮安在高新技术产业销售收入的总量上,在苏北的位次并不靠前,但从淮安自身的纵向比较看,则可看出淮安高新技术产业发展迅速、趋势良好。

淮安高新技术产业产值 2007 年超过 100 亿元之后,增长速度突飞猛进。2008 年增长了 40%,2009 年增长 75%,跃升到 245.83 亿元,短短一年间又增至 2010 年的 479.17 亿元,增长近 95%。与之相应,继 2008 年淮安高新技术产业对工业增长的贡献率达到 19.9%之后,2009 年攀升为 30.83%,仅次于连云港,处苏北前列。淮安高新技术产业基础薄弱、历史积淀近于空白,取得这一成绩应值得肯定。

此一成绩只是淮安自身的纵向比较,若是横向与苏北其他城市相比,则淮安的高新技术产业产值总量仍有提升的必要。

但仔细缕分数据,可以看出,淮安的高新产业结构较好,国际化程度领先苏北。近年来的数据表明,淮安的高新技术产业出口额在总的销售收入中占的比重,与苏北其他城市比较而言,还是比较高的(见表 5)。

表 5 苏北五市高新技术产业出口额占销售收入比重

城市	2011 比重 (%)	全省排名	2010 比重 (%)	全省排名	2009 比重 (%)	全省排名	2008 比重 (%)	全省排名
徐州市	3.53	13	3.10	12	4.40	11	4.71	12
连云港市	6.04	9	9.34	7	10.95	8	13.31	9
淮安市	21.51	3	5.55	10	1.68	12	19.50	6
盐城市	5.49	11	4.12	11	4.89	10	6.20	11
宿迁市	4.58	12	1.60	13	0.40	13	1.09	13

(数据来源:江苏省科学技术厅、江苏省统计局 2008—2011 年江苏省科技统计公报)

2008 年,淮安市高新技术产业销售收入虽只有 131.75 亿元,甚至还不及苏南版块常州的十分之一,高新技术产业对工业产值增长的贡献率也仅为 19.90%,但高新技术产业出口额占销售收入比重竟达到近 20%,遥遥领先于苏北其他各市。2009 和 2010 两年略有下降。至 2011 年,淮安市高新技术发展呈现良好态势,取得骄人成绩。高新技术产业出口占了高新技术产业产出的 20%多。反观苏北其他地级市,在这一年度里此一比重均未超过 10%。据此,就淮安的高新技术产业结构比较而言,外向性、国际化程度较苏北其他市要高出许多。这也预示,淮安高新

技术与国际合作的程度较高,在承接国际产业转移趋势中抢占了先机,为产业发展与国际同步奠定了良好的基础。

(3) 科技创新推动淮安生态建设领先苏北

学术界和政府均认可这一观点,可持续发展、永续发展、和谐发展要靠科技来促进。要靠科技来治理环境,提高资源利用效率。根据江苏科技统计公报数据,2008 和 2009 年,淮安市"环境质量综合治理指数"均列全省第四,苏北第二(2008 年环境质量综合治理指数为 93.87,前三位为苏州、无锡、徐州;2009 年环境质量综合治理指数为 93.49,前三位为苏州、徐州、无锡)。2010 年,淮安市环境质量综合治理指数为 93.55,仍列全省第四,但在苏北列第一。前三位为苏州、常州、无锡,徐州未能进入前三。"资源综合利用指数"2008 年列全省第八,苏北第二;2009 年列全省第六,苏北第二。但 2010 年略有下降。

2011 年,江苏科技统计公报调整了部分指标,"亿元 GDP 综合废物排放量(万吨/亿元)"和"工业固体废物综合处理率(%)"代替了前几年一直沿用的"环境质量综合治理指数"和"资源综合利用指数"。但其实质仍是考察科技创新在资源综合利用效率和环境治理方面的运用,不过更具有可观测性和操作性。根据 2012 年 11 月 1 日江苏省科学技术厅、江苏省统计局公布的 2011 年江苏省科技统计公报,淮安每亿元 GDP 综合废物排放量达到 13.37 万吨,但工业固体废物综合处理率极高,达到了 99.3%。在全省范围内,淮安的此项排名也相当优秀,在全省名列第二,仅次于徐州。

这组数据表明,淮安生态建设稳步推进,与徐州共居苏北前列。究其原因,一是淮安创建国家环保模范城过程中全市各方面的不懈努力;二是提升人民幸福指数、建设美丽富庶淮安的施政理念得到了扎实、深入的落实。这两方面原因使得淮安的生态建设成为苏北标杆。

(4) 科技创新在淮安现代农业建设中运用广泛,农业基本现代化进程居于苏北前列

众所周知,农业的出路在现代农业,而现代农业的根本路径则在于科技创新在现代农业建设中的普遍运用。近年来,科技创新在淮安农业现代化建设中的作用日益突显,成效日益显著。其体现在以下几点:

一是农业科技创新体系基本确立,农业科技创新在农业现代化进程中的支撑作用逐渐扩大。近年来,淮安市紧紧抓住国家和全省加快现代农业产业技术体系建设的有利时机,积极整合农业科技创新资源和创新要素,以自主创新为基础、以现代农业为目标的农业科技创新能力建设有了较大进展,逐步把农业生产的发展转移到依靠科技进步和提高劳动者素质的轨道上来。全市建立起以淮安农科院、农业龙头企业研发机构为主体的科技创新体系,形成了市、县、乡三级完善的农业技术推广体系。

2011 年淮安市农业科技进步贡献率达到 60.12%,比上年提高 4.24 个百分

点。2011年该市农村持专业证书的农业劳动力占农业劳动力总数的比重为8.97%,比上年提高3.57个百分点;乡镇或区域农业公共服务体系健全率为57.68%,比上年提高18.66个百分点;新型农业信息服务覆盖率达到75.16%,比上年提高13.68个百分点。农业基本现代化进程进位明显。在全省13个省辖市中,淮安农业基本现代化进程排名从2010年的第13位升至第9位,是得分提高最快的市,在苏北五市中总分名列第二,仅次于徐州市,居于苏北领先水平。①

二是科技创新推动淮安现代农业加快发展。科技创新成为现代农业建设的主要依靠因素,淮安农业现代化步伐不断加快。全市新增高效农业36万亩、设施农业14万亩。秸秆沼气推广工作全国领先,秸秆固化利用水平全省第一。成功创建1个国家级、4个省级农业龙头企业和4个省级现代农业产业园区。"淮安红椒""洪泽湖大闸蟹""淮安黄瓜"等分获地理标志证明商标、农产品地理标志,"淮安黑猪"被认定为国家级畜禽新品种,"淮安大米"获得江苏"著名商标"和"名牌产品"称号。淮安出产的科技含量高的农产品品种丰富,市场信任度得到长足提升。

三是农田水利基础设施和农机装备的科技水平逐步提高。淮安市不断加大农田水利投入和建设力度,农田水利现代化水平得到显著提升,按照高标准农田建设规范要求,加大对田、水、路、林、村的综合整治,扩大有效耕地面积的同时,提高耕地质量,使农田达到优质高产高效的目标。国家和市一级对农民购买农机具实行补贴政策,进一步激励了农民普及机械化生产,提高了农业生产效率。

2011年淮安市农田水利现代化水平达68.90%,比上年提高3.45个百分点;农业综合机械化水平达73.0%,比上年提高6个百分点;全市高标准农田比重达到39.31%,比上年提高2.33个百分点。从横向上看,农业装备和农业基础设施的科技化水平都有了提升,从而推进了现代农业稳步建设步伐。

2. 科技创新在促进淮安经济社会发展中的特点

从全省特别是苏北而言,淮安科技创新呈现出两个鲜明特点,即两个"总量较低,但比重较高",从而预示着科技创新促进经济社会发展潜力较大。

(1)专利申请数总量较低,但发明专利占专利授权数的比重较高

在转变经济发展方式的过程中,科研开发是着力点和切入点,起着十分关键的作用。发明专利数量及其占专利授权数比重,则是衡量科研开发重要的标志。它既体现一个地区的科技创新潜力,又可以为该地区的产业升级提供基础条件,更能体现一个企业、一个地区乃至一个国家的核心竞争力。专利授权是对发明创造成果法律上的保障,具有排他独占的特性。专利关系到一个国家知识产出实力和国际竞争力的强弱,对一国的国家主权和经济安全都会产生深刻影响。发达国家凭

---

① 调研材料:淮安市统计局、国家统计局淮安调查队2012年6月29日呈送给淮安市委的报告。

借自身的经济和科技优势,透过层层保护的专利技术,获取市场竞争地位和巨大利润,而创新能力薄弱的发展中国家则面临由专利网形成的技术壁垒和竞争压力。因此,后起国家要在当今国际竞争中胜出,都必须重视和具备专利武器。正因为发明专利占专利授权数的比重体现一个地区乃至一国的科技创新能力和潜力,预示着从技术、产品转而产业化的潜力较大,预示着科技产出的潜力较大。而淮安在这一指标上成绩优异且稳定,在这个意义上说,淮安具有较强的科技创新能力。

为测度科技创新促进区域经济社会发展能力,人们一般通过"科技创新"和"高新技术产业化"两项指标来衡量其科技产出促进经济发展总量和发展潜力。前述已表明,高新技术产业化包括高新产业产值总量、高新产业出口总量、高新产业产值占工业增加值比重等。而"科技创新"则包括"每十万人口专利申请量""每十万人口专利授权数"和"发明专利占专利授权数的比重"等三个内容。前两项淮安虽然处于苏北中间位次,总量较低,但第三项指标淮安较为优异。

2008年淮安"每十万人口专利申请量"和"每十万人口专利授权数"依次为56.54和9.23。在苏北并不突出。但"发明专利占专利授权数的比重"为15.06%,在全省仅次于南京和连云港。2009年,前两者依次为71.63和21,而"发明专利占专利授权数的比重"为14.05%,在全省位列第二,仅次于南京。2010年,"每十万人口专利申请量"和"每十万人口专利授权数"依次为102.44和24.35,均低于徐州。而"发明专利占专利授权数的比重"达12.39%,在全省位列第二,仅次于南京。2011年,此比重为11.29%,在全省位列第二,仍仅次于科教人文大市南京(详见表6)。

根据江苏省知识产权局统计数据,2012年1—8月份,淮安市共申请专利6 971件,超过了上年全年申请量,同比增长了112.79%,增幅位居全省第三,其中企业专利申请量增幅达205.44%,继续保持全省第一。

表6 苏北五市(与南京)科技创新能力与潜力比较

城市	专利申请数(件/10万人)	排名	专利授权数(件/10万人)	排名	发明专利占专利授权数的比重(%)	排名
徐州市	171.81	9	79.57	9	4.38	11
连云港	79.11	12	46.56	10	7.44	4
淮安市	142.73	11	41.30	12	11.29	2
盐城市	146.27	10	44.68	11	4.95	9
宿迁市	42.93	13	18.55	13	5.66	6
南京市	383.06	6	152.96	6	27.83	1

(数据来源:江苏省科学技术厅、江苏省统计局2011年江苏省科技统计公报)

(2) 科技从业人员总量低,研发人员占科技从业人员比重高

受制于历史及发展阶段原因,整个苏北的人才总量偏少。而在人才队伍中,科技从业人员数量更少。各市每年都要花大力气延揽人才,对于科技创新所需的研发人才更是求之若渴。对苏北五市进行比较,可以发现,整个苏北地区科技从业人员本身总量就低,在科技从业人员中从事顶端研发工作的人员占比更低。但淮安在此处有着与苏北其他市迥然不同的特点,即研发人员占科技从业人员比重相当之高。以2011年为例,达到了70%以上,仅次于盐城市,在全省列第二(见表7)。

表7 2011年苏北五市从事研发工作人员占科技从业人员比重

城市	科技从业人员在人才队伍中的比重(%)	排名	R&D人员占科技从业人员比重(%)	排名
徐州市	0.81	9	64.03	3
连云港市	0.54	11	60.53	4
淮安市	0.37	12	70.10	2
盐城市	0.74	10	71.51	1
宿迁市	0.27	13	44.47	13

(数据来源:江苏省科学技术厅、江苏省统计局2011年江苏省科技统计公报)

淮安达到这一比例,也经过了一个发展过程。2008年,研发人员占科技从业人员比重为46.69%,在苏北位于徐州、连云港和盐城之后。2009年,此比重升到55.53%,但苏北其他各市也在提高,2010年,此比重为58.24%,升到全省第五位,超过了连云港和盐城,次于徐州和宿迁。

研发人员占比高,意味着科研机构扁平化程度会相应提高,研发团队效率会相应提升,投入研发的人力也会相应增加,从而由研发催生的、由研发引导的核心竞争力才可能得以提高。

从政策含义来说,淮安应大力挖掘研发人员占科技从业人员比例较高这一特点,将其转化成科技创新促进区域经济社会发展中的优势。

同时,需要指出的是,研发人员在淮安各县区分布是不平衡的。研发人员多集中于市一级,县区研发人员则较少(见表8)。全市开展研发活动的,即有组织地开展研发活动且有相应经费支出的工业企业129个,仅占规模以上工业企业的7.4%。其中,开展研发活动的大中型企业48个,占全部大中型工业企业的48%。

也就是说,淮安在推动大中型企业投入研发的空间还很广阔,县区推动研发活动尤为必要。

表8 淮安市各地区研发投入情况①

区、县	R&D人员全时当量(人年)
总数	3 766.80
市直	1 280.9
清河区	182.1
楚州区	485.5
淮阴区	312.6
清浦区	78.2
开发区	258.3
涟水县	539.4
洪泽县	207.7
盱眙县	156.6
金湖县	265.5

(数据来源:淮安市第二次R&D资源清查领导小组,"第二次淮安市R&D资源清查主要数据公报"2011年4月1日)

四、科技创新在进一步促进淮安全面小康社会建设中面临的制约因素

科技创新在进一步促进淮安全面小康社会建设中面临四重制约因素:一是投入力度制约,二是产出规模制约,三是生长环境制约,四是行为主体制约。

1. 科技创新尚未得到与其重要战略地位相适应的重视,导致全社会对科技创新投入力度不足

研究与试验发展经费投入,是国际上通用的反映自主创新能力的重要指标,而研发投入占GDP比重达到1%是公认的科技起飞"黄金拐点"。2008年度全国科技经费投入统计公报显示:江苏研究与试验发展经费支出为580.9亿元,占GDP的比重为1.92%,首次超过北京跃居全国第一。2009年,江苏达到2%,继续在全国保持领先。2009年以后至今,江苏研发投入均处于全国领先水平。

虽然江苏总体上领先于全国,但各区域分布并不平均。苏北各市全社会研发

---

① R&D人员全时当量是国际上通用的、用于比较科技人力投入的指标。指R&D全时人员(全年从事R&D活动累积工作时间占全部工作时间的90%及以上人员)工作量与非全时人员按实际工作时间折算的工作量之和。例如:有2个R&D全时人员(工作时间分别为0.9年和1年)和3个R&D非全时人员(工作时间分别为0.2年、0.3年和0.7年),则R&D人员全时当量=1+1+0.2+0.3+0.7=3.2(人年)。

支出占GDP比重、政府科技拨款占地方财政支出比重、企业研发经费占销售收入比例均低于苏中,远低于苏南。而淮安在苏北五市中也是处于靠后的位置。2008年全省政府科技拨款占地方财政支出的2.8%,苏北五市无一达到这个比例;2009年,淮安市政府科技拨款占财政支出的比重为0.2%(苏北第四,全省第十二),全社会研发支出占GDP的比例为0.9%(苏北第三,全省第十一),企业研发经费占销售收入的比例为0.52%;2010年,淮安市政府科技拨款占地方财政支出比重为2.17%(苏北第一,全省第八),全社会研发支出占GDP的比例为1.0%(苏北第三,全省第十一),企业研发经费占销售收入的比例为0.48%(苏北第四,全省第十二)。

2011年,淮安市政府科技拨款占财政支出比重为2.11%,全社会研发支出占GDP的比例为1.20%,企业研发经费占销售收入的比例为0.59%(见表9)。

表9 2011年苏北五市科技创新投入对比

城市	全社会R&D支出占GDP的比重(%)	政府科技拨款占财政支出的比重(%)	企业R&D经费占销售收入的比例(%)
徐州市	1.59	2.28	0.71
连云港市	1.29	2.15	0.65
淮安市	1.20	2.11	0.59
盐城市	1.21	2.92	0.75
宿迁市	0.74	2.09	0.64

(数据来源:江苏省科学技术厅、江苏省统计局2011年江苏省科技统计公报)

2011的年数据直观反映了在对研发的财力投入上,淮安各方面均没能处于靠前的位置。从这三组数字不难看出,淮安整体上的研发经费投入总量不足。工业企业投入少,产出能力较弱,是制约科技产出效益提高的重要因素;而且政府层面的重视程度也不够,政府财政投入比例和总量都偏低。

考虑到苏北各市GDP总量不高,财政基础不厚的实际情况,苏北各市包括淮安在内,对研发投入的财力绝对数也远低于苏中和苏南。

2. 高科技产业产出总量尚嫌不足,导致高科技对社会的引导带动作用未完全凸显

从淮安自身来看,高新技术产业销售收入和高新技术产业对工业产值增长的贡献率都取得了历史性的突破,增速快,增幅大;但与苏南的无锡等城市比,总量差距较大,即使在苏北也无优势。

苏北五市2008年高新技术产业销售收入的总和是995亿元,不及南通(1 360亿元)一个市的四分之三,更不用与苏州的5 904亿元比较。2009年,尽管苏北各

地这一指标在增长,五市总和达1 617亿元,但仍不及南通一市(1 787亿元),至于单个城市的高新技术产业销售收入的绝对数差距则更大。2010年,淮安高新技术产业销售收入攀升至468亿元,同期苏南版块的苏州、无锡分别为8 911亿元、4 352亿元,苏中版块的南通、泰州分别为2 534亿元、1 537亿元。苏北的徐州也踏上了千亿元级门槛。

2011年,淮安与苏北其他各市比较起来也未见优势(见表10)。

表10 2011年苏北五市高新技术产业产出对比

城市	高新技术产业销售收入(亿元)	排名	高新技术产业对工业产值增长的贡献率(%)	排名
徐州市	1 944.52	9	53.59	4
连云港市	839.70	11	32.79	11
淮安市	567.52	12	21.08	12
盐城市	895.23	10	35.87	10
宿迁市	128.69	13	13.86	13

(数据来源:江苏省科学技术厅、江苏省统计局2011年江苏省科技统计公报)

由于高新技术产业规模太小,高技术产品不多,产品的技术含量较低,因而其产值占工业总产值的比重低。由于高新技术产业对工业产值增长的贡献率不够明显,用此其带动整个地区产业升级和技术改造的能力也随之受到制约。

3. 县域经济社会发展和小康社会建设进程尚欠平衡,制约了科技创新所需土壤的生长

如同全国范围内的经济社会发展不平衡一样,淮安区域经济社会发展也并不平衡,全面建设小康社会进程步伐不尽相同。总体上,市区要优于县域。更关键的是,淮安各县经济社会发展水平要滞后于苏北大部分县或县级市(见表11)。

表11 2011年苏北五市及县域地区生产总值

市、县	地区生产总值(亿元)	产业			人均地区生产总值(元)
		第一产业	第二产业	第三产业	
徐州市	3 551.65	334.54	1 777.04	1 440.07	41 407
丰县	190.61	40.28	86.98	63.35	19 867
沛县	376.98	59.80	181.09	136.09	33 335
睢宁县	252.36	50.90	109.35	92.11	24 366
新沂市	301.37	42.14	129.94	129.29	32 861

续表

市、县	地区生产总值	产业			人均地区生产总值①(元)
		第一产业	第二产业	第三产业	
邳州市	448.86	69.92	198.50	180.44	30 972
连云港市	**1 410.52**	**204.11**	**654.28**	**552.13**	**32 119**
赣榆县	283.07	43.43	144.44	95.20	29 846
东海县	245.67	45.42	116.44	83.81	25 845
灌云县	192.22	44.29	90.29	57.64	23 496
灌南县	182.33	34.33	91.38	56.62	29 358
淮安市	**1 690.00**	**223.46**	**794.18**	**672.36**	**35 181**
涟水县	194.54	47.43	76.78	70.33	22 793
洪泽县	133.83	22.07	59.16	52.60	40 684
盱眙县	191.19	35.79	84.17	71.23	29 160
金湖县	121.96	20.10	50.92	50.94	37 463
盐城市	**2 771.33**	**416.83**	**1 306.26**	**1 048.24**	**38 222**
响水县	161.16	32.50	79.62	49.04	31 696
滨海县	238.00	45.41	104.34	88.25	24 948
阜宁县	244.09	42.30	117.14	84.65	28 977
射阳县	287.98	63.66	117.78	106.54	32 132
建湖县	288.77	38.51	138.02	112.24	38 965
东台市	447.92	71.49	205.43	171.00	45 292
大丰市	346.96	57.90	153.39	135.67	49 218
宿迁市	**1 320.83**	**209.72**	**614.48**	**496.63**	**27 839**
沭阳县	410.45	65.86	185.57	159.02	26 583
泗阳县	238.18	42.50	119.27	76.41	28 458
泗洪县	226.05	44.60	93.70	87.75	24 748

(数据来源:《2012年江苏省统计年鉴》)

以淮安市四县与连云港市四县对比。尽管淮安市地区生产总值要高于连云

---

① 人均地区生产总值按常住人口计算。

港。但从县域情况看,淮安市县域地区生产总值最高为涟水194.54亿元,最低为金湖县121.96亿元。连云港最高为赣榆县283.07亿元,最低为灌南县182.33亿元。考虑到人口因素,也能比较出,赣榆县地区生产总值及人均地区生产总值(29 846元)高于涟水地区生产总值及人均地区生产总值(22 793元)。金湖与灌南略有不同,前者地区生产总值低于后者,但人均地区生产总值高于后者。问题在于,苏北五市中,县域地区生产总值最高的达到了448.86亿元(徐州的邳州市),每个市里都有不止一个县的地区生产总值达到200亿元以上,而淮安则没有一个县达到此数额。尽管淮安四县中,洪泽与金湖人均地区生产总值并不低,但总人口较少,因而,其地区生产总值并不突出。再看苏北五市的工业总产值情况,仍以淮安市四县与连云港市四县对比。尽管从全市情况看,淮安市工业总产值(2 941.00亿元)要高于连云港(2 630.52亿元)。但从县域情况看,淮安市县域工业实力则低于连云港。涟水、洪泽、盱眙、金湖分别为291.46亿元、261.86亿元、335.49亿元、224.21亿元。赣榆、东海、灌云、灌南分别为595.06亿元、364.75亿元、303.37亿元、319.54亿元,基本高于淮安各县(见表12)。而且,从总量上讲,连云港没有低于300亿元的县,而淮安只有盱眙超过了300亿元。从表中数字可以看出,构成工业总产值的内资企业,外商、港澳台商投资企业的工业产值也体现出连云港各县要高于除盱眙外的淮安各县。这也意味着,淮安县域经济实力要弱于连云港的县域经济实力。淮安地区生产总值、工业总产值均高于连云港,但县域情况则反之的这一现象,其原因可能在于淮安市区及开发区经济实力要强于连云港。再从五个市的情况看,徐州的邳州市工业总产值达到了千亿元级,沛县、新沂的工业总产值要数倍于淮安大多数县。盐城各县工业产值均高于300亿元,更有三个县踏上了400亿元台阶。即使是宿迁市,也有一个县(沭阳)达到了420亿元。

表12　2011年苏北五市及县域工业总产值(2011年)　　　　（单位:亿元）

市、县	工业总产值	内资企业产值	外商、港澳台商投资企业产值
徐州市	6 950.65	6 045.39	905.26
丰县	221.28	201.20	20.08
沛县	788.07	770.41	17.65
睢宁县	380.46	328.04	52.42
新沂市	604.30	575.50	28.80
邳州市	1 049.04	938.79	110.25
连云港市	2 630.52	1 935.45	695.08
赣榆县	595.06	557.96	37.10

续表

市县	工业总产值	内资企业	外商港澳台商投资企业
东海县	364.75	260.82	103.93
灌云县	303.37	291.76	11.60
灌南县	319.54	313.33	6.22
淮安市	**2 941.00**	**2 371.21**	**569.79**
涟水县	291.46	262.26	29.20
洪泽县	261.86	225.95	35.91
盱眙县	335.49	311.43	24.06
金湖县	224.21	189.70	34.51
盐城市	**4 360.07**	**3 234.00**	**1 126.07**
响水县	322.66	264.42	58.24
滨海县	341.54	332.11	9.43
阜宁县	338.37	306.06	32.31
射阳县	375.99	323.40	52.59
建湖县	412.08	351.98	60.10
东台市	569.91	468.10	101.82
大丰市	419.43	314.75	104.68
宿迁市	**1 522.30**	**1 451.22**	**71.08**
沭阳县	428.26	408.34	19.91
泗阳县	280.25	277.31	2.94
泗洪县	193.49	189.11	4.38

(数据来源:《2012年江苏省统计年鉴》)

当然,县域经济总量相对滞后,并不意味着经济社会发展水平滞后。现实情况是,淮安的四县经济社会发展水平可能在苏北各县中还属中上游水平。但县域经济总量相对滞后肯定意味着财富总量不够大,用于投入各种社会事业时总量即绝对数不够多。对于公共政策而言,则意味着加大科技的财力投入要受到总量限制。

工业总产值相对滞后,则意味着工业企业实力还不能超出其他苏北各县域,进而意味着,科技创新所赖以生长的土壤还不如其他苏北各县丰厚。同时,县域工业总产值规模水平所代表的工业化程度不同,实现科技创新的社会环境也不尽相同。

大致说来,工业化程度高,实施科技创新的氛围环境及社会对科技创新的需求也相应会高。

4. 科技创新体系尚待完善,导致科技创新中各行为主体偏好未能完全契合社会需求和市场需要

作为一种经济学意义上的制度,科技创新并不是与社会并行不悖的,而是嵌入社会中的。这也是经济学研究"要把科技创新作为经济发展的内生动力"这一命题的意义所在。但是,对科技创新体系的考察表明,目前科技创新体制的运行还未能完全契合社会和市场。

正如温家宝同志所指出的:"我国科技体制改革取得了很大成绩,但还不适应经济社会发展和科技发展的要求。当前的突出问题:一是科技经济'两张皮'问题没有真正解决。以企业为主体、市场为导向、产学研相结合的技术创新体系建设还存在体制机制障碍。由于管理体制和评价导向的原因,许多科技人员还只求论文、样品,目的是评职称、晋级。二是宏观科技决策机制和组织结构不合理,造成体制分割,有限的科技资源难以实现优化配置,科技资源短缺与闲置浪费并存,资源利用和投入产出效率不高。"①微观层面上,科技经济"两张皮"问题体现为"政、产、学、研、用"未能形成一体化。科技创新的行为主体——政府、高校、研究机构、市场用户、企业等偏好不尽一致,最重要的行为主体——企业在科技创新中的作用还比较有限,从而使得各主体难以形成合力,制约了科技创新。

以江苏盱眙凹凸棒粘土(简称凹土)新材料行业为例来说明这一点。为凹土产业设立的盱眙凹土科技产业园被定为省级特色产业园、省凹土新材料高新技术特色产业基地。省、市、县三级对发展这一产业投入极大的关注和较多的支持。凹土行业的职能管理部门的偏好在于向上争取资金、项目、课题,建设载体和孵化器以孵化产品与技术。列定计划、完成目标是其工作特点,工作导向是完成任务,量化的业绩考核是对其工作绩效评估的主要方法,因而,周期较长的技术研发、产品中试、产品化、进而产业化将难以体现其工作业绩。高校和研究机构与盱眙凹土产业相关的有两类人员:一是与盱眙有合作关系的高校和研究所中的科研人员;二是在盱眙的高校和研究所派出机构的科研人员。前者工作偏好与高校、科研院所大致相同,也就是温家宝同志所指出的,"还只求论文、样品,目的是评职称、晋级"。对于后者,据课题组调研了解,高校、研究所与地方讨论合作方案、签订合同时,大多以产品、技术合作制为主,少有技术、产品参股制。也就是说,研发方做出产品,与企业或地方的合作就告一段落。至于产品的市场开拓则与其无关,产品销售前景更是不用其关心。由此表明,研发人员的工作偏好是为地方、企业出产品、出技术,

---

① 温家宝:《关于科技工作的几个问题》,载于《求是》2011年第14期。

至于其产品或技术的市场运用度、接受度特别是市场需求度,则不是其关注的重要内容。企业的偏好是赚取利润,特别是在风险可控的前提下赚取最大利润,因而,对于研发新产品、新技术,有着较其他主体更强烈的偏好;但是,一旦研发面临时间周期长、投入资源多、前景不明朗、成功概率低等情况,则企业更多会选择稳妥、短期行为。兹举一例:盱眙某凹土高科技公司曾对凹土的高端研发及高值化运用很感兴趣,也投入了较多的人力、物力,但研发的效果链条过长,从确立研发方向—筛选技术—确定技术攻关重点—开展研发—失败、试错—产品试制—产品中试这一过程有太多未知因素和风险,因此尽管愿景很美好,前景也很美妙,但企业的股东要的不是前景和愿景,而是尽快实现利润,最终,经过长达三年的等待与煎熬之后,股东们就把公司的总经理更换了。

至于市场的用方或需求方,其偏好在于:能在使用高科技产品中,在没有风险的前提下降低成本、增加利润。如果有风险,也不会考虑使用新产品。对于使用盱眙凹土新产品,用户方首先考虑的是它能给自己本身带来什么益处,消除什么弊端。仅有高科技、环保这些概念是吸引不了市场用户的。试举一例,凹土原矿经过多次提纯加工,在技术上可以实现纳米级,其最终产品——纳米级无机短纤维成核剂、纳米级凹土橡胶补强剂可以添加在工程塑料和工业橡胶中,理论上可以使塑料或橡胶改性,使其硬度提高数倍,因而在石化行业和汽车行业有广阔前景。该类产品也得到了政府职能管理部门的认可,将其确定为高新技术产品。[①] 但石化行业数百年来使用的橡胶生产技术工艺已足够稳定,使用者对增强橡胶硬度并没有特别的兴趣,反而担心添加纳米颗粒使得橡胶产品质量不稳定。因而,凹土行业推出的纳米颗粒始终停留在样品阶段,难以量产和产业化。

基于此,我们认为,科技创新的体制及运行机制尚未完全理顺,其核心症结科技与经济脱节的具体表现在于科技创新中各行为主体偏好不一致,制约了科技创新在促进社会经济发展中的作用发挥。

五、破解制约因素,扩大科技创新在淮安全面小康社会建设中的作用

科技创新在地方经济社会发展中的作用自不待言。其对于调整经济结构、转变发展方式、实现跨越发展的价值也在江苏苏南等地的实践中得到了证明。前文已表明,科技创新面临四重制约因素。因而,要进一步发挥科技创新在地方经济社会发展中的作用,就要破解这些制约因素。

[①] 淮安市科学技术局 2011 年 8 月 28 日《关于公布 2011 年度第一批通过认定的淮安市高新技术企业和高新技术产品名单的通知》。

1. 切实营造企业在科技创新中的主体作用

2012年,胡锦涛曾经就实现创新型国家目标、深化科技体制改革等问题强调指出,要着力强化企业技术创新主体地位,提高科研院所和高等学校服务经济社会发展能力,推动创新体系协调发展,强化科技资源开放共享,深化科技管理体制改革。① 温家宝也强调要加快建立企业主导产业技术研发创新的体制机制。他指出,企业作为生产经营的市场主体,直接参与市场竞争,对产业和产品新技术发展创新最为敏感。只有企业主导技术研发和创新,才能加快技术创新成果转化应用,才能有效整合产学研力量,以企业为主体、产学研相结合的技术创新体系才能真正建立起来,也才能有效解决科技与经济两张皮问题。要鼓励企业合作研发关键共性技术,共同出资、共担风险、共享成果。鼓励企业与科研机构、高校联合共建工程实验室和技术研发平台,鼓励广大科技人员以多种形式与企业合作开展技术研发创新。中小企业特别是科技型中小企业,是最具创新活力的企业群体,是技术创新的生力军,国家要在科技政策和经济政策上给予更大支持,发挥中小企业在技术创新中的独特作用。②

前述业已阐明,淮安市科技创新促进全面小康社会建设中面临的制约因素之一,就是科技创新体系中体制不畅,各行为主体未能形成合力。以企业为科技创新主体的体制机制还未能完全确立。为此,化解此制约因素,就要建立以企业为主导的科技创新体系,引导企业成为技术研究开发的主要力量。

淮安市在促进企业成为科技创新主要力量方面也做过大量工作。2012年,淮安市政府提出,要引导企业加大技术创新投入,加快推进企业研发机构建设,鼓励大中型企业、高等院校和科研单位采取多种形式,建立或共建一批国家级、省级重点实验室、工程技术研究中心、院士工作站等创新平台,着力引导创新要素向企业聚集,使之真正成为资源配置、技术转移、成果转化的重要基地③;并为此制定了目标任务,并将时间节点和承担部门进行了分解。淮安市还把企业创新主体建设列为2012年度科技工作的四大行动的主要内容,重点加以突破。④

企业成为科技创新主体,关键之处在于企业要开展技术研发活动,这是首要原则和判断标准。技术研发是指企业研发机构采用适当的方法和手段,通过一定的技术路线,开发出能满足市场需求的新品种、新技术,新服务的过程。现代企业实现转型发展或跨越式发展,通常都伴随着重大技术突破或者核心技术攻关,而解决这些技术问题最主要的依靠对象就是企业研发机构。因此,企业研发机构的存在

---

① "胡锦涛在全国科技创新大会上的讲话",载于《人民日报》2012年7月8日01版。
② 温家宝:《关于科技工作的几个问题》,载于《求是》2011年第14期。
③ 调研材料;2012年全市科技工作会议文件。2012年1月17日。
④ 这四大行动是科技招商推进年行动、科技企业梯队培育行动、产业高端化促进行动、科技创新服务体系建设行动。

意义重大,它以突破重大技术难题为核心工作,是技术型企业生存的有力保障,是支撑和引领企业发展的重要依托。

根据本课题组调研的情况,我们归纳出企业成为创新主体、研发源泉要遵循以下几种基本路径:

(1)"协同创新"使企业成为创新型企业

协同创新的本质是企业、政府、知识生产机构(大学、研究机构)、中介机构和用户等为了实现重大科技创新而开展的大跨度整合的创新组织模式。协同创新通过国家意志的引导和机制安排,促进企业、大学、研究机构发挥各自的能力优势、整合互补性资源,实现各方的优势互补,加速技术推广应用和产业化,协作开展产业技术创新和科技成果产业化活动。[①] 高校、科研院所拥有技术和人才的优势,而企业拥有市场和产业化的优势,加快推进企业与高校、科研院所间,企业与企业间的协同创新,促进创新要素与生产要素在产业层面的有机衔接,顺应了科技和经济发展趋势,是释放科教资源优势、激发各方创新活力的最有效途径。

产学研合作是协同创新的主要方式,但不是唯一方式,产业链上下游企业、厂商间的联合研发也是协同创新的一种重要尝试。上下游企业间利益关系紧密,为了生产适销对路的产品,彼此间的交流与合作显得尤为重要,尤其在重大技术攻关上,联合研发能够更快地实现技术突破,推动产业升级,实现互利共赢。

目前淮安大多数有研发活动的企业主要采取的是协同创新中的产学研合作方式。其对于克服淮安人才、信息、研发能力等短板是比较有效的。

作为一种对策研究,需要提出的是,对于淮安而言,要引导企业成为科技创新主体,推动企业开展研发,重点工作是在产学研合作链条上引入更多的省级实验室。

其原因在于:江苏省重点实验室是江苏省区域性科技创新体系的重要科技基础设施之一,是开展科技创新的重要基地。省重点实验室旨在带动前沿、重大领域的高水平探索,实现知识创新,提供技术储备,培养学术人才。重点实验室直接落户于企业或部分让企业参与共建,与众多落户高校的重点实验室相比,它的产学研结合更加紧密,具有更高的研发自由度,更敏锐的市场嗅觉和更灵活的管理体制,因而能够更好地促进校企协同创新、更有效地将科研成果转化为现实生产力,并对周边相关产业的整体发展有着强大的辐射拉动作用。

目前,淮安市通过产学研合作建立的为数不多的江苏省重点实验室大都落户于本地高校(江苏省凹土资源利用重点实验室、江苏省数字化制造技术重点建设实验室落户于淮阴工学院,江苏省生物质能与酶技术重点实验室落户于淮阴师范学院),组建模式上比较单一,如果可以结合产业特点差异化部署,积极引导重点实验室落户企业,或推动企业参与共建实验室,将会进一步推动相关产业技术升级,提

---

① 陈劲、阳银娟:《协同创新的理论基础与内涵》,载于《科学学研究》2012年第2期。

升产业的核心竞争力。

(2)"内外嫁接"使企业成为创新型企业

并购重组是市场经济环境下经常发生的企业行为。在并购重组中,生产资源的整合是重要的,研发资源的整合更为重要。资源整合就是要优化资源配置,不仅包括对有形的实体资源的整合,也包括对无形的能力资源的整合,通过对不同来源、不同结果、不同内容的资源进行识别与选择、汲取与配置、激活和有机融合,使其具有较强的柔性、系统性和价值性,最终取得1加1大于2的效果。

淮安在新中国成立后的几十年里,建立起了门类齐全的工业体系。在从计划经济向市场经济转轨过程中、在经济结构转型过程中,企业的并购重组次数变多,规模变大。在外来企业集团与淮安企业合作中,淮安的企业可以借外来企业的研发平台和研发力量,加紧建设自身的研发平台,提升研发水平。淮钢特钢公司被江苏沙钢重组后,研发规模、项目、经费、质量有了巨大的提升。

再以江苏淮安的天士力帝益药业为例。由淮阴制药厂改制而成的帝益药业集团原本研发能力并不突出,研发层次也不高。天津天士力集团和江苏帝益药业集团在企业并购中,组建了新的天士力帝益药业研发中心,将天士力集团的研发优势与帝益药业的生产优势实现了有机整合。天士力帝益药业实现了由以生产品种老化、产品附加值低、污染严重的原料药为主转向研发新型化学药的转变。在集团所提供的资源援助尤其是人才支援的基础上,天士力帝益自己的研发机构逐步完善,研发实力提升,研发成果显著。天士力帝益的发展经验,为现代企业在并购重组中不但注重生产资源的整合,更加注重研发资源的整合,从而实现创新能力的提升提供了很好的借鉴。

(3)"转型升级"使企业成为创新型企业

历史经验表明,在经济增长转入低谷或企业发展面临困境时,凡是建有研发机构,并有效依托研发机构集聚创新人才、创造核心知识产权的企业,都具有较强的抗风险能力,都能够在较快摆脱危机的基础上,实现企业的新一轮快速发展。当前,江苏企业面临的最大问题就是技术对外依存度较高,尤其是一些制造业企业长期处于产业链低端,高研发投入、高附加值特征体现不够充分,关键技术和装备受制于人。在新的发展阶段,江苏企业必须依靠转型升级摆脱"高端产业、低端环节"的特征。而企业转型升级做得好不好,关键靠企业研发机构这台"引擎"的牵引,这就需要培育一大批创新型企业,需要一大批研发机构和设计中心支撑。

淮安与江苏其他地方类似,也有相当数量企业处于制造业的低端;但如果重视研发,掌握知识产权,打造核心竞争力,依托研发使企业向制造业高端迈进,向产业链上游迈进,也会使传统低端制造企业改造成具有研发能力的创新型企业。

江苏洪泽的海珠集团变迁历史为此作了最好的注解,值得在推进企业创新能力建设中借鉴。位于淮安洪泽县的江苏海珠机械集团前身是国有农机修造厂,只能做做简单的柴油机汽缸套,属于典型的传统制造业。企业没有什么突出的研发能力。对于传统制造业而言,工艺创新是对传统产品进行改造升级的主要途径。工艺创新主要是企业研究和采用新的或有重大改进的生产方式,从而提高劳动生产效率、降低原材料及能源消耗或改进现有产品生产,从而最终实现企业产出的最大化的创新活动。海珠机械集团在技术研发的过程中,坚持将创新点放在对传统工艺的不断改造升级上,不断地提高产品的质量,降低产品的成本,使得企业研发能力逐步提升,站在了产业链高端。

2. 切实落实引导全社会加大对科技创新投入的政策

研发投入是反映一个国家和地区科技实力的重要指标,是提高综合竞争力的重要基础。全社会研发投入占地区生产总值比重已成为经济社会发展的重要指标之一。为提升区域科技创新能力,淮安曾专门出台《促进我市全社会研发投入快速增长的意见》(淮政办发〔2011〕164号),目前的关键是切实落实这些引导对科技创新投入的政策。

(1) 促进企业制定对科技创新投入的硬性努力目标

要鼓励规模以上企业加大研发投入。规模以上企业研发投入应不低于销售收入的2%。支持年销售收入小于5 000万元且研发投入比例达到6%以上、年销售收入在5 000万元到2亿元且研发投入比例达到4%以上以及年销售收入大于2亿元且研发投入比例达到3%以上的企业申报认定国家高新技术企业,对实际研发投入比例达不到上述标准的,不予推荐申报,已认定的国家高新技术企业暂停享受优惠政策。

(2) 强化政府在引导科技创新促进研发投入中的作用

一是要切实加强财政科技经费引导投入力度。不断增加市、县(区)财政对科技创新的投入,确保科技经费增幅高于财政经常性收入增幅。目前各县区财政对科技三项活动经费的投入还未能建立稳步增长的长效机制。要探索财政经费更加有效的使用方式,利用财政科技经费引导企业加大研发投入,充分重视和发挥财政经费在引导社会资金进入科技创新领域的乘数效应。

二是要进一步落实企业研发投入优惠政策。要加大科技政策宣传,落实企业研究开发费用税前扣除优惠政策,确保企业上报研发投入的加计抵扣政策兑现。相关职能部门对企业上报的科技开发项目凡真实可行、研发台账清晰合理的,要加强指导和审核,缩短退税流程,激发企业积极性。

三是要特别采取财政政策,通过政府采购来培植高新技术企业,引导和促进企业开发高新技术产品。对淮安市现有的适合列入采购目录的高新技术产品,要充分利用政府采购政策以体现政府对高新技术产业的扶持和对企业开展研发的鼓励。

利用政府采购推动本国科技创新和产业发展是各国的普遍做法。如美国为了激励企业的技术创新,将每年的政府采购合同总额的20%留给科技创新的企业,对企业的科技创新起到了很大的激励和支持作用。世界主要创新国家向科技创新企业采购主要有两种形式:一是政府对高新技术企业参与竞标给予政府支持,平等参与竞标,并可以给予其优厚的待遇。日本高新技术企业在政府采购制度的有力支持下高速发展,其采购政策遵循优先适用国内产品的原则。二是政府要求大型企业根据相应的合同,将最低限度的商品和服务分包给科技创新企业。韩国为保护本国高新技术企业发展,以法律形式保证政府对技术创新企业的商品和服务的采购。

(3) 大力发展科技金融体系

建立多元化、多渠道的研发投入体系,引导金融机构加大对科技型企业和承接国家、省级重大科技项目企业的融资支持,大力发展创业投资、科技小额贷款、科技担保公司等投融资机构,支持企业利用银行贷款、创业风险投资、科技担保等金融工具和手段,开展股权质押和知识产权质押贷款等业务,进一步拓宽企业融资渠道,鼓励科技型企业涉足资本市场,多渠道吸引社会资本加大研发投入力度。

(4) 加强行政引导

要对各类企业的研发投入列入统计考核,建立动态监测机制。对列入动态监测的规模以上企业要科学统计研发投入。在科技项目申报立项、科技奖励等工作中加强对企业的引导。对没有研发投入的企业,市级科技、人才、新兴产业等各类专项资金一律不予支持,不予推荐申报国家、省级科技计划等项目,不享受科技优惠政策。

3. 切实增强高科技产业的产出规模,培育科技创新在县域经济中的生产土壤

前述已表明,淮安高新技术产业产出规模相比苏南、苏中偏小,相对苏北不占优势。同时,县域经济总量也处于滞后状况。就具体政策而言,要统筹化解这两个制约因素,可考虑以下三条基本思路,实施一个总体战略:

(1) 基本思路

一是建点,即培育重点龙头骨干高新技术企业、创新型企业。企业是科技投入的主体,是技术创新的主体,也是科技成果转化的主体,高新技术企业更是主体中的主体。近年来,经过努力,淮安各县域和市区业已打造了一批创新能力强、示范带动作用大的科技型企业,在县域经济发展中发挥了很好的标杆作用。今后,仍要推动高新技术企业和国家级、省级创新型企业的数量扩张,推动高新技术产品的数量扩张。

二是连线,即培植发展高新技术产业链条。要按照淮安市工业强市战略和以信息化带动工业化战略思路,根据各县区的资源优势和产业基础,通过政策引导、

资金扶持等多种手段,筛选出具有区域特色和发展潜力的产业给予重点支持。

江苏省科技厅在2009年和2012年都曾以文件形式确认了苏北科技特色产业。其把淮安市区的家畜养殖、饲料加工、盐化工、机械与汽模配、特钢,涟水县的意杨、畜禽养殖、机械电子,洪泽县的化工新材料、特色水产,金湖县的水产、石油机械,盱眙县的水产、畜禽养殖、凹凸棒土产业认定为江苏省科技特色产业,提出要予以扶持,以切实增强科技创新对苏北经济和社会协调发展的引领与支撑作用①。其中淮安的特钢及凹凸棒土产业和与连云港的新医药及硅资源为苏北仅有的四个纳入苏北科技特色产业统计范畴的产业。因此,淮安要充分依靠江苏省省级科技计划和资金的扶持,壮大这些产业,从而让发挥科技创新推动产业进步进而推动地方经济社会的发展。

三是扩面,即打造高新技术园区和特色产业集群(基地)。园区和产业集群,是集聚创新资源、促进共同创新、加快科技攻关和成果转化的最佳载体和平台。要加大对各级各类经济园区的升级改造力度,加快推进优势主导产业的集聚发展。创造条件推动一部分县级经济开发区升级为省级高新技术开发区。其中淮安市淮阴区成功升级为淮安目前唯一一家省级高新技术开发区的经验模式值得推广。各县区也要加大对经济园区的科技投入,设立各类科技园、特色园。通过这些园区和产业集群的发展,使淮安市行业资源集聚能力和科技创新水平显著提升,在推动县域经济发展中发挥重要作用。对于目前各类科技园区、孵化器、科技创新载体和科技创新平台,要重视实际进展,防止有名无实。

(2)总体战略——科技招商战略

淮安市对科技招商非常重视,为推动科技招商采取了切实可行的政策措施,效果也比较明显。对短期内实现各种资源向淮安集聚,提升淮安科技创新能力,促进县域经济结构转型,发挥了较大作用。

淮安在过往几年中取得的成绩证明了这一点。在招引项目方面,如淮安经济技术开发区和淮安区立足培育盐化工新材料千亿元产业,分别引进了实联化工、井神盐业60万吨纯碱等重大项目。洪泽县依托便捷水运条件,成功引进投资30亿元的国铝高科项目。清浦区依托中烟淮阴集团引进江苏鑫源造纸法再造烟叶项目。清河区和金湖县分别引进了LED项目和新能源汽车项目。这些"顶天立地""一步登天"的大项目好项目,加速实现了规模扩张与结构优化互动并进的步伐;在招引创新载体方面,盱眙县和中科院合作建立了凹土应用技术研发和产业化中心,有力地加快了凹土产业化开发步伐。涟水今世缘集团建立了"江苏省(今世缘)生物酿酒技术研究院",显著提升了企业自主创新能力。淮阴区万邦香料公司先后建

---

① 江苏省科技厅:《关于启动培育第一批苏北科技特色产业的通知》(苏科农〔2009〕17号),《关于确认苏北科技特色产业的通知》(苏科农〔2012〕33号)。

立"博士后工作站""院士工作站",成功开发了一系列高端产品;在招引人才方面,一个人才往往能振兴一个产业、推动一方发展。淮安经济技术开发区先后引进海归博士以及省"双创人才"等高端创业人才近百人,催生了新兴产业快速发展。淮安工业园区引进的电动控制器项目,拥有以高端人才为核心的研发技术团队。[①]

目前需要将科技招商上升为以科技创新促进淮安全面小康社会建设的总体战略。其实施重点在于切实地将《中共淮安市委淮安市人民政府关于大力推进科技招商工作的意见》(淮发〔2011〕2号)持续开展起来,深入落实下去。这主要包括以下几方面:

一是继续加快高科技投资项目的招引步伐。切实转变招商引资的思路和方式,大力招引国内外客商来淮兴办高科技企业、新上高科技项目。重点围绕传统产业升级以及新能源、新材料、新装备、新医药、电子信息、软件与服务外包等新兴产业培育,大力招引属于国家重点扶持的高新技术领域、符合技术及产业发展方向、拥有核心知识产权、具备可持续创新能力的生产开发型高科技企业、项目,以及主要为科技型企业服务的金融、风险投资、担保与再担保等金融服务类机构。

二是继续加大高层次科技人才的引进力度。围绕重点产业、重点领域、重点需求,有针对性地引进学历层次高、眼界视野宽、实践能力强的高层次技术创新人才和科技创业人才,加快造就一批适应淮安发展需要的创新型科技人才队伍。重点引进拥有自主知识产权、具备硕士及以上学位或副高及以上职称、在国内外同行业具有一定影响的人才来淮创新、创业。

三是继续深化高科技合作项目。积极引导、促进企业与科研院所、高等院校或高科技企业开展多形式全方位的科技合作。重点包括:以解决现实技术难题和需求为目的的技术成果引进、委托技术攻关,以重大战略性目标新产品开发为目的的前瞻性战略研究、项目联合攻关,以打造企业持续自主创新能力为目标的共建研发机构、建立产学研联盟等。重点推进面向中科院各研究所、清华大学、南京大学等与淮安市产业关联度高的国内外知名高校院所的产学研科技合作。

需要指出的是,淮安在实施高科技合作方面,需重点关注国家级、省级重大研究项目。重大项目是实现经济跨越式发展的一个重要支撑点。具有高技术水准的重大项目的开发实施不仅可以对存量经济结构进行调整,以信息化带动工业化;而且可以扩大经济增量,优化提高增量经济的结构层次。企业是国家经济发展的命脉,为充分发挥企业的作用,促进我国经济可持续发展,国家支持企业以重大项目作为新的生产力发展的重要载体,承载那些在发达国家和先进省份已获得成功的先进管理模式、建设模式、高精尖的技术和成熟的产品以及高素质人才的使用和培养。企业要重视重大项目的作用,积极根据市场要求,开发有明确产品导向和产业

---

① 调研材料:淮安市委书记刘永忠在全市科技招商工作推进会上的讲话(2012年9月6日)。

化前景的项目,以此推动企业研发体系的建设与完善,促进企业研发实力的提升,拉动企业经济发展。

四是积极引进高水平的科技机构。围绕重点产业的创新发展,大力引进高层次科研机构入驻或在淮设立分支机构,开展产业共性、关键性技术攻关,或面向中小企业提供试验、检测等公共技术服务;积极吸引高层次科研机构在淮建设成果转化基地,开展最新科研成果的中试和产业化研究及转化,为淮安的经济、社会发展提供源源不断的科技创新支持。重点开展面向中科院各研究所、各科技型骨干央企的研究机构以及其他国内外著名科研机构等的招引工作。

参考文献

[1] 中国科技发展战略研究小组.中国区域创新能力报告.2002年—2012年[R].
[2] 傅家骥.工业技术经济学[M].北京:清华大学出版社,1986.
[3] 李京文,乔根森,黑田昌裕,等.生产率与中美日经济增长研究[M].北京:中国社会科学出版社,1993.
[4] 索洛.经济增长因素分析[M].北京:商务印书馆,1991.
[5] 马歇尔.经济学原理(上册)[M].北京:商务印书馆,1964.
[6] 熊彼特.经济发展理论[M].北京:商务印书馆,1990.
[7] 史清琪,秦宝庭,陈警.技术进步与经济增长[M].北京:科学技术文献出版社,1985.
[8] "全面建设小康社会统计监测"课题组.中国全面建设小康社会进程监测报告(2010)[J].调研世界,2010(12).
[9] "全面建设小康社会统计监测"课题组.中国全面建设小康社会进程统计监测报告(2011)[J].调研世界,2011(12).
[10] 郭熙保,马媛媛.发展经济学与中国经济发展模式[J].江海学刊,2013(1).
[11] 李淑梅.全球化背景下中国自主发展道路的探讨[J].江海学刊,2012(3).
[12] 罗长远,张军.中国出口扩张的创新溢出效应:以泰国为例[J].中国社会科学,2012(11).
[13] 路风,余永定."双顺差"、能力缺口与自主创新——转变经济发展方式的宏观和微观视野[J].中国社会科学,2012(7).
[14] 杨高举,黄先海.内部动力与后发国分工地位升级——来自中国高技术产业的证据[J].中国社会科学,2013(2).
[15] 蔡昉.中国经济增长如何转向全要素生产率驱动型[J].中国社会科学,2013(1).
[16] 李晶晶,梁森,高明.江苏全面建设小康社会的指标体系评价及聚类分析[J].商业时代,2010(9).
[17] 杨格,贾根良.报酬递增与经济进步[J].经济与社会体制比较,1996(2).
[18] 杨小凯,张永生.新兴古典发展经济学导论[J].经济研究,1999(7)
[19] North. Source of productivity change in ocean shipping,1600—1850[J]. Journal of Political Economy,1968(8).
[20] 武博.中国R&D投入与国际竞争力研究[J].社会科学研究,2002(5).

[21] 周叔莲,王伟光.我国高技术行业出口能力影响因素分析[J].宏观经济研究,2003(8).
[22] 王国顺,谢桦.电子及通信设备制造业 R&D 能力与国际竞争力关系研究[J].系统工程,2005,23(3).
[23] 周叔莲,王伟光.技术创新与产业结构优化升级[J].管理世界,2001(5).
[24] 王岳平,等.产业技术升级与产业结构调整关系研究[J].宏观经济研究,2005(5).
[25] 胡志强.高新技术对我国产业结构影响的量化研究[J].科学学与科学技术管理,2005(4).
[26] 徐志霖.中国工业产业结构与企业技术研发行为的实证分析[J].财经问题研究,2006(9).
[27] 李京文,龚飞鸿,明安书.生产率与中国经济增长[J].数量经济技术经济研究,1996(12).
[28] 舒元,徐现祥.中国经济增长模型的设定:1952－1998.[J].经济研究,2002(11).
[29] 夏杰长.技术进步与经济增长的实证分析及其财税政策[J].财经问题研究,2002(11).
[30] 姚战琪,夏杰长.资本深化、技术进步对中国就业效应的经验分析[J].世界经济,2005(1).
[31] 郑玉歆,张晓,张思奇.技术效率、技术进步及其对生产率的贡献——沿海工业企业调查的初步分析[J].数量经济技术经济研究,1995(12).
[32] 何枫.SFA 模型及其在我国技术效率测算中的应用[J].系统工程理论与实践,2004(5).
[33] 官建成,刘顺忠.区域创新系统测度的研究框架和内容[J].中国科技论坛,2003(3).
[34] 甄峰,黄朝永,罗守贵.区域创新能力评价指标体系研究[J].科学管理研究,2000(6).
[35] 孙锐,石金涛.基于因子和聚类分析区域创新能力再评价[J].科学学研究,2006(6).
[36] 周立,吴玉鸣.中国区域创新能力:因素分析与聚类研究[J].中国软科学,2006(8).
[37] 柏振忠.世界主要发达国家现代农业科技创新模式的比较与借鉴[J].科技进步与对策,2009(24).
[38] 蔡华,于永彦.金融危机背景下苏北农业科技创新战略探讨[J].科技管理研究,2009(10).
[39] 常有宏.江苏省设立专项资金加强农业科技自主创新的实践与思考[J].江苏农业学报,2011(1).
[40] 段莉.典型国家建设农业科技创新体系的经验借鉴[J].科技管理研究,2010(4).
[41] 忻华强,朱伟东.增长极理论与全面建设小康社会——对经济落后地区推进区域经济发展的思考[J].社会科学,2003(8).
[42] 刘海英,何彬.中国城市经济增长绩效的长期均衡和短期调整——基于中国 34 个中心城市的分析[J].江海学刊,2011(1).
[43] 刘贵平.对农业科技创新的几点思考[J].农业科技与信息,2008(6).
[44] 方付建.基层农技人员激励体系创新研究——以设立农业科技创新基金为视角[J].中国科技论坛,2009(12).
[45] 方建中,邹红.集群导向的科技园区发展:逻辑、演化与路径[J].江海学刊,2010(6).
[46] 高布权.论农业科技创新的内涵及其在农业现代化中的功效[J].农业现代化研究,2008(5).
[47] 高万龙.推进农业科技创新加快发展现代农业[J].中国科技论坛,2007(8).
[48] 高旺盛.坚持走中国特色的循环农业科技创新之路[J].农业现代化研究,2010(2).
[49] 葛守昆,李慧.制度变迁、有效需求、环境保护与转型期中国经济增长[J].江海学刊,2010(1).

[50] 顾淑林,魏勤芬,刘冬梅,等.如何构建我国的农业科技创新体系[J].中国科技论坛,2007(12).
[51] 还红华.强化农业科技创新 加快江苏省高效农业发展[J].江苏农业科学,2009(5).
[52] 洪银兴,龙翠红.论劳动力流动背景下人力资本对三农的反哺[J].江海学刊,2009(1).
[53] 李阳.财政支持农业科技创新问题研究[J].农业经济,2010(3).
[54] 梁红卫.基于农民专业合作社的农业科技创新及转化[J].社会科学家,2009(2).
[55] 范金.日本人均GDP超万美元前后的经济转型[J].群众,2011(1).

苏北地区发展"众创空间"的路径研究①

随着我国经济步入新常态,如何通过创新驱动发展促进经济结构优化升级使国民经济保持中高速增长,成为未来一段时期的重要任务。而通过支持发展"众创空间"促进"大众创业、万众创新",则是培育新经济增长点、促进经济结构优化升级和发展方式转变的重要路径,从这个意义上说,大力发展各类"众创空间"是我国适应和引领新常态的理性选择。"众创空间"作为支持大众创业创新的有效平台和载体,受到社会各界的广泛关注,并且已经提升到战略高度,从中央到地方密集出台了一系列关于发展"众创空间"的政策文件,既有高瞻远瞩的顶层设计,也有摸着石头过河的基层探索。2015年3月,国务院办公厅发布了《关于发展众创空间推进大众创新创业的指导意见》(以下简称《意见》),这一纲领性文件明确了发展"众创空间"指导思想、基本原则、发展目标到重点任务和保障措施,奠定了"众创空间"发展的战略框架。随着各类高层会议的强力推动和各地配套政策的密集出台,特别是各类媒体对深圳"柴火创客空间"、北京"3W咖啡"等诸多典型案例的广泛宣传报道,我国各地掀起了一股大力发展"众创空间"的热潮。虽然苏北经济发展水平和科教资源条件均与发达地区有较大差距,但是仍然需要通过发展"众创空间"促进创业创新,进而为实现跨越发展提供动力支持,而且苏北的后发优势、广阔的腹地空间以及对于创业创新的强烈诉求也能够为"众创空间"的发展提供有力支撑。苏北在发展"众创空间"方面正在进行积极探索,各地均结合自身实际探索特色化的"众创空间"发展模式,但是仍存在诸多不足,特别是"众创空间"的数量和层次均有待提升,"众创空间"对创业创新的服务和孵化效率相对较低。因此,必须深入分析"众创空间"的发生学原理和运行规律,辩证分析苏北发展"众创空间"的综合动因和内外环境,借鉴国内外的成功经验,系统探索苏北发展"众创空间"的基本路径与对策建议。

---

① 本文系江苏省软科学课题(SBR2015000397)研究报告。作者为主要成员。其他成员有刘东杰、战炤磊等。

一、"众创空间"的内涵、功能与构成要件

1. "众创空间"的内涵:缘起与研究性界定

"众创空间"无疑是 2015 年最热门的词汇之一,但是其具体内涵尚无统一界定,即便是国务院发布的《意见》这一纲领性文件中也并未明确界定"众创空间"的内涵。当前,各地在使用"众创空间"的概念时也并不统一,例如,上海的《"创业浦江"行动计划(2015—2020 年)》、天津的《关于发展众创空间推进大众创新创业的若干政策措施》、成都的《"创业天府"行动计划(2015—2025 年)》、厦门的《关于发展众创空间推进大众创新创业的实施意见》等使用了"众创空间"的概念,北京的《"创业中国"中关村引领工程(2015—2020 年)》则使用了"创客组织"的概念,武汉的《东湖国家自主创新示范区关于建设创业光谷的若干意见》、青岛的《创业青岛千帆起航工程实施方案》、广东的《关于加快科技创新的若干政策意见》和《关于进一步促进创业带动就业的意见》则使用了"创新型孵化器"的概念,江苏的《"创业中国"苏南创新创业示范工程实施方案(2015—2020 年)》则使用了"新型孵化器"的概念。因此,为了便于开展进一步的讨论,必须系统梳理"众创空间"的缘起,并对其内涵做出研究性界定。

"众创空间"并不是舶来的概念,而是我国科技部门提炼出来的一个新词,用于指代以创客空间、孵化器等为代表的新型创业服务机构。"众创空间"导源于国外的"创客空间",其在国外的经典案例和模式包括 Hackspace、c-base、Metalab、TechShop、Fab Lab、Makerspace 等。"创客"的英文为"maker",意指纯粹以兴趣指引自主将各种创意变为现实的人。"创客空间"是一种新型的开放的服务平台,其宗旨是通过提供开放的物理空间和全要素的加工设备以及全方位的决策咨询和技术服务,组织有助于促进知识共享和跨界协作的活动,帮助各类创客将创意变成现实产品。"创客空间"于 2010 年进入中国,目前已有多个在业内具有较大影响力的"创客空间",主要分布在北京、上海、杭州、深圳等地,如上海的新车间、北京创客空间、深圳柴火空间、杭州洋葱胶囊等。

"创客空间"是"众创空间"的重要模式之一,而且作为一种创业创新服务平台,"众创空间"的运行机理与"创客空间"高度相似,但是"众创空间"的内涵更加广泛,其服务对象不单单包括"创客",而是涵盖了所有创业创新主体,真正面向大众,而不是仅限于少部分志趣相投的"创客";其服务对象的创业创新行为既可以是兴趣所致,也可以是盈利导向;其运行模式也多种多样,创客空间、创业咖啡、创新工场、创新孵化器等都涵盖其中。

部分学者参考国务院《意见》中的有关思想,对"众创空间"进行了界定。董国栋认为:"众创空间"是指"顺应创新 2.0 时代用户创新、大众创新、开放创新的趋

势,把握互联网环境下创新创业特点和需求,通过市场化机制、专业化服务和资本化途径构建的低成本、便利化、全要素、开放式的新型创业服务平台的统称"。① 吕力、方竹青、乔辉认为,"众创空间"是"在创客空间、创新工场等孵化模式的基础上,通过将其市场化、专业化、集成化、网络化,从而实现创新与创业、线上与线下、孵化与投资相结合,为小微创新企业成长和个人创业提供低成本、便利化、全要素的开放式综合服务的平台"。② 综合已有观点,我们认为,"众创空间"是顺应网络时代和创新 2.0 时代创新创业的特点和需求,借鉴创客空间、创新工场、创业咖啡等孵化器的运营模式,借助市场化、专业化、集成化、网络化、资本化的途径,为广大民众的创新创业活动提供低成本、便利化、全要素、开放式的综合服务的各类新型平台的统称。

进一步从"众创空间"一词的分解来看,其可以从以下几方面来分解:

(1)"众"指大众,涉及每一个参与创新创业活动的人及其组建的团队和组织,不局限于某类人或群体:既强调创新创业主体的大众化,又强调创新创业活动过程中的合作;既强调面向大众的创新创业需求,又强调服务供给过程中的大众参与。

(2)"创"指创新创业,是对模仿和雇佣的扬弃,虽不排斥单纯兴趣导向的标新立异,但更注重创新活动的社会效应,倡导能够产生财富推动经济社会发展的创新创业;虽不排斥在已有就业岗位上的创新创业活动,但更注重能够形成赖以安身立命并自我实现的长线事业的创新创业活动。

(3)"空间"指平台和场域,主要为创新创业链条上每一个环节的活动提供赖以开展的场域、工具要素和综合服务:在存在形式层面上既包括以办公场所为代表的物理空间,又包括以网络平台为代表的虚拟空间;在功能作用层面上既包括支撑日常活动的工作空间,又包括通过交流研讨以及合作竞赛等满足人际交往和自我实现需要的社交空间,还包括共用工具设备和合作分享的资源共享空间。

因此,"众创空间"面向广大民众开放,支持所有人的创新创业活动,而且形形色色的支持服务都是由通过市场机制筛选出来的专业人士或团队提供的,创新创业的整个链条都可以通过发达的网络工具获得集成化的综合服务,但是其运行过程同样遵循市场逻辑和资本逻辑,只有那些能够从广大民众那里获得广泛市场需求并促进资本增值的创新创业活动才会获得持续的支持。尽管"众创空间"在运营过程中既有发起人也有注册登记,但是其实质上更像一个随时更换创新创业任务的虚拟组织,通过虚拟的组织平台整合相关资源,为各种创新创业活动提供相应的全方位的服务支持。

---

① 董国栋:《"三足鼎立":中国众创空间观察》,载于《杭州科技》2015 年第 3 期。
② 吕力、方竹青、乔辉:《"众创"与企业管理实践及理论创新》,载于《科技创业月刊》2015 年第 7 期。

2. "众创空间"的基本功能

"众创空间"作为一种新型的综合服务平台,在促进创新创业方面具有良好效应,其功效源于三个方面:

一是整合创新创业资源。创新创业活动的顺利开展需要投入多种多样的资源要素,而许多高端资源要素都是创新创业者自己并不直接拥有或者难以获取的,创新创业活动需要突破一系列资源要素瓶颈。"众创空间"实质上是一种以创新创业为任务中心的虚拟组织平台,以创新创业者的需求为核心,通过市场化、专业化、集成化、网络化、资本化的途径整合相关资源,既帮助创新创业者突破资源瓶颈,又帮助资源所有者实现自身价值。在整合创新创业资源过程中,"众创空间"发挥了信息中心和资源储备库的作用,不仅汇集了大量的创新创业者和资源要素供给者的信息,降低了供需双方的交易发现成本,而且通过便捷的网络平台和有效的信用担保机制形成了一个资源储备库,创新创业者和资源要素的专业供给者都只需要与"众创空间"进行谈判交易。另外,"众创空间"多样化的资源整合方式也形成了一定的制衡机制:一方面,借助便捷的网络化手段将各种专业化的资源要素集成起来提供给相应的创新创业者,解决需求方的资源获取问题;另一方面,又借助市场化的手段筛选创新创业项目,并以资本化的手段参与创新创业项目,从而激励创新创业者高效使用资源,以保障供给方的权益。

二是提升创新创业效率。创新创业是一种复杂的创造性劳动,其实施过程中不仅需要高密度的专业知识和技术投入,而且需要处理与政府部门、媒体、合作伙伴、竞争对手、社会公众之间的关系,而这些纷繁复杂的工作往往使创新创业者难以独立应付,因而需要大量的综合性服务。而"众创空间"所搭建的综合服务平台则可以解除创新创业者的后顾之忧,使其专注于核心任务,更好地进行专业化的创造性劳动,从而全面提升创新创业活动的效率。"众创空间"发挥网络平台的资源集成优势面向创新创业链条的每一个环节提供全方位的服务,并且以开放式、共享式、自助式的供给方式在确保服务质量的同时降低服务成本,从而满足创新创业者对低成本、便利化、全要素的综合服务的需求。除了外源式的综合服务供给,"众创空间"还通过多样化的交流研讨平台和常态化的共享合作机制,帮助创新创业者共同解决在创意设计、方案优化、模具制造、产品测试等关键环节的难题,进而提高创新创业活动的成功率。

三是弘扬创新创业文化。创新创业需要广大民众的积极参与和热情支持,这也是实现"大众创业、万众创新"的先决条件,而要使广大民众身体力行地积极参与创新创业活动,并对相关创新创业活动秉持包容支持的态度,则需要良好的文化氛围,通过崇尚创新、容忍失败等文化因子的熏陶和引导,使支持和参与创新创业内化为广大民众的价值观念和自觉行动。"众创空间"作为一种开放的创新创业服务平台,在弘扬创新创业文化方面也有良好功效,其运行过程中所体现的开放包容、兼收并蓄、公平竞争、崇尚合作、鼓励成功、宽容失败等价值理念,恰恰也是创新创业文化的核心内容。同时,"众创空间"使形形色色的创新创业者在有限的空间高度聚集,并为他们搭建人际交往、交流研讨、合作共享、竞赛竞争的平台,有助于创新创业文化的形成、传播和优化。特别是在区域层面上,"众创空间"作为创新创业活动及相关资源的集聚中心,时常涌现出大量与创新创业有关的文化素材,包括激动人心的成功案例、传奇式的英雄人物、脍炙人口的逸闻趣事、让人津津乐道的标志形象等,时刻处于媒体与社会公众关注的中心,因而成为创新创业文化的策源地和风向标。

3. "众创空间"的构成要件

"众创空间"的使命是为创新创业活动营造良好的生态系统,从而使广大民众能够从中获得开展创新创业活动所必需的能量。因此,"众创空间"在客观上就表现为由创新创业主体以及围绕其创新创业活动而联系在一起的各种资源要素和空间载体而构成的虚拟组织系统,而"众创空间"的建设过程实际上就是通过搭建空间平台而吸引和汇集创新创业主体和相关资源要素,进而借助相关制度规则保障创新创业活动高效、有序开展的过程。由此,"众创空间"的构成要件包括如下五个方面:

一是空间载体。"众创空间"首先要为创新创业活动提供必要的空间场所和平台支撑,因而空间载体是其基本的外显的构成要件。既包括以建筑物形式体现的各种物理空间,又包括以互联网为纽带的虚拟空间。

二是创新创业主体。由于"众创空间"是向广大民众开放的创新创业服务平台,其服务对象并不限于特定群体,筛选服务对象时主要依据创新创业意愿、能力和项目前景而不是身份,因而"众创空间"首先要有为数众多的创新创业活动主体。创新创业主体是"众创空间"的生命之源,其数量规模和质量层次是决定"众创空间"成败的根本条件。

三是创新创业活动。汇集人才和资源并不是"众创空间"的根本目的,其最终目标还是要激发创新创业活动,提高创新创业效率,因而创新创业活动的活跃程度及其绩效是衡量"众创空间"发展水平的根本标志。创新创业活动既包括创新创业者在"众创空间"内进行的研发设计、样品制作等活动,又包括"众创空间"组织的学习培训、交流研讨和竞赛等活动。

四是资源要素。创新创业活动既需要人、财、物等有形资源要素,又需要创意、信息、技术等无形资源要素,多数创新创业者都面临不同程度的资源要素瓶颈,而"众创空间"则需要借助自身的平台优势帮助创新创业者获得相应的资源要素。尽管"众创空间"本身并不拥有众多创新创业者所需要的资源要素,但是其通过网络化、集成化的平台以及市场化、资本化的机制，能够将分散在世界各地的资源要素整合起来，供创新创业者相对低成本、便捷化地使用。对于"众创空间"而言，对资源要素的整合调动能力远比对资源要素的名义产权更重要。

五是制度规则。"众创空间"在运行过程中需要高效协调创新创业者、政府、资本所有者、服务供应者以及社会公众之间的关系，而且既要协调合作关系又要维持竞争秩序，既要协调商品和服务的交易又要协调知识产权和资本产权的交易，因此必须依靠相对完善的制度规则才能顺利运行。随着市场经济体制的不断健全和法治社会建设的不断深入，既有的法律法规和政策制度为"众创空间"的运行奠定了总体的制度框架，但是既有制度远不能满足这种新型的服务平台的需要，还必须根据现实需要加强制度创新。一方面，应紧扣"众创空间"的发展要求，加快制定相应的扶持和引导政策，既要为其营造良好的优惠政策氛围，又要防止其陷入盲目扩张、混乱无序的状态；另一方面，应遵循"众创空间"的运行规律，针对重点任务和突出问题，加强微观制度创新，完善治理机制，确保资源整合和创新创业活动高效开展，其中当务之急是制定相应的组织章程，明确"众创空间"的服务宗旨和议事规则。

二、苏北发展"众创空间"的重要意义

1. 苏北发展"众创空间"是实现跨越式发展的动力源泉

随着从中央到地方相关政策的强力推动，我国掀起了一股发展"众创空间"的热潮，特别是北京、上海、深圳等地的明星"众创空间"备受瞩目。但是，"众创空间"绝不是发达地区的专利，欠发达地区同样可以因地制宜发展"众创空间"，而且通过"众创空间"盘活创新创业资源、激发创新创业热情、提升创新创业效率可以为欠发达地区的跨越式发展提供不竭的动力支持。苏北的经济社会发展水平相对较低，多项指标低于全省平均水平，与苏南地区的差距更大：2013年苏北人均地区生产总值、城镇居民人均可支配收入、农民人均纯收入三项指标分别为全省平均水平的60.91%、70.48%、86.55%，分别为苏南的41.29%、58.47%、61.60%。同时，苏北也是江苏实现"两个率先"过程中需要重点补强的短边，进一步对照《江苏全面建成小康社会指标体系（2013年修订）》的目标值来看，苏北多项指标距离目标值还有较大差距。例如：2013年，人均地区生产总值为45 444元，是目标值（90 000元）的50.49%；二、三产业增加值占GDP比重为87.5%，比目标值（92%）低4.5个百分点；城镇化率为56.1%，比目标值（65%）低8.9个百分点；城镇居民人均可支配收入为22 933元，是目标值（46 000元）的49.85%；农村居民人均纯收入为11 769元，是目标值（20 000元）的58.85%。虽然近年来苏北多项经济指标保持了显著领先的增速，但是要真正实现跨越式发展决不能走承接产业梯度转移的老路子，必

须借助创新创业探索跨越式发展新路径。只有通过创新创业取得革命性突破，后发地区才能实现赶超现代化的发展目标。当前正如火如荼的创新创业热潮无疑是苏北实现弯道超车的最佳契机，因此，大力发展"众创空间"，促进"大众创业、万众创新"，乃是苏北实现跨越式发展的动力源泉。

2. 苏北发展"众创空间"是建设"新江苏"的根本要求

"建设经济强、百姓富、环境美、社会文明程度高的新江苏"是 2014 年 12 月习近平总书记对江苏提出的殷切期望，也是未来一段时期江苏经济社会发展的目标取向。建设新江苏的重点和难点都在苏北，特别是经济强、百姓富、社会文明程度高三大目标在苏北的实现将面临严峻挑战。苏北本来经济基础就比较薄弱，高新技术产业和战略性新兴产业发展水平相对较低，单靠引进模仿和承接产业转移，不可能改变苏北经济的弱势状态，经济强的目标根本就无从谈起；苏北人口众多，人均收入水平低，还有相当部分地区和人口尚未脱贫，继续通过劳务输出从事低端加工制造工作，根本不可能使广大百姓快速走上富裕道路；苏北自然资源丰裕，生态环境基础较好，但是如果仍然延续粗放型的工业化和城镇化发展模式，继续大规模承接落后产业的梯度转移，资源环境将迅速恶化，将陷入既无金山银山又无青山绿水的窘境；苏北落后的经济基础制约了人口素质的整体提升，也制约了社会文明程度的提高，文明观念、文明行为都严重滞后，实现社会文明程度高的目标任重而道远。显然，要发展高端产业，走出低端锁定的困境，提升企业和区域的竞争优势，除了创新别无他途；要帮助百姓快速致富，除了提供更多更好的就业机会之外，更应积极引导其自主创业；要实现环境与经济的协调发展，必须转变发展方式，走主要依靠创新驱动的集约型发展道路；要不断提高社会文明程度，必须通过鼓励创新创业形成正确的财富观和人生观，在公平竞争、合作创新、劳动致富中形成文明的社会行为。总之，苏北要实现新江苏"强、富、美、高"的目标要求，创新创业是根本路径。鉴于"众创空间"在促进创新创业方面的独到功效，建设"新江苏"对于创新创业的强烈诉求将进一步延伸到"众创空间"身上，正是从这个意义上说，发展"众创空间"是建设"新江苏"的根本要求。

3. 苏北发展"众创空间"是适应和引领新常态的重要路径

当前，我国经济已经进入新常态，"认识新常态，适应新常态，引领新常态，是当前和今后一个时期我国经济发展的大逻辑"。增速换挡、结构升级和动力转换是新常态的核心内涵，适应和引领新常态的关键是培育新的经济增长点，使国民经济保持中高速增长，防止经济增长在增速换挡过程中陷入失速危机；从产业结构、需求结构、区域结构、分配结构等方面促进经济结构的优化升级，在增速换挡过程中提升经济发展质量；加快转变发展方式，主要依靠创新驱动经济发展，使国民经济持续保持稳定发展。苏北地区的后发优势为其一定程度上缓解了稳增长的压力，

2015年上半年苏北五市的地区生产总值和规模上工业增加值仍能保持10%左右的增长速度,但是在调结构、转方式、惠民生等方面也面临较大压力。广大民众积极开展创新创业活动,不仅能够创造更多的新产品、新企业、新产业,提高形成新经济增长点的概率,为经济增长提供强力支撑,而且能够加快向价值链高端攀升的步伐,加快服务业发展,有效拉动内需,有效促进经济结构的优化升级,还能够降低对资源要素投入的依赖,直接促进创新驱动发展。因此,大力发展在扶持创新创业方面有良好功效的"众创空间",是适应和引领新常态的重要路径,这一点已经成为普遍共识,苏北地区也同样不例外。李克强总理在《政府工作报告》中指出,"大众创业、万众创新"是改造传统产业、打造经济新引擎的重要手段,与增加公共产品、公共服务一起,构成中国经济提质增效升级的"双引擎"。发展"众创空间"不仅是促进"大众创业、万众创新"的有效路径,而且本身也是一种促进公共产品和公共服务供给的新型模式,因而能够直接服务于中国经济的"双引擎",从而为新常态下的稳定增长提供动力支撑。

三、苏北"众创空间"发展的现状与环境

1. 苏北"众创空间"发展的初步探索与突出问题

(1) 全省"众创空间"发展的整体态势

随着"众创空间"在培育孵化创新创业方面的良好功效被广泛认可,从中央到地方出台了一系列扶持发展"众创空间"的政策。在中央层面,国务院发布了《关于发展众创空间推进大众创新创业的指导意见》和《关于大力推进大众创业万众创新若干政策措施的意见》;在省级层面,江苏省专门出台了《发展众创空间推进大众创新创业实施方案(2015—2020年)》,作为配套政策,江苏省科技厅出台了《江苏省推进众创空间建设工作方案》,并下发了《关于开展众创空间备案工作的通知》,江苏省人力资源和社会保障厅出台了《发展众创空间推进大众创新创业带动就业工作实施方案(2015—2020年)》,江苏省科技厅发布的《"创业中国"苏南创新创业示范工程实施方案(2015—2020年)》专门将"众创空间"建设工程列为第二项重点任务;在地市层面,南京、镇江、常州、连云港等地也都出台了本地区的"关于发展众创空间推进大众创业创新的实施方案",苏州出台了《关于实施创客天堂行动发展众创空间的若干政策意见》;在区县层面,无锡市惠山区出台了《惠山区发展众创空间推进大众创新创业实施意见(2015—2020年)》;在园区层面,苏州工业园制定了《苏州工业园区关于发展众创空间推动大众创新创业的指导意见》和《苏州工业园区关于发展众创空间推动大众创新创业的实施意见》。这些覆盖不同层级的政策为江苏发展"众创空间"营造了良好的氛围,加上江苏连续六年全国第一的区域创新能力以及发达的经济基础,江苏"众创空间"呈现出良好的发展态势——"众创空

间"数量不断增多,明星"众创空间"不断涌现。截至2015年9月,南京有众创空间140家,面积520万平方米,已经孵化各类企业7 426家,而镇江也有179个众创中心。2015年初,苏州工业园区的启点咖啡、36氪、XLAB、创客邦、苏大天宫、蒲公英、GBOX、精尚慧等8家创新型孵化器被科技部火炬中心认定并纳入国家级科技企业孵化器管理体系;2015年5月,"U谷创客"等40家众创空间被纳入省级科技企业孵化器的管理服务体系。

(2) 苏北"众创空间"的初步探索

面对一浪高过一浪的"众创空间"发展热潮,苏北并没有因自身相对较弱的科教创新实力和产业经济基础而畏葸不前,而是立足自身后发优势和现实条件,学习借鉴其他地区的有益经验,积极扶持培育各类"众创空间",力图在新一轮创新创业大潮中缩小与发达地区的差距,在"大众创业、万众创新"中实现跨越式发展。在全省大好形势的带动下,苏北"众创空间"的数量不断增多,质量层次不断提升,对经济社会发展的带动作用开始显现。目前,苏北5市都有"众创空间",并且均有特色化的扶持政策和标志性的成绩。

其一,淮安。淮安依托中国淮安留学人员创业园构建了"淮安众创空间",该"众创空间"于2015年3月29日全面运营。"淮安众创空间"充分利用国家级留创园和国家级创新服务中心的资源、资金和人才优势,为"创客"提供3D打印机和快速制造等开源设备、办公区域、互联网平台、咖啡厅、综合性中介服务、联谊活动等,并通过创业基金、风险投资等对高生长性企业进行投资,以期为"创客"提供全周期产业孵化平台。淮安清河区依托创业园区、创业基地、大学科技园等区内现有资源,加快培育一批创新创业、孵化投资相结合的新型众创空间,包括:以大学生科技创业园为载体打造以科技产业为主方向的大学生众创空间;以创意创业大厦为载体打造创意文化产业为主方向的大学生创新创业工场;以世界之窗为载体打造广告、设计为主方向的创客空间;以顺丰电子商务大学生创业园为载体打造专注于电子商务产业的低门槛大学生创业孵化平台;以工学院工业设计园为载体打造政府与地方高校合作的科技成果转化平台。目前,淮安清河区的顺丰电子产业园已申报省级大学生创业示范园,乐创园、中环国际、丰惠广场、淮通物流园正在努力建设成市级创业基地(园区)。

其二,徐州。2015年2月,徐州首家具备投资项目孵化器功能的创业型咖啡馆"蜂巢青创"在矿大科技园音乐广场开业,该"众创空间"由徐州团市委发起,徐州市青年联合会、徐州市青年商会共同参与。该"众创空间"除了提供低成本办公场所和社交平台以及专业化的商务服务之外,还每周举办科技创意产品发布会、投资说明会、创业创意PK赛、创业大讲堂等主题活动,已经形成了"新峰会""峰创投""峰学院"等创业品牌。2015年5月,"蜂巢青创"入选《中国互联网周刊》公布的中国互联网思维咖啡馆100强,排名第76。徐州市大学生创业园被列入省经信委确定的首批12家共建江苏省互联网众创园名单。徐州市大学生创业园建筑面积13 000余平方米,共210个办公区域,拥有物业服务、会计外包服务、法律服务、政府部门综合服务、大小会议室、创投机构服务、成果展示中心、培训教室、网络服务器机房等配套设施,电信、移动、联通等网络运营商光纤到楼层。作为苏北唯一入选共建的众创园区,徐州市大学生创业园目前在孵企业近200家,80%为科技类企业,其中互联网类企业90余家,已成功孵化各类企业150余家,其中互联网类企业70家。徐州市人社部门根据省文件精神着力构建有人社特色的众创空间,重点力推海归"众创空间"建设,并将这项工作纳入留学人员回国服务体系建设和大学生创业引领计划实施工作考核范畴。持《徐州市大学生创业证》的创业者可以享受免费注册、贷款贴息、税收返还、实训补贴、住房补贴、免费入驻创业园、社会保险补贴、担保基金、创业投资基金、产业化发展、户籍准入、免费培训、会计代账等13项优惠政策。

其三,盐城。早在2012年,盐城就成立了首家"众创空间"——摩度空间,这也是江苏最早的"众创空间"之一。摩度空间作为盐城的明星"众创空间",已经有盐都新区的紫金大厦、开发区的软件园、市创投中心3个工作地点,每年服务上千人次,并与国内数十家知名创业服务机构合作,其孵化的创新产品获得包括德国红点在内的数十项国内外大奖。为了扶持发展"众创空间"、鼓励广大民众创新创业,盐城还分别针对"众创空间"、创客团队、天使投资机构分别出台了优惠政策。例如,"对达到标准的众创空间,以市政府名义命名为盐城市众创空间,给予20万元补助;对获得国家、省认定的众创空间分别给予50万元、30万元奖励。对众创空间的房租、水电、宽带网络等运营费用前三年按50%给予补贴,最高不超过20万元。对评估优秀的众创空间给予20万元奖励。现有'苏科贷''财科通''创业贷'等科技金融产品覆盖至众创空间营运主体。对众创空间营运企业有限给予最高500万元科技贷款支持等。"在相关政策的推动下,盐城国家高新区、盐城高新技术创业园等国家级科技企业孵化器,盐城大学科技园、城市街道以及创业投资机构等率先启动了众创空间的建设。截至2015年9月,盐城全市已有"众创空间"52家,吸引线下创客360多名,线上注册创客800多名,实现各县(市、区)全覆盖。盐城的县市也在发展"众创空间"方面取得了积极成效:大丰已培育了卯酉·创客邦、东方创客、万创智联空间、益起点众创空间、三龙镇龙创空间5个众创空间,其中,卯酉·创客邦、东方创客、万创智联空间已被认定为盐城市首批市级"众创空间";东台的翠之源、天一创媒2家众创空间也被认定为盐城市首批市级"众创空间"。2015年9月2日,盐城市众创空间联盟正式成立,其三大定位是:政府主管部门的助手、所有众创空间的服务基地、产业培育基地。2015年9月6日,摩度空间、4U空间、翠之源、万众电脑、智汇园等10家"众创空间"作为创建单位的盐城市众筹平台"众投网"正式启动开通。"众投网"是盐城市财政局直属单位盐城市创新投资有限公司全力打造的目前国内首家具有政府背景的众筹平台,提供集股权众筹、人才众筹、奖励众筹、公益众筹为一体的一站式众筹服务。

其四,连云港。2015年5月,连云港在苏北率先推出了《关于发展众创空间推进大众创新创业的行动方案(2015—2020年)》,这份"港城版"的创客计划明确了连云港发展"众创空间"的总体目标和基本思路。连云港的"众创空间"主要依托省级以上高新区、经济开发区、农业产业园区利用现有孵化载体、闲置厂房等进行改造,主要模式包括创客孵化型、专业服务型、投资促进型、培训辅导型、媒体延伸型等。除了鼓励在连高校、科研院所、省级以上科技孵化载体以及有条件的行业协会、产业联盟、企业、社会投资者等社会力量构建市场化的"众创空间"之外,连云港还积极引进省内外知名孵化机构在连云港设立、共建和运营"众创空间",北京的启迪之星众创空间就是重点引进对象之一。连云港的"众创空间"能够享受到补贴、房子、落户奖励、保留职位、贷款、种子资金、平台等优惠政策。到2020年,连云港的目标是建成一批有效满足大众创新创业需求、具有较强专业化服务能力的"众创空间",形成一支初具规模、成长有序的创新创业队伍,集聚以青年及大学生创业者、企业高管及连续创业者、科技人员和海归创业者为代表的创业"新四军"超过5 000人,从中孵育出创新型小微企业1 000家,成长出高新技术企业100家。

其五,宿迁。宿迁立足自身农业比重大、电子商务发达的优势,重点培育"互联网+农业"新业态,着力发展不同层级的农产品电商平台型"众创空间"。宿迁先后出台了《关于加快推进网络创业的实施意见》《关于促进电子商务发展的若干扶持政策》《加快发展"互联网+农产品营销"三年行动计划(2015—2017年)》等政策文件,形成了以"一村一品一店"为核心特征的农产品电子商务的宿迁模式。宿迁通过与京东、阿里巴巴、苏宁等电商巨头的合作构筑起农村电商平台的"塔尖",宿豫区依托京东集团建成京东农村电商项目合作点163个,泗洪县与阿里巴巴集团合作年内新建农村淘宝村级服务站100个以上,泗阳县与苏宁集团合作建立苏宁农村电商孵化平台,全国首家县级地方特色馆"泗阳馆"已上线;建设各类区域性农产品网络销售平台塑造电商平台的"塔身",市级层面重点打造"宿迁农三品"网作为区域性龙头,"苏宁易购泗阳馆""缤纷泗洪""豫见精彩"等县区级平台则多点开花、异彩纷呈;建设各类特色化的农产品专业平台塑造电商平台的"塔基",宿豫区的"亲耕田"、沭阳县的"苗木汇"、泗洪县的"纳爱丽"特产商城等已经颇具影响力。各类电子商务平台有效促进了宿迁农民的创业热情,目前全市共有农产品网店2.8万个,"触网"农产品141种。2015年上半年,全市电子商务交易额突破170亿元,其中农产品网络销售实现13.5亿元,同比增长50.6%;农民人均可支配收入达6 642元,同比增长10.5%。宿迁市宿城区则重点通过培育高层次人才、科技人才、大学毕业生、乡土人才、返乡创业人才等五类"创客",来激活"众创空间"。通过人才基金和奖励政策培育高层次"创客"人才,通过加强校企产学研合作培育科技"创客"人才,通过创办大学生创业孵化基地培养大学生"创客",通过"万名网商培育计划"培育乡土"创客"人才,通过提供厂房和创业扶持资金培育返乡创业"创客"人才。

(3) 苏北"众创空间"的突出问题

其一,"众创空间"的数量偏少。尽管苏北在发展"众创空间"方面也进行了积极的努力,但是由于先天条件限制,苏北"众创空间"的整体发展水平较为落后,"众创空间"数量较少,特别是与苏南地区相比还有很大差距。目前关于苏南、苏北"众创空间"的数量尚无确切统计数据,但是地区的差距仅从部分城市的对比便可见一斑。盐城作为苏北"众创空间"发展水平最高的地区,目前仅有各类"众创空间"52家,还不到镇江的1/3。估计整个苏北的"众创空间"数量总和也难以达到镇江一个市的水平,而镇江的科技经济实力还是苏南五市中最弱的。

其二,"众创空间"的质量层次不高。尽管苏北各市都在竭力打造本地区的特色"众创空间"和明星"众创空间",并且也有部分"众创空间"在业内颇有影响力,但是真正在全省乃至全国有较高知名度的"众创空间"却并不多见。从首批40家被认定为省级科技企业孵化器的"众创空间"的区域分布来看,苏南五市占了38家,其中南京11家、苏州14家、无锡4家、常州6家、镇江3家,苏中的南通有2家,而苏北五市为零。

其三,"众创空间"的布局较为分散。苏北"众创空间"大多依托既有的高新园区、科技孵化器、大学科技园而建,虽然有利于充分利用园区的资源优势和创新优势,但是由于多数园区之间联系并不密切,而且距离主城区较远,从而使得"众创空间"的布局相对分散,难以形成集群效应。同时,各类园区和孵化器往往具有浓厚的政府背景,建基于其上的"众创空间"也难以摆脱政府主导的烙印,民间资本和社会力量很难融入,而这也会一定程度上降低"众创空间"的运行效率。

其四,"众创空间"的运行效率偏低。在相关政策的强势推动下,苏北也涌现出了形形色色的"众创空间",并且某些"众创空间"运行得也颇有声色,但是,苏北相当部分的"众创空间"活跃程度不高,促进创新创业的整体效果差强人意。究其原因有二:一方面,创新创业意识不强,真正意义上的创客较少,致使部分"众创空间"门庭冷落,甚至组织的培训、联谊活动还需要依靠多方动员才能勉强维持;另一方面,许多"众创空间"的平台建设严重滞后、资源整合能力有限,往往只能为创新创业者提供办公场所、通讯网络、基础设备、工商注册等初级服务,在思想配装、创意设计、成果转化、天使投资等高端服务方面难以满足创新创业者的需要。虽然目前关于"众创空间"的认定已经确定了法人资格、办公场所、基础设施、人员、制度、配套服务、投资基金等七个标准,但是仍有不少"众创空间"只是为了通过概念炒作享受政策红利,或者只是传统孵化器换了个牌子,或者只是打着"众创空间"的招牌经营其他业务。实际上,在"众创空间"的热潮下,这些由盲目扩张和好大喜功而引起的问题,不仅在苏北存在,而且在全省乃至全国层面也普遍存在。

2. 苏北"众创空间"发展的优势条件与制约因素

(1) 苏北"众创空间"发展的优势条件

其一,后发优势。苏北属于欠发达地区,在发展"众创空间"方面同样可以享受后发优势。根据美国经济史学家格申克龙的后发优势论,由于工业化的前提条件和现实基础差异会影响区域发展进程,因而通常工业化程度较低的区域更容易实现较快的增长速度。[①] 后发优势集中体现在要素、技术、制度三个方面:要素性后发优势源于后发地区的自然资源、人力资源较低的开发程度和资本较高的稀缺程度所引致的资源要素的较高边际收益率;技术性后发优势则源于后发地区显著的技术落差以及通过学习模仿所规避的风险和节省的成本;制度性后发优势则源于后发地区向先发地区的学习借鉴以及先发地区的倾斜性援助。在江苏的三大区域中,苏北经济社会发展水平相对较低,属于典型的后发地区,其后发优势也会体现在发展"众创空间"方面:一方面,苏北的土地、劳动力等普通生产要素的成本较低,能够显著降低创新创业的要素成本,并缓解"众创空间"运行过程中的成本压力,为"众创空间"提供相对较长的发育周期;同时,创新创业活动不太发达反而客观上避免了创新创业资源要素的过度开发,高端创新创业资源的严重稀缺也客观上提高了其边际收益水平,也更便于"众创空间"通过各种方式整合集成创新资源,从而能够在一定程度上支撑"众创空间"以较快的速度发展。另一方面,苏北"众创空间"起步较晚,在探索过程中可以充分学习借鉴发达地区的先进技术和成功经验,特别是苏南国家自主创新示范区在"众创空间"方面的先行先试,更能够在为苏北提供经验借鉴的同时为其节省大量的试错成本。

其二,腹地优势。苏北地域广阔,人口众多,产业门类齐全,县市和城乡发展水平的差异明显,对各类创新创业互动都有较强的包容性,不同类型、不同层次的"众创空间"都可以找到用武之地,并且能让创业面临的诸多风险和成本也可以找到多元化的分解渠道,从而为发展"众创空间"提供良好的腹地优势。尽管"众创空间"作为一种开放性的服务平台,能够借助网络手段动员世界各地的资源,但是受创业服务半径和资源整合成本的限制,大多数"众创空间"主要面向本地市场。腹地的经济社会状况不仅会影响"众创空间"的资源获取能力,而且会影响"众创空间"的市场需求空间,因此,苏北广阔的腹地优势将为"众创空间"的快速发展提供强力支撑。截至 2013 年末,苏北土地面积 54 442 平方公里、常住人口 2 988.51 万人、户籍人口 3 475.87 万人,占全省比重分别为 52.80%、37.64%、45.63%。在当前土地资源日趋紧张、人口老龄化程度日趋加剧的背景下,苏北在人和地两大资源上的

[①] 郭熙保等:《后发优势研究述评》,载于《山东社会科学》2002 年第 3 期。

优势日趋重要,将为"众创空间"的发展提供良好支撑。特别是大量外出务工人员返乡创业,将对"众创空间"派生出巨大的需求空间,并将成为苏北"众创空间"的重要特色。同时,苏北既有相当规模的现代工业和服务业,又有相当规模的传统农业;既有自动化的生产线,又有传统的手工作坊;既有面向高端用户的奢侈品,又有面向普通大众的必需品:这种在产业门类、生产方式、产品体系上的巨大包容性,也为各类"众创空间"提供了广阔的适应空间。创新创业本身就是高风险的活动,"众创空间"也会随时面临失败的风险,但是苏北广阔的腹地能够更好地消化这种风险,使其不至于出现大范围的系统性风险,从客观上减少了"众创空间"的主导主体的后顾之忧。

其三,政策优势。"众创空间"作为一种新型的创业服务平台,正充分享受着各种政策扶持,从中央到地方已经围绕"众创空间"出台了高密度的支持政策,苏北的"众创空间"也不例外。尽管从各种公开政策来看,由于苏北"众创空间"起步较晚,相关扶持政策的完善程度远不如苏南,但是,苏北作为江苏重点扶持的地区,不仅在省级层面有专门的振兴苏北战略,而且处于多个国家战略的重点区域,相关政策红利也会延伸到"众创空间"。目前江苏面临六大国家战略叠加的良好机遇,其中与苏北息息相关的国家战略包括沿海开发战略、长三角一体化战略、一带一路战略,这些国家战略的叠加效应不仅能够为苏北"众创空间"发展带来更多的政策支持,而且这些战略的实施过程会形成大量的创新创业机遇,也会派生出对于"众创空间"的强烈诉求。多重国家战略与发展"众创空间"在根本目标上是一致的,同时,"众创空间"在扶持创新创业方面的良好功效也使其成为落实相关国家战略的重要路径,因此,为落实国家战略而带来的高端要素集聚以及所搭建的相关平台,在一定程度上也能促进"众创空间"的发展,而与"众创空间"发展密切相关的某些政策举措也可以搭上国家战略的便车,从而更快更好地出台并得到落实。

(2)苏北"众创空间"发展的制约因素

其一,区域发展水平和创新能力较低,"众创空间"发展受到创新资源供给不足的制约。虽然"众创空间"的使命之一就是通过资源整合平台帮助创新创业者突破各类资源瓶颈,但是示范效应和马太效应在创新创业资源领域的作用非常明显,创新资源倾向于向高密度集聚地流动,越是创新资源不足的地区越可能因为缺乏配套而难以引进和留住创新资源,因此,本地的创新资源供给状况也是"众创空间"发展的重要先决条件。苏北经济社会发展水平较低,区域自主创新体系建设较为滞后,区域创新能力较低,导致整体的创新资源供给不足,高端创新资源严重匮乏,使"众创空间"面临更为严峻的资源要素制约。例如,工业化发展程度不高,民众积累的资本有限,加上资本市场发育相对滞后,欠发达地区资金短缺的局面尚未根本改观,不仅会直接增加"众创空间"的融资成本,而且制约了天使投资的发育;人口整体素质有待提升,教育水平不高,人才培养绩效偏低,整体滞后的发展环境使人才引进面临较大难度,从而使优秀人才短缺成为苏北"众创空间"发展面临的常态约束;苏北民营企业虽然近年来发展较快,但是由于并没有经历过像苏南那样的辉煌和转型,整体绩效水平不高,所积累的创业经验和企业家资源相对有限,难以为"众创空间"提供充足的导师资源;苏北区域创新能力有限,发明专利授权量占全省比重仅为 9.44%,高新技术产业产值占全省比重仅为 17.29%,创新成果数量偏少,加上产业载体偏弱,不仅会制约创新创业活动的顺利开展,而且会强化"众创空间"所面临的技术瓶颈和载体瓶颈;中介服务市场发育水平较低,专业化服务的供给规模和质量都难以满足需求,增加了"众创空间"综合服务集成的难度。

其二,政府与市场的关系尚未真正理顺,"众创空间"发展面临诸多体制机制约束。"众创空间"作为一种具有显著正向外溢效应的创业服务平台,既需要发挥市场机制的效率优势来充分调动相关主体的积极性,又需要依靠政府的公共服务优势和政策支持来集成资源、规避风险以及弥补市场失灵。尽管党的十八届三中全已经确定了处理政府与市场关系的基本基调,即发挥市场在资源配置中的决定性作用,更好发挥政府的作用;但是由于各项改革尚不到位,市场体系发育不成熟,政府的越位、缺位问题仍然非常突出。因此,包括苏北在内的大部分地区仍然主要依靠政府的主导力量来发展"众创空间",真正以民间力量为主导的"众创空间"非常有限,相当部分的"众创空间"仍然需要依靠行政力量来配置创新资源,特别是在进行跨部门、跨领域的资源整合时不可避免地会遇到诸多体制机制约束。例如:高校和科研机构的事业体制改革较为滞后,社会保障体制不健全,创新创业人才的自由流动面临诸多约束,"众创空间"也难以汇集起大量的真正意义上的创客,即便聘请各类专家兼任创业导师也需要与相关部门进行大量的协调工作;科技成果转化机制不健全,知识产权保护体系不完善,创新创业者的合法权益难以得到有效保障,"众创空间"时常会陷入各种利益纠纷;跨部门的协调机制缺失,"众创空间"需要应对多个政府部门的指导和监督,当不同部门之间的政策目标和行为存在差异时,会使"众创空间"无所适从。仅从当前"众创空间"扶持政策的两大主导部门——科技部门、人力资源和社会保障部门来看,前者的着眼点是创新,后者的着眼点是创业就业,能够实现创新与创业的有机结合固然很好,但是当二者目标存在分歧时就会出现问题。比如说,许多技术创新成果和先进的生产工艺往往都是劳动节约型的,而采用这些项目可能会降低就业吸纳,此时该如何协调,目前尚未有一个良性的机制和平台。

其三,创新创业文化不成熟,"众创空间"发展面临文化氛围的制约。尽管苏北拥有深厚的文化底蕴,自古也是人文荟萃、人杰地灵,但是由于市场化、工业化、城镇化进程较为滞后,并未成长起完善的创新创业文化,部分不成熟的文化理念还会对创新创业产生负向影响,从而降低了广大民众对于"众创空间"的文化认同。一方面,苏北长期属于劳动力净流出的区域,许多优秀人才通过升学和外出务工等渠道流向其他发达区域,而外出务工又主要集中于相对低端的劳动密集型产业,并且以自发的分散外出为主,组织化程度不高,难以发现高质量的创新创业项目;同时留守人员也长期享受着外出务工的红利,对于外出务工这种辛苦但回报稳定的工作方式产生了较强的认同和依赖,反而对创新创业这种高风险、高回报的工作方式积极性不高。另一方面,由于对创新创业活动缺乏深刻了解,错误地将投机取巧、无商不奸、官商勾结、贪污腐败等视为创新创业活动的必然因素,往往对成功者抱有原罪思维和嫉妒心理,对失败者又百般嘲弄和讽刺,这种对于成功和失败的畸形认知,无疑是区域创新创业文化的毒瘤。在这种文化氛围下,"众创空间"被架上了"只许成功、不许失败"的台子,而各类社会主体在参与创办"众创空间"方面也就会慎之又慎,政府对于"众创空间"的百般呵护也就易于理解了。此外,苏北"众创空间"发育程度较低,在创新创业方面缺乏令人津津乐道的成功案例和标志性人物,关于创新创业的科学理念和有益经验无法有效传播,也难以充分激发广大民众创新创业的热情。

四、苏北发展"众创空间"的总体思路、战略取向与推进路径

1. 苏北发展"众创空间"的总体思路

国务院办公厅《关于发展众创空间推进大众创新创业的指导意见》已经明确了我国发展"众创空间"的基本思路和根本原则:①"创客空间、创业咖啡、创新工场等新型孵化模式"是发展众创空间的经验源泉和实践原型;②"国家自主创新示范区、国家高新技术产业开发区、科技企业孵化器、小企业创业基地、大学科技园和高校、科研院所"是发展众创空间的条件依托;③"行业领军企业、创业投资机构、社会组织等社会力量"是众创空间建设主体的主力军;④"低成本、便利化、全要素、开放式"是众创空间的目标特征;⑤"创新与创业相结合、线上与线下相结合、孵化与投资相结合"是众创空间的运行特征;⑥"工作空间、网络空间、社交空间和资源共享空间"是众创空间的功能定位。

参照上述纲领性文件,结合苏北实际,我们认为,苏北发展"众创空间"的总体思路是:以中央和省有关文件精神为指导,理性借鉴国内外发展"众创空间"的相关经验,依托自身优势和有利条件,针对突出问题和制约因素,加强政策集成和机制创新,引导各种社会力量支持和参与"众创空间",强化对"众创空间"的资源供给、平台支撑、制度保障,着力培育一批适应大众创新创业需求、综合服务能力强、运行效率高的专业化、品牌化、特色化、集群化"众创空间",为各类创新创业者提供低成本、全方位的要素和服务,加快在苏北大地形成"大众创业、万众创新"的良好局面,为苏北的跨越式发展提供强大的动力支持。

2. 苏北发展"众创空间"的战略取向

(1)提档增效战略:数量规模迈上新台阶,孵化绩效取得新突破

随着"众创空间"的良好功效日益显现,"众创空间"成为各地区竞相扶持发展的重要平台,苏北也不例外,但是苏北"众创空间"的数量和质量都远不能适应现实需要,因而,苏北必须深刻认识大力发展"众创空间"的逻辑必要性和现实紧迫性,加快实施提档增效战略,从数量和质量两个层面推动"众创空间"的快速发展。尽管"众创空间"能够通过资源整合和服务集成为创新创业者提供全方位、全过程、全要素的支撑,但是每个"众创空间"的服务能力是有限的,要满足日益高涨的创新创业需求必须加快培育为数众多的"众创空间",而且诸多"众创空间"之间的竞争与合作也能帮助其提升运行效率。为此,苏北必须全面落实相关政策,依托既有的园区和孵化器基础,加快培育一批数量可观的"众创空间",开创"众创空间"百花齐放的良好局面;同时,要深入分析既有"众创空间"存在的突出问题,找出关键病因,对症下药,提升"众创空间"的资源整合能力和综合服务能力,改善"众创空间"的运行效率,尽快推出一批成功的孵化项目,充分展示"众创空间"的良好功效,吸引更多创新创业者和社会资源流向"众创空间"。此外,充分发挥政府在规划引导、财政支持、税收优惠、融资担保、监督约束等方面的作用,引导民间资本和社会力量积极参与发展"众创空间",提高"众创空间"的市场化程度,促进公益性基础服务和营利性定制服务相结合,逐步完善"众创空间"的自组织机制,切实改进"众创空间"的长期绩效。

(2) 特色品牌战略:坚持专业化、特色化导向,打造明星品牌

"众创空间"作为一种新型的创新创业服务平台,其生命力主要源于资源整合能力和服务集成能力以及基于这两种能力的对于创新创业者的吸引力,而"众创空间"本身也只是一个规模有限的法人组织,其所能够动员的资源、提供的服务、容纳的创新创业者也都是有限的,因此,"众创空间"的发展必须坚持走专业化、特色化、品牌化的道路。苏北"众创空间"发育滞后,专业化水平不高,特色不够鲜明,缺乏具有广泛影响力的品牌,此问题不解决,苏北"众创空间"不可能走出低水平陷阱,未来必须从战略高度推动"众创空间"的专业化、特色化和品牌化。其一,苏北的创新资源有限,难以满足所有创新创业活动的需要,必须针对某个或某几个重点环节进行集中布局,重点打造一批专业化的"众创空间",为处于特定发展阶段的创新创业者提供高质量的资源和服务,以专业化优势弥补创新资源劣势,提高项目孵化的成功率。其二,苏北的腹地广阔,创新创业需求极其旺盛,"众创空间"不可能面面俱到地承担所有孵化任务,必须选择一些比较优势明显的行业领域予以重点扶持,重点打造一批特色化的"众创空间",为相关行业领域的创新创业者提供全方位的服务,率先在某几个细分领域取得突破。其三,苏北的"众创空间"缺乏标志性绩效,不仅在业内缺乏号召力,而且对创新创业者以及其他社会力量也缺乏吸引力,要突破这种恶性循环必须加强品牌运营,重点打造一批品牌化的"众创空间",借助品牌的信用担保效应和利益展示效应将形形色色的资源服务供给者和创新创业者

高效联结起来,使"众创空间"逐渐步入良性循环的轨道。

(3) 集群发展战略:优化空间布局,发挥集群效应

虽然"众创空间"能够通过网络化平台整合利用分散在世界各地的资源,在一定程度上弱化物理空间的界限,但是基于虚拟的网络空间的人际交流和思想碰撞无论是在信息量还是在情感共鸣上都无法与面对面交流相媲美,而且"众创空间"在特定区域的集中布局还有利于形成品牌效应,获得更多政策支持。因此,应借鉴产业集群发展的有关思想,在有条件的地区引导"众创空间"集中布局,打造高端"众创空间"的集聚区,依托共享劳动力市场、知识溢出、合作创新的集群效应提升"众创空间"的运行效率。已经聚集了19家创新型孵化器的苏州金鸡湖创业长廊就是典型的成功案例。类型各异的孵化器分别聚焦于企业生命周期的不同阶段,为创新创业者提供全链条的孵化服务,相互之间的竞争与合作也会强化市场机制的作用,而市场化的运行机制也有助于提升综合服务的供给效率和孵化服务的最终成功率。针对目前苏北"众创空间"布局较为分散,相互之间合作交流较少的问题,未来应加强规划引领,以高新园区、创业园区或高教园区为依托,引领"众创空间"抱团发展,着力培养一批"众创空间"集聚区。实现了"众创空间"在物理空间上的集聚之后,还要特别注意借助共建共享网络平台、重大项目的分工合作、成立战略联盟等方式,强化"众创空间"之间的内在联系,逐渐形成有机融合的"众创空间"集群,并借助集群在信息共享、治理机制、创新激励等方面优势,全面提升"众创空间"的运行效率。

3. 苏北发展"众创空间"的推进路径

(1) 强化相关政策的整合集成和贯彻落实,健全"众创空间"的政策体系

"众创空间"作为一种集万千宠爱于一身的新型服务平台,正沐浴在各种各样的优惠政策之中,从中央到省市再到县区再到具体的园区,各种扶持政策层层加码,政策内容从财税到金融、从人才到科技,几乎涵盖了"众创空间"发展的方方面面。对"众创空间"给予相应的政策支持本无可厚非,但是,从实践效果来看,政出多门的五花八门的政策内容难免会有冲突,而且对于"众创空间"的绩效改进也并没有起到预期的效果。因此,必须准确把握"众创空间"的运行规律,充分借鉴国内外的成功经验,加强政策整合与落实,为"众创空间"发展提供完善的政策体系。一是系统梳理与苏北"众创空间"发展密切相关的各类政策,坚持纵向一致、横向协调的原则,紧扣中央和省有关精神来调整和完善苏北的地方政策,立足苏北实际协调不同政府部门政策之间的关系,加快制定苏北发展"众创空间"的指导意见和实施方案,明确总体的发展思路和相关政策部门的分工及目标定位,奠定苏北"众创空间"的总体政策框架。二是深刻认识"众创空间"对于自主创新的重要意义,将"众

创空间"纳入区域创新体系①,使其不仅可以顺理成章地适用各类创新政策,而且可以便利地获得创新资源支持。三是瞄准"众创空间"发展的现实需要,加快制定完善相关的配套政策,特别是围绕硬件设施和软件平台搭建、公共服务供给、人才支撑、投融资等关键环节,出台可操作性较强的具体实施政策。四是以全面深化行政体制改革为核心,狠抓政策落实,加强对政策实施绩效的评估和责任追究,确保相关政策能够得到有效实施,使创新创业者的难题可以得到有效化解、创新创业者的权益可以得到有效保障。

(2) 完善创新要素和平台支撑体系,突破"众创空间"的多重瓶颈约束

"众创空间"基本功能是借助各种平台整合资源和集成服务来帮助创客顺利完成创新创业活动,而创新创业需求的迅速膨胀和体制改革的相对滞后,使"众创空间"时常面临诸多瓶颈约束,尤其对于苏北欠发达地区来说,"众创空间"的瓶颈约束更加严重。为此,苏北必须以全面深化改革为契机,以超常规发展的气魄,紧扣各类创新要素的特征制定相应的优惠政策,着力打造高水平的网络平台、交易平台和活动平台,突破"众创空间"发展的瓶颈约束。一是以加大人力资本投资和改进人才资源配置效率为核心,突破"众创空间"的人才瓶颈。完善区域教育和培训体系,提高人才教育和培训工作效率,加快培育本土化人才,同时,加强人才引进力度,夯实区域人才基础,构建人才集聚高地。改革以身份为核心的人才管理体制,深化户籍制度改革,完善社会统筹与职业年金相结合的养老保险制度以及基本保障与补偿保险相结合的医疗保险制度,扫除优秀人才自由流动的后顾之忧,充分释放"体制内"优秀人才的创新创业热情,既可以壮大"创客"队伍,又可以扩大专业服务人才和创业导师人才的供给。二是以引导民间资本参与和发展天使创业投资为核心,突破"众创空间"的资金瓶颈。提升政府引导资金的政策效果,完善优惠政策,引导民间资本积极参与发展"众创空间",增加"众创空间"的资金供给规模。完善多层次资本市场体系,拓宽融资渠道,扩大直接融资比重,降低"众创空间"的融资成本。加强科技金融创新,壮大各类创业投资规模,使资金支持和创业指导有机结合。三是以强化自主创新和促进科技成果转化为核心,突破"众创空间"的技术瓶颈。完善区域自主创新体系,提高自主创新活动的绩效水平,提升科技创新成果的数量和质量,同时,加强技术引进以及对引进技术的消化吸收,增加科技创新成果的总体供给规模,夯实"众创空间"发展的科技基础。完善产学研企合作创新机制,重点开发具有重大现实需求的关键技术,加快科技成果转化步伐,既派生大量的创新创业项目,又满足创新创业活动的技术需求。四是以培育专业服务市场和加强服务集成为核心,突破"众创空间"的服务瓶颈。放宽市场准入和加强规范引导相结合,培育一批数量多、层次高的专业服务机构,完善价格形成机制和竞争机

---

① 闫傲霜:《众创空间,创新创业的新选择》,载于《人民日报》2015年4月7日。

制,扩大创新创业服务外包的规模,提高中介服务交易量,繁荣区域专业服务市场,使"众创空间"能够便捷地获得本地服务市场的支持。完善服务交易平台,降低交易成本,提高"众创空间"的服务集成能力,促进专业服务供应商与创新创业者之间的高效链接。五是以多元化的平台构建与整合为核心,突破"众创空间"的平台载体瓶颈。"众创空间"本身就是一种平台集合体,其自有的资源和服务能力非常有限,必须依托各种各样的开放平台来整合资源和集成服务。一方面,从微观层面来看,要根据"众创空间"的运行机理和功能定位,构建多元化的平台体系,既有网络平台、组织平台、活动平台等多形式的平台,又有信息平台、交易平台、人际交往平台、竞赛合作平台等多功能的平台。另一方面,从宏观层面来看,要根据区域"众创空间"发展的战略定位和发展趋势,对不同类型、不同层级的平台高屋建瓴地进行整合,打造区域层面的统一的"众创空间"服务平台,促进"众创空间"之间的交流、竞争与共同发展。

(3) 瞄准关键环节加强机制创新,化解"众创空间"发展的诸多关键难题

"众创空间"发展是一个复杂的系统过程,不仅需要调动多方面的资源和力量,而且需要应对多样化的阶段性目标。苏北属于后发地区,"众创空间"的现实基础较差,要实现"众创空间"的跨越式发展,必须加强机制创新,妥善处理目标定位、社会认同、绩效展示、利益协调和风险控制等关键任务和突出难题。一是规划引领机制。加强顶层设计,围绕"众创空间"发展制订科学的发展规划,确定苏北"众创空间"发展的目标定位、总体思路、重点任务和保障措施,奠定苏北发展"众创空间"的制度依据。各地区应根据自身实际制订相应的"众创空间"发展规划:既要合乎客观规律,又要体现自身特色;既要保证纵向的思想统一和有机衔接,又要注意横向的协调配合与错位发展。二是公关宣传机制。一方面,"众创空间"作为一种新生事物,要让广大民众充分认识并接纳这种服务平台,必须通过各类新闻媒体和网络平台加强宣传,并借助各类赛事活动和重大项目进行推广介绍,充分展示"众创空间"的功能和绩效,引导更多社会力量支持和参与发展"众创空间"。另一方面,创新创业属于高风险、高收益的活动,失败概率较高,但一旦成功将带来巨大收益,这种特征也会投射到"众创空间"身上,因而"众创空间"时常会在舆论的风口上坐"过山车",成功时全是溢美之词,失败时尽是责备之言,为此,必须做好公关宣传,既要防止在成功时陷入过度乐观,又要注意在失败时做好危机公关。三是利益协调机制。在政府层面,成立"众创空间"工作委员会,构建跨部门、跨区域的利益协调机制,减少部门之间的扯皮内耗和区域之间的恶性竞争,降低跨部门、跨区域资源整合和服务集成的人为成本,凝聚发展合力。在行业层面,总结推广盐城成立"众创空间"联盟的经验,在整个苏北层面成立"众创空间"联盟或协会,发挥其交流与协调功能,制定合理的竞争、竞赛规则,促进不同"众创空间"之间的合作交流,抑制"众创空间"的败德行为,平衡"众创空间"之间的利益纷争。四是典型示范机制。

定期组织竞赛和评比,选择一批发展基础和成长前景较好的"众创空间"进行重点扶持,提高运行效率,形成一批绩效良好的孵化项目,以实实在在的绩效向广大民众展示"众创空间"的良好功效。加强品牌营销,培育本地区的明星"众创空间",提高明星"众创空间"在广大民众中的知名度和美誉度,带动更多社会力量支持"众创空间"。五是评价反馈机制。构建科学的评价指标体系,定期对苏北"众创空间"发展的政策效果和现实状况进行合理评价,分析现实状况与规划目标的差距,并将评价结果向相关主体反馈,进一步优化调整相关的规划思路和政策安排。委托权威研究机构,定期对本地区"众创空间"发展的现实状况进行调研统计和评价分析,并编制和发布"众创空间"发展报告;对列入评价对象的"众创空间"进行总体的绩效评估和排序,让社会公众充分了解本地区"众创空间"发展的现实状况。

(4) 着力培育成熟的创新创业文化,优化"众创空间"发展的文化氛围

"众创"是一种新型的创新创业模式,"众创空间"的基本使命之一就是培育适合"众创"时代的创新创业文化,而"众创空间"自身的发展也需要相应的文化支撑。文化潜移默化的教育导向、引领规范功能可以使创新创业内化为民众的自觉行动,这种长期激励效果远胜于所有的优惠政策和奖励机制。然而,苏北创新创业的文化氛围相对落后,不仅无法为"众创空间"发展提供良好的文化滋养,反而在一定程度上制约了"众创空间"的发展。因此,必须加强社会主义先进文化建设,将社会主义核心价值观融入创新创业活动当中,引导广大民众树立正确的创新创业理念,形成崇尚创新、鼓励创业、追求成功、宽容失败的创新创业文化,优化"众创空间"发展的文化土壤。一是深刻领会并认真践行"创业创新创优、争先领先率先"的新时期江苏精神,深入挖掘苏北深厚的文化底蕴,创新与传承相结合,将创新创业文化作为区域文化建设的重点内容,引导广大民众理解接受并积极参与创新创业,推动苏北创新创业文化建设迈上新台阶。二是鼓励各类"众创空间"和创新企业加强组织文化建设,树立正确的创新创业观,使"创新求生、创业求富、公平竞争、和谐发展"成为创新创业主体的核心价值观,使创新创业内化为其自觉行动。三是重视网络文化对于创新创业的深刻影响,广泛宣传"开放、平等、协作、分享"的互联网精神,坚守网络文化传播的道德底线,净化网络文化空间,抵制恶俗文化对于创新创业的消极影响。

参考文献

[1] 刘志迎,陈青祥,徐毅. 众创的概念模型及其理论解析[J]. 科学学与科学技术管理,2015(2).
[2] 吕力,李倩,方竹青,等. 众创、众创空间与创业过程[J]. 科技创业月刊,2015,28(10).
[3] 董国栋. "三足鼎立":中国众创空间观察[J]. 杭州科技,2015(3).
[4] 吕力,方竹青,乔辉. "众创"与企业管理实践及理论创新[J]. 科技创业月刊,2015,28(7).
[5] 付志勇. 面向创客教育的众创空间与生态建构[J]. 现代教育技术,2015,25(5).

[6] 王德禄.众创空间知多少?[J].中关村,2015(5).
[7] 顾瑶.众创空间发展与国家高新区创新生态体系建构[J].改革与战略,2015(4).
[8] 张倩.从以色列 Trendlines 集团模式看众创空间的构建[J].杭州科技,2015(3).
[9] 徐意娟.开放、共享与智慧——尚坤众创空间[J].杭州科技,2015(2).
[10] 李双寿,杨建新,王德宇,等.高校众创空间建设实践——以清华大学 i. Center 为例[J].现代教育技术,2015,25(5).
[11] 丁宏.把握好发展众创空间的战略要点[J].群众·决策资讯,2015(4).
[12] 闫傲霜.众创空间,创新创业的新选择[N].人民日报,2015-4-7.
[13] 张臻.解密众创空间:众创空间能否坚守"小而美"[J].华东科技,2015(5).
[14] 杨玉红.众创空间发展遭遇三大"瓶颈"[N].新民晚报,2015-7-11.
[15] 朱策.聚力打造众创空间 助推创新城市升级[J].安徽科技,2015(5).
[16] 钱野,周恺秉.发展杭州众创空间 打造"硅谷"式创业生态系统[J].杭州科技,2015(3).
[17] 范海霞.各地众创空间发展政策比较及启示[J].杭州科技,2015(3).
[18] 杭州市政府研究室调研组.杭州"众创空间"发展现状研究[J].杭州科技,2015(3).
[19] 投中研究院.众创空间在中国:模式与案例[J].国际融资,2015(6).
[20] 郭熙保,胡汉昌.后发优势研究述评[J].山东社会科学,2002(3).